政治心理学前沿译丛
尹继武 主编

政治广告

[美]泰德·布拉德尔(Ted Brader) 著
乔 木 译

Campaigning for hearts and minds:
How emotional appeals in political ads work

中国人民大学出版社
·北京·

“政治心理学前沿译丛”
编委会

心灵的回归
——“政治心理学前沿译丛”总序

尹继武

HAL9000 系列是有史以来制造的最可靠的电脑。HAL9000 电脑从未犯过错误，或者曲解过一个信息。也就是说，我们绝对无缺陷，不会犯任何错误。

——斯坦利·库布里克（Stanley Kubrick）执导的电影《2001 太空漫游》（*2001：A Space Odyssey*，1968）

这是符合逻辑的……可有时候不理智、不符合逻辑是必需的。抛弃你的逻辑，跟随你的感受。

——J. J. 艾布拉姆斯（J. J. Abrams）执导的电影《星际迷航》（*Star Trek*，2009）

亚里士多德曾言，人天生就是政治动物。也就是说，有了人，就有了政治世界；而人不是抽象的行为体，也不是机器，所以政治人的七情六欲，构筑了丰富多彩、光怪陆离的政治生活。政治生活之所以充满意义和不确定性，追根溯源，就在于人的心理因素，包括人格、认知、情感等在政治生活中无所不在；人是政治世界的行动者，他们感知着这个世界。传统的理性世界观认为，这是一个充满着确定性的世界，不同的行动者“各行其道”，彼此熟知对方的偏好、利益和轨道。当然，现实世界是复杂的、多样的、变化的，甚至是一个激情燃烧的世界——世界大战爆发、法西斯主义肆虐、核战争阴影挥之不去、近些年国际恐怖主义兴起；我们也可以看到魅力领袖与狂热追随者、民族主义情绪的互动，民主政治选举如火如荼等热情与信仰交织的画卷。当然，正如随后我们将要看到的，一个和谐有序的政治世界，同样也离不开人的心理因素，换言之，心理因素成为理性、和谐与秩序的微观基础。凡此种种，皆表明在我们所处的政治世界中，人的心理因素是无处不在的。

几千年前，人类就开始了政治生活，早在那时，政治人就位居政治的中心地位。与此相应，古代的思想家就开始讨论人的心理因素与政治的互动关系。但是，这些都只是零散的探究，直到20世纪初，才系统地发展出了一门学科，即政治心理学（尹继武、刘训练主编，2011）。简言之，政治心理学就是运用较为成熟的心理学理论，来对政治问题和现实进行分析。细致看来，应该包括两个层面：其一是分析政治生活中有哪些政治心理因素，它们是什么，如何发挥作用等；其二是如何运用既有的心理学理论来分析政治现实问题，以及它们对于我们理解政治生活有什么样的价值。总归而言，政治心理学就是探讨心理因素与政治现实之间互动的一门学科。

政治心理学的核心议题之一，就是如何处理与理性的关系（尹继武，2011）。一如上文所言，从一开始，我们就习惯于将政治生活理解为理性的，一个理性的人就是一个排除了人格、情感和复杂动机的人（唐斯，2005）。这是人类探求确定性的进化产物。然而，理性的世界，仅仅是一种规范的世界，与现实生活相距甚远。政治心理学的开山鼻祖拉斯韦尔（Lasswell，1930，1948），就是从反理性解释出发，吸取当时兴盛的精神分析学说，认为政治人从事的政治活动是将私人的心理需求向公共生活的投射。随后，乔治夫妇（George & George，1956）、埃里克森（2010）等人坚持精神分析学说与后精神分析学说的立场，追溯政治人物的家庭环境、成长历程，以此分析它们对于领导人人格形成的重大影响。随着心理学中认知革命的兴起，政治心理学的发展进入认知研究阶段。在此时期，心理学中关于人类认知能力的各种研究，都用来分析政治人对世界的认知，包括大量的认知偏差。比如贾尼斯（Janis，1983）关于群体思维的经典研究、杰维斯（Jervis，1976）关于错误知觉的分析等。由此，政治心理学分析进入了有限理性的时代。随后，随着情感心理学分析的重新兴盛，政治心理学越来越将情感纳入分析的核心议程之中，在领导人决策、选举政治、公共舆论以及恐怖主义等问题领域，情感的地位和作用得以重新回归，这又将我们对政治世界的认识回归到一个充满感情、感性甚至激情的世界。

一、政治心理学的前沿在哪里?

作为政治学和心理学的一门交叉学科，应该说，政治心理学的发展受心理学研究的影响最大，而政治学更多的是为其提供理论对话对象、政治分析议题以及实践问题。如此，政治心理学的前沿，必须从心理学的发展历程中寻找线索；具体言之，可以从理论路径、问题领域以及研究方法三个层面展开前沿之旅。

1. 理论路径

政治心理学开创之时，精神分析学说成为当时心理学的主流理论流派。所以早期政治心理学主要借鉴精神分析学说，特别是弗洛伊德的人格结构说，即本我、自我和超我的三分法。由于基本观点的难以证实性，弗洛伊德的精神分析学说在第二次世界大战前后均已遭受到众多的批评和质疑（Houghton，2009）。在这种情形下，其内部发展出更为强调社会文化对于人格塑造作用的后精神分析学派；而就外部发展来说，行为主义、认知学派的兴起，已经将弗洛伊德的基本假设抛弃，转而关注更为外在的行为，进而是内部的心灵过程。二战后，认知革命主导下的心理学发展，让政治心理学的研习者兴奋不已，他们大量运用心理学的成果，包括认知失调理论、认知相符理论、认知偏差、社会归因理论等。他们试图发现赫伯特·西蒙（Simon，1985）所说的有限理性世界也是政治世界的基本铁律。应该说，关于认知判断的研究，仍是当今欧美政治心理学的关注焦点之一，只不过现在的研究，更多地向心理学的研究方法和范式靠拢，成为一种真正的政治心理学——探讨政治场景下的政治认知及其机制，比如讨论愤怒、恐惧等情绪对于知觉风险的影响（Lerner，Gonzalez，Small & Fishhoff，2003）。同理，这些研究的框架、方法都是借鉴实验心理学的手段，从而使得研究更为“心理学化”，而不是传统的政治学理论路径。

至于理论路径，政治心理学的理论前沿主要集中于三个层面，即认知心理学、情感心理学和社会心理学。正如上文所述，认知研究的讨论对象一直集中于政治行为体的认知能力、认知机制等问题，当今的研究越来越精细化，即讨论何种因素、在何种具体情境下作用于行为体的认知判断的机制和途径。这种路径，要么借鉴最为前沿的认知心理学成果来进行政治心理学分析，要么在政治场域中进行政治认知研究的实验，从而收集一手的数据加以分析，得出可以与心理学理论对话的结论。就情感心理学来说，当前的研究已经历了三个阶段。早期情感研究，更多的是与认知研究进行对话。亦即，几千年来，无论是哲学领域，还是新近心理学领域，一直将情感和情绪看作理性的损害因素，所以，早期政治情感研究都是集中于情感的非理性作用，如情感对于决策的危害性等（Janis and Mann，1977）。到第二阶段，受神经科学的影响，心理学家发现，情感是理性的必要成分和因素，换言之，一个缺乏情感和情绪能力的个体，尽管他具备完整的认知能力，他也不是理性的人。例如，他难以做出基本的决策和选择，而陷入无限的成本和收益分析之中。所以这一阶段，情感研究的主要目的在于证明情感对于理性是必要的、必需的（达马西奥，2007）。在政治决策中，我们可以发现情感有助于搜集证据、形成偏好，情感有助于领导人凝聚民众等（Marcus，Neuman & MacKuen，2000；Neuman，Marcus，Crigler & MacKuen eds.，2007；尹继武，2009）。当前情感研究并不再仅仅强调情感的理性功能或构成理性的本质要素，更多地强调情感的理性能力，即情感对于政治行为和政治世界的积极意义，如情感可以造就群体和共同体的形成。

至于社会心理学领域，早期的理论借鉴主要为归因理论、社会支配理论、文化理论等。随着群体社会心理学范式的变迁，群体心理学理论逐渐在分析政治群体问题中占主导地位。从挫折攻击理论，到现实利益理论，再到后来的社会认同理论，都成为社会心理学的主流应用理论。特别是社会认同理论，对于解释政治世界中的不同群体关系，包括冲突关系、联盟关系等，具有广阔的应用空间（Huddy，2001）。其中的焦点之一在于，社会认同的竞争，到底一定会产生冲突，还是可以走向和谐？对此不同的回答，成为社会认同理论关于认同与冲突关系的争执焦点（Mercer，1995；Gries，2005）。而且，社会认同理论的研究手段也越来越精细，即越来越关注如何测量社会认同的程度这一问题。比如，如何量化香港人对于中国内地的社会认同的取值等，都是社会认同理论研究的实证趋向（赵志裕等，2005）。

2. 问题领域

政治心理学的研究问题是由政治现实决定的，反言之，丰富的政治现实为政治心理学的研究带来了丰富的研究课题。所以，特定时期的研究议题，很大部分都是由当时的政治现实所决定。比如，世界大战时期，关于战争和暴力的研究成为主导；在冷战时期，关于核战争及其威慑研究成为核心议题；在民主政治社会，关于选举的政治研究主导了政治心理学的议程；在后冷战时期，各种非传统安全问题进入了政治心理学的研究主题之列。

第一，从冲突到合作。政治生活是丰富的，政治生活也是残酷的。各种非理性的政治行为、政治事件，均成为政治学的重要研究主题。而传统的理性主义路径，均难以说明和解释非理性行为和后果的出现。由此，心理学的解释试图对各种非理性的政治实践给予充分的解释。比如，战争起源于人性，或者人的攻击天性，或者领导人的错误知觉等；德国法西斯主义起源于社会心理，即由于现代人自由过剩问题，普通人需要依附于虐待狂，从而规避自由的选择问题（弗洛姆，2007）。再如认知偏差研究，讨论各种错误的判断、知觉，以及选举政治中的政党认同因素等（Jones，1999）。从研究议题来看，政治心理学一直是以关注各个层次的非理性政治实践为己任。但是，政治心理学的最新研究转向关于更为积极的东西，比如理性本身。政治心理学也可以用来解释合作问题，如群体之间的合作与和谐相处问题、政治行为体之间的联盟问题、国家之间的合作问题等。更为重要的是，早期政治心理学研究，均是关注心理因素的非理性能力，如人格的病理学解释、认知偏差的形成和影响、情感的非理性作用等，但是当前的政治心理学，越来越偏向于承认一种积极的政治心理学的形成。比如，最为重要的表现是，承认情感和情绪在政治生活中的积极作用、政治情感的动员在选举政治中的核心意义、政治情感的唤醒对于民族主义动员的要义等（Mercer，2010；Neuman，Marcus，Crigler & MacKuen eds.，2007；Sears，Huddy & Jervis eds.，2003）。

第二，从国内到国际。政治心理学所要解释的对象，就是丰富的政治生活和实践，这可以区分为国内政治和国际政治实践（张清敏，2008）。一般来说，政治心理学更多地解释国内政治实践，从领导人到民众，从选举到革命等。所以，政治心理学一般归为政治学的子学科，而与国际政治相平行。国内政治生活的应用确实具有系列的优势，比如，相较于国际政治生活，国内政治生活与普通民众的生活更为紧密相关，影响也更大。同时，从技术上来讲，作为研究者个体，也更容易进入到政治场景中，获取更多的信息、资源和数据。所以，国内政治更适合进行具体的、实证的政治心理学研究，诸如选举政治心理、社区政治、公共舆论等领域，都可以进行数据收集、田野调查等。当然，随着现代全球社会的逐渐形成，国内政治与国际政治的界限越来越模糊，越来越多的研究议题，需要结合国内政治和国际政治两个领域。而且，国际政治的现实也越来越丰富，比如，相比于 50 年前的领导人，现代领导人出访的频率要高得多，而且各国之间的互动越来越频繁、所包括的议题也日益增多，全球问题也日益突出（Kastner & Saunders，2012）。所以，国际政治现实的丰富，也带动了政治心理学在国际政治研究中的应用；二战后，在国际政治研究中，政治心理学流派的影响日益增大，追随者日益增多，政治心理学的很多前沿研究也出现在国际政治领域，比如，前景理论的大部分研究都集中于国际政治，以及国际恐怖主义的研究成为近十年来政治心理学应用的热点领域（林民旺，2010；Pyszczynski，Solomon & Greenberg，2003），唐世平（Tang，in press）运用进化心理学的理论，也对国际政治世界进行了大历史的社会进化解释。

第三，从政治到心理。早先的政治心理学其实更像一门心理政治学，即心理学视角下的政治学研究（袁振国、朱永新，1988；季乃礼，2009）。我们看到，大部分研究都是集中于将心理学的概念、理论和路径，用来解释政治现实，其根本目标在于政治分析，以及理解政治行为和结果。这种研究取向具有两个特点。其一，研究议题和分析思路都是受政治问题的驱动，即当下重大的政治发展和变化，需要心理学理论和路径的参与及其解释；其二，重点在于说明心理学的概念和理论如何有助于解释政治现实，以及心理学路径的知识启发和现实关照是什么。但是，对于政治场景中的心理因素是什么，我们如何能知道它们，又如何确定它们的影响机制等问题，却缺乏较为系统的探究。而且，这种研究路径的基本目标在于发展政治学理论，更好地理解政治生活。但是，当前第二个阶段，已越来越转向对于政治心理本身的研究，譬如我们如何确定和测量奥巴马的政治人格，以及他的人格对政治的影响及其机制是什么（Renshon，2011b）。同理，政治认知及其偏差、情感和认同等也需要更为精切的测量。这构成了当前最为重要的一个研究方向，即我们如何精确地了解、知道政治生活中心理因素是什么，它们如何存在，它们发挥影响的机制是什么，它们的效果又如何测量，等等。这事实上更接近于心理学的研究，只不过是在政治场景中对心理因素进行研究。政治心理研究对研究者提出了更高的技术和操作要求，同时也更有可能产生一些心理学理论的创新。

3. 研究方法

政治心理学的研究方法，主要来自政治学和心理学两个学科。早期的研究受当时的理论路径和研究方法影响，多以定性描述分析为主；而后随着心理学研究中实验心理学越来越占据主导地位，政治心理学当前的研究方法走向，主流为实验与定量分析。

总统、领导人的人格与领袖风格研究，早期均是从历史个案（总统案例）研究出发，讨论特定的家庭、社会和成长环境对于领导人性格形成的关键性影响。比较著名的威尔逊总统研究、约翰逊总统研究、克林顿领袖风格研究和毛泽东现象的意识起源研究等（George & George，1956；Goodwin，1976；Renshon，1998；萧延中，2005），均是持历史案例研究方法。用该方法研究总统的优点在于，能够对总统的成长历程进行详细的过程描述，寻找外在环境对总统性格形成的具体因果关系和机制，同时也具有较强的可读性。总统的案例研究进一步的发展是总统人格比较研究，比如巴伯（Barber，2008）的《总统的性格》（*The Presidential Charater*）和格林斯坦（Greenstein，2009）的《总统风格：从罗斯福到奥巴马》（*The Presidential Difference*：*Leadership Style from FDR to Barack Obama*）等著作。历史案例研究，需要研究者掌握大量一手的资料，同时具备运用心理学理论对总统人格特质、价值观风格进行诠释的能力。这种研究方法仍是主要的研究途径之一，但并无太多的方法创新以及总统可供候选。总统人格研究的发展趋势，当前更多的是根据人格心理学的发展，提炼出的一些定量化方法，比如玛格丽特·赫尔曼的内容分析法、斯蒂芬·沃克等人创造的操作码分析和大五人格特质分析等（Hermann，1980；Schafer & Walker eds.，2006；Mondak，2010）。这些方法的基本特点在于，通过对总统相关的数据，如著作、文集、政策文本等进行相关的技术编码，而后制作出特定总统的人格类型图谱。这种研究趋势，更多地体现了研究技术的革新，但也会面临诸多批评，包括数据背后的动机偏见如何排除等。

与上述趋势相联系的是，通过一手的数据收集而进行政治心理研究的方法越来越受到重视（石之瑜，1999；郑建君，2011）。比如访谈法、实验法、问卷调查法等，对于收集特定群体的政治态度、政治情感等原始数据，是必不可少的方法。这些方法需要一定的技术操作和设计能力，在保证科学的前提下，能够为我们理解相关的政治心理现象，提供较为精确和科学的原始描述性推论。因此，对于特定的个体、公众以及国家的政治态度、政治情感、政治价值观以及心态的研究，一手的资料收集和整理是必不可少的。这些方法也与社会学、社会心理学的相关研究方法相吻合。

在数据的分析和处理上，当前越来越集中于定量和统计的手段。比如，对于原始数据的基本内容分析，即进行简单的编码、频率计算分析等，都是最为基本的数据处理方法；在公共舆论等大众政治心理研究层面，定量方法的运用更为广泛，包括最为简单的多元回归分析、少数案例的定性比较分析、结构方程、方差分析等。总而言之，当前的政治心理学已完全走向了具备鲜明实验心理学特性的量化研究（朱滢主编，2000；孟庆茂、常建华编著，1999）。当然，有两点值得注意：其一，这一特点与美国的心理学发展，以及政治学定量化发展紧密相关；其二，这也与美国等民主政治社会的特点相关，即关于选举政治的研究中，由于样本总体很大，所以需要量化处理技术的引入。特别需要注意的是，已经有越来越多的研究及方法，在定量和定量之间架起一座桥梁，比如 Q 方法的使用，基于少数的样本，通过数据分析中引入统计技术，深入捕捉人的主观性（蒲晓宇，2007）；外交决策分析中多元启发理论（poli-heuristic theory）也是综合了定性和定量两种方法。如此，量化方法适用于特定的政治态度和情感的测量，但也可以与案例分析方法相结合。对于具有一定案例总体的诸多研究议题，比如中国公众情绪与政府治理、国际危机的研究中，在运用量化方法对样本进行分析时，结合个案访谈等定性分析，可以得出更有说服力的结论。

从研究方法来说，总体趋势为定性向定量的过渡，量化研究成为当前欧美政治心理学的主导方法。这一方面有助于促进政治心理学的学科化以及科学化，也有助于政治心理学研究对话的展开，同时更为准确地体现了政治心理学的交叉学科特性。但是另一方面，在走向实验政治心理学，引入和发展精细的研究方法和技术的同时，如何不缺失对理论问题意识、政治实践的捕捉，特别是宏观思辨能力，以及对人类基本价值关怀的培养，的确值得深思。我们希望未来中国政治心理学研究方法能走向多元并存、百花齐放的繁荣局面。

二、这是一套什么样的丛书?

丰富的政治生活和实践动态，需要我们更多地引入心理学和政治心理学的视角，从而更好地理解政治现实，也更有利于建设更为和谐与和平的政治生态环境。一个缺少心理因素的政治生活，必然是一种抽象的、冷淡的，顶多就是人工智能所组成的政治世界；我们难以想象我们如何生活在这样的一个政治世界，这是一个缺乏人性的政治世界，必然也会导致这个世界不是一个“好”的世界，因为它没有人性的根本关怀。

基于学科建设的需要，同时也基于理解丰富政治现实的需要，我们经过仔细的斟酌，精心选译了这套“政治心理学前沿译丛”。细心的读者应该能发现，这套译丛的特点在于“前沿”二字。因此，著作选择的标准在于紧跟时代步伐、引领学科发展，我们不仅精选名家之作，而且也吸纳新锐以及主题、理论和方法新颖的著作。本套译丛大致包括以下几类著作：

第一，总统政治心理研究的经典和最新作品。巴伯的《总统的性格》和格林斯坦的《总统风格：从罗斯福到奥巴马》均是欧美总统心理学研究的巅峰之作，他们对于总统政治心理学研究的推广做出了巨大的贡献，即运用政治心理学的基本框架，将美国总统的性格和风格梳理得特别清晰，同时也非常有趣（Barber，2008；Greenstein，2009）。而《救赎政治：奥巴马的总统历程》（*Barack Obama and the Politics of Redemption*），则是任尚（Renshon，2011a）的最新力作。作为兼具心理学和政治学学科背景的学者，任尚著述颇丰，在总统人格研究式微的情况下仍孜孜不倦，力求推新。基于可读性的考量，总统研究中并未将一些量化之作包括进来。幸运的是，我们认为，一些内容分析、操作码以及大五人格研究之作，更多的是发表于学术期刊的论文。第二，政治心理学的基本学科全貌。我们特意选择了一本当下最为流行的欧美政治心理学教材——《政治心理学》（*Introduction to Political Psychology*）第二版（Cottam，et al.，2010），这是一本百科全书式的政治心理学教材，内容甚广，却不失条理，将政治心理学的核心概念和理论，以及主要的应用空间梳理得非常全面。因此，我们将此教材选译过来，向国内学界推介，希望能够促进学术界对政治心理学学科体系的全面认知。第三，情感政治。当下欧美政治心理学最为流行的研究方向之一，便是情感政治研究。本套译丛中《政治广告》（*Campaigning for Hearts and Mind*：*How Emotional Appeals in Political Ads Work*）、《政治头脑》（*The Political Brain*：*The Role of Emotion in Deciding the Fate of the Nation*）两本著作，均是这一方向的重要代表之作（Brader，2006；Westen，2007）。总统竞选无疑是一场争夺民心的战斗，但是，对于特定的总统候选人，他们是如何进行政治广告宣传的，其情感诉求策略和情感动员机理又如何等，仍需要加以仔细研究。而美国两党的不同竞选策略，体现了不同的情感动员思维，也由此导致了不同的结果。这些研究，都与时下非常流行的情感神经学紧密相关，即我们如何吸引别人，我们如何具备情感的能力，情感的神经学机理对于政治实践的意义是什么，等等。第四，公共舆论和政治判断。大众政治心理成为政治心理学的主要应用领域。所以大众政治心理的基本内容、大众政治心理与政治人物、政治专家之间的互动，成为当下政治心理学研究的前沿之一。基于此，我们选择了公共舆论的经典著作《公共舆论》(*The Nature and Origins of Mass Opinion*)，这本经典著作对于公共舆论的起源、影响和作用机制等进行了令人信服的阐述(Zaller, 1992)。而《狐狸与刺猬——专家的政治判断》(*Expert Political Judgment: How Good Is It? How Can We Know?*)是著名政治心理学家泰特洛克（Tetlock, 2005）的名作，在几十年的研究基础上，他研究了不同类型的专家如何做出好的政治判断这一问题。他所提出的狐狸和刺猬型专家，以及他们不同的政治判断特点以及与民众的互动，值得我们反复揣摩和玩味。

以上诸种著作，并不一定囊括当今欧美政治心理学的所有前沿方向，比如，关于选举政治中的投票研究、恐怖主义研究、关于族群态度的研究等，我们都没有涉及。但宏观而论，上述几点重要的特色和方向，均反映了西方政治心理学的特色、趋势和前景。因此，我们有理由相信，上述著作在国内学界的出版，应该能对政治心理学研究向国际前沿和动态的跟进、看齐，具有重要的引导作用。

译丛的出版，需要感谢许多人士。他们提供了无私的帮助和支持。萧延中和石之瑜两位政治心理学研究前辈给予了热情支持，包括出版社引荐和书目提供；刘训练、蒲晓宇诸君对于译丛的遴选、版权联系等，积极提供信息，时常关注，他们的无私支持给予了我们更多前进的动力。译丛的编委会，也是由海内外政治心理学名家和新锐组成，他们鼎力支持，贡献智慧，希望借此推动国内政治心理学的学科建设，力促政治向人性和心灵的回归。而中国人民大学出版社人文分社对于心理学和政治心理学译介的热心推动，是我们得以顺利完成本套译丛，并向国内读者推介的关键。尽管出版过程几经波折，但中国人民大学出版社人文分社潘宇博士的积极推动以及张宏学、龚洪训等诸位编辑的悉心工作，使得译丛的出版得到最大的保证，同时他们细致的编辑也极大地保证了译丛的出版质量。最后，还得感谢诸位积极参与翻译的译者，他们大多是海内外高校的政治学和社会学青年教师，他们细致认真的翻译，为保证译丛质量奠定了基础。当然，由于国内政治心理学学科发展的不成熟，相关术语译介仍存有争议，特别是由于交叉学科的特性，相关内容的理解可能还有谬误之处，因此我们期待读者的热情支持和真诚批评。

参考文献

Barber J D. The Presidential Character. Englewood Cliffs, N. J.: Prentice-Hall, 2008.

Brader T. Campaigning for Hearts and Minds: How Emotional Appeals in Political Ads Work. Chicago: University of Chicago Press, 2006.

Cottam M L, et al. Introduction to Political Psychology. 2nd ed. New York: Psychology Press, 2010.

George A L & George J L. Woodrow Wilson and Colonel House: A Personality Study. New York: J. Day Co., 1956.

Goodwin, D K. Lyndon Johnson and the American Dream. New York: St. Martin's Press, 1976.

Greenstein F I. The Presidential Difference: Leadership Style from FDR to Barack Obama. 3rd ed. Princeton: Princeton University Press, 2009.

Gries P H. Social Psychology and the Identity-Conflict Debate: Is a "China Threat" Inevitable? European Journal of International Relations, 2005, 11 (2): 235-265.

Hermann M. Explaining Foreign Policy Behavior Using the Personal Characteristics of Political Leaders. International Studies

Quarterly，1980，24：7-46.

Houghton D P. Political Psychology：Situations，Individuals，and Cases. New York and London：Routledge，2009.

Huddy L. From Social to Political Identity：A Critical Examination of Social Identity Theory. Political Psychology，2001，22（1）：127-156.

Janis I L & Mann L. Decision Making：A Psychological Analysis of Conflict，Choice，and Commitment. New York：Free Press，1977.

Janis I L. Groupthink. 2nd ed. Boston，MA：Houghton Mifflin Company，1983.

Jervis R. Perception and Misperception in International Politics. Princeton：Princeton University Press，1976.

Jones B D. Bounded Rationality. Annual Review of Political Science，1999，2：297-321.

Kastner S L & Saunders P C. Is China a Status Quo or Revisionist State? Leadership Travel as an Empirical Indicator of Foreign Policy Priorities. International Studies Quarterly，2012，56（1）：163-177.

Lasswell H D. Psychopathology and Politics. Chicago：University of Chicago Press，1930.

Lasswell H D. Power and Personality. New York：W. W. Norton & Co.，1948.

Lerner J S，Gonzalez R M，Small D A & Fishhoff B. Effects of Fear and Anger on Perceived Risks of Terrorism：A National Field Experiment. Psychological Science，2003，14：144-150.

Marcus G E，Neuman W R & MacKuen M. Affective Intelligence and Political Judgment. Chicago：University of Chicago Press，2000.

Mercer J. Anarchy and Identity. International Organization, 1995, 49 (2): 229-352.

Mercer J. Emotional Beliefs. International Organization, 2010, 64 (1): 1-31.

Mondak J J. Personality and the Foundations of Political Behavior. Cambridge: Cambridge University Press, 2010.

Neuman W R, Marcus G E, Crigler A N & MacKuen M. (eds). The Affect Effect: Dynamics of Emotion in Political Thinking and Behavior. Chicago and London: The University of Chicago Press, 2007.

Pyszczynski T, Solomon S & Greenberg J. In the Wake of 9/11: The Psychology of Terror. Washing, DC: American Psychological Association, 2003.

Renshon S. High Hopes: The Clinton Presidency and the Politics of Ambition. New York: Routledge, 1998.

Renshon S. Barack Obama and the Politics of Redemption. New York: Routledge, 2011a.

Renshon S. Redemption, Fairness, and the Politics of Transformation in the Obama Presidency. Political Psychology, 2011b, 32 (6): 1035-1057.

Schafer M & Walker S. (eds). Beliefs and Leadership in World Politics: Methods and Applications of Operational Code Analysis. New York: Palgrave Macmillan, 2006.

Sears D O, Huddy L & Jervis, R. (eds). Oxford Handbook of Political Psychology. New York: Oxford University Press, 2003.

Simon H. Human Nature in Politics: The Dialogue of Psychology with Political Science. American Political Science Review, 1985, 79 (2): 293-304.

Tang S P. Social Evolution of International Politics. Oxford:

Oxford University Press，in press.

Tetlock P. Expert Political Judgment：How Good is it? How Can we Know? Princeton：Princeton University Press，2005.

Westen D. The Political Brain：The Role of Emotion in Deciding the Fate of the Nation. New York：Public Affairs，2007.

Zaller J R. The Nature and Origins of Mass Opinion. Cambridge：Cambridge University Press，1992.

埃里克·埃里克森．甘地的真理：好战的非暴力起源．北京：中央编译出版社，2010.

安东尼奥·R·达马西奥．笛卡尔的错误：情绪、推理和人脑．北京：教育科学出版社，2007.

埃里希·弗洛姆．逃避自由．北京：国际文化出版公司，2007.

季乃礼．政治心理学发展中需要澄清的几点问题．湖南大学学报（社会科学版），2009（3）：110-113.

林民旺．选择战争：基于规避损失的战争决策理论．北京：世界知识出版社，2010.

罗伯特·杰维斯．国际政治中的知觉与错误知觉．北京：世界知识出版社，2003.

孟庆茂，常建华，编著．实验心理学．北京：北京师范大学出版社，1999.

蒲晓宇．政治心理学//华世平，主编．西方人文社科前沿述评：政治学．北京：中国人民大学出版社，2007，180-205.

石之瑜．政治心理学．台北：五南图书出版公司，1999.

安东尼·唐斯．民主的经济理论．上海：上海人民出版社，2005.

萧延中．巨人的诞生——“毛泽东现象”的意识起源．南昌：江西人民出版社，2005.

尹继武．社会认知与联盟信任形成．上海：上海人民出版社，2009.

尹继武．政治心理学的争辩议题述评．心理科学进展，2011（11）：1713-1720.

尹继武，刘训练，主编．政治心理学．北京：高等教育出版社，2011.

袁振国，朱永新．政治心理学和心理政治学．政治学研究，1988（5）：68-70.

张清敏．国际政治心理学流派评析．国际政治科学，2008（3）：71-101.

赵志裕，温静，谭俭邦．社会认同的基本心理历程——香港回归中国的研究范例．社会学研究，2005（5）：202-227.

郑建君．政治心理学研究的基本内容、方法与发展趋向．政治学研究，2011（4）：59-67.

朱滢，主编．实验心理学．北京：北京大学出版社，2000.

献给我的母亲珍宁（Jeanine）和继父吉姆·佛奈（Jim Forney），并以此缅怀我的父亲肯尼思（Kenneth）

致 谢

当雪花飘落在密歇根州的安娜堡时，又是一个冬日的早晨。随 xiii
着思绪的驰骋，项目启动时的情景历历在目。回想当年，我身处新罕布什尔州，从郁郁葱葱的山坡上眺望汉诺威的康涅狄格河，那是一派人与自然其乐融融的景象。在许多温暖宁静的夏日午后，我开始思考政治家们的竞选与我们对世界的感知之间的联系。这样的想法或许有些离经叛道，却源于之前我的老师推荐的一本书，书中介绍了一项全新的研究，即情感在人类的推理和行动中所起的作用。我所阅读的材料与选民的选择，以及候选人对选民的引导之间存在着显著的联系，这一点在政治广告中体现得最为明显。我觉得这或许是一个良机，让我可以利用神经学的最新研究成果，说明情感诉求在竞选中的作用。然而，当我在那年秋天回到研究生院时，却惊奇地发现这方面的研究几乎为零。我不禁怀疑，政治家们真的在利用情感诉求吗？当然，尽人皆知他们在这么做，但却对于他们为何以及如何做等问题保持缄默。我努力打破这一缄默，从论文着手，最终形成这本书。

这个项目耗时整整 10 年，期间我受到了许多朋友、同事、导师的帮助，愿借此机会感谢他们的建议、支持和鼓励。

首先应该感谢的是我的导师罗杰·马斯特斯（Roger Mas- xiv
ters），正是他向我推荐了那本书，使我萌生了做这个项目的想法。在达特茅斯学院（Dartmouth College）学习的日子里，罗杰跨学科思考的投入和天马行空的探索方式，都给了我不少启发。他激发了我对神经学和心理学的兴趣，使我对科学和价值观的重要联系有了更为深入的了解，并首次让我作为实验主体和研究者，参与了众多实验。他跨学科的本领甚至延伸到了财务领域，帮助我这个年轻的政治学者，四处募集科研资金，甚至向进化生物学界这类不太可能获得资金的领域寻求援助。当然，罗杰大胆的联想也引来重重猜疑。我希望通过本书展示出这样的联想如何提高我们认识世界的能力，以此作为对罗杰精神上的一点回报。

当这个想法形成哈佛大学（Harvard University）的一篇论文时，我很庆幸，委员会的人都是自信的有识之士，兼具怀疑精神。穆·菲奥利纳（Mo Fiorina）是首席顾问，堪称典范。我从他那里学会了如何鉴赏卓越的社会科学、简洁的书写和醇厚的美酒（尽管后者还不到火候）。他帮助我筹集资金，坚信我在不断进步；他还拥有开阔的视野，认为情感作用甚至会影响到理性抉择的理论家。我一直怀疑这在某种程度上与13号提案（Proposition 13）[①] 的反思有关。在斯坦福大学（Stanford University）写作的最后几个月是难忘的，穆·菲奥利纳会用多种方式来表达他的热情，对此，我不胜感激。

史蒂夫·安索拉贝赫尔（Steve Ansolabehere）在这个项目中发挥了至关重要的作用。没有他的经验和创造力，我无法开展实验。在几次长时间的面谈中，他慷慨地提供了大量建议，使得我不停记录的手感觉酸痛。当我为研究设计和数据收集而担心时，席德·维伯（Sid Verba）与我分享励志故事，教我拓展视角，巧用资源。他提出的质疑颇具建设性，虽然态度温和，却也引起我的忧虑；他担心实验过于精细，又担心效果过于宏观。

至此，我的感谢已不仅限于导师。各个领域的人都给这个项目提出了建议。我要感谢克里斯·亚琛（Chris Achen）、约翰·布雷姆（John Brehm）、安·克瑞格勒（Ann Crigler）、艾伦·格柏（Alan Gerber）、马蒂·格兰斯（Marty Gilens）、桃瑞斯··格拉伯尔（Doris Graber）、唐·格林（Don Green）、文斯·哈钦斯（Vince Hutchings）、珊托·伊格（Shanto Iyengar）、马里恩·加斯特（Marion Just）、乔恩·克罗斯尼克（Jon krosnick）、拉斯·纽

① 美国加利福尼亚州于1978年通过的旨在降低财产税的州宪法修正案。——译者注

曼（Russ Neuman）、皮帕·诺里斯（Pippa Norris）、文森特·普莱斯（Vincent Price）、山姆·波普金（Sam Popkin）、温迪·拉恩（Wendy Rahn）、保罗·斯奈德曼（Paul Sniderman）、沃尔特·斯通（Walt Stone）和比尔·齐默尔曼（Bill Zimmerman）。有些人早前读到了本书全部或部分初稿，对于他们的反馈，我深表感谢，他们包括南希·伯恩斯（Nancy Burns）、唐·金德（Don Kinder）、斯格普·露皮亚（Skip Lupia）、麦克·马克昆（Mike Mackuen）、乔治·马库斯（George Marcus）、莉斯·苏赫（Liz Suhay）、尼克·瓦伦蒂诺（Nick Valentino）以及一些匿名的评论者。

我还要进一步感谢以下几位的贡献：约翰·奥德里奇（John *xv*
Aldrich）是合作者的典范，多年来我受益于他的慈爱。他向我提供了清晰的思路，帮我完成研究设计。他无私的帮助令我感激不已。大卫·布雷迪（David Brady）的关爱独到而深沉，他向我提出建议，供给伙食和资金，给我带来欢乐。此外，他还在斯坦福大学给我提供了一间宽敞的办公室，那里橘树环绕，风景宜人。回顾本书写作的最后几个月，我不确定其他学者是否有置身天堂之感，但我还是要感谢大卫让我有这样的感受。乔治·马库斯是政治学领域探索情感作用的先驱，比别人付出了更多的心血。从一开始，他就表现得非常慷慨，在开会时留出时间和我交流，及时回复我的邮件，并仔细阅读我给他的所有材料。本书在很多方面得益于他的辛勤工作和无私奉献，书的出版对他的付出是一种肯定。唐·金德提出的批评建议从根本上改变了我在本书中呈现证据的方法；虽然没有逐条采纳他的建议，但是我知道，倘若那样做了，本书会更理想。尼克·瓦伦蒂诺一直鼓励我完成此项目，并帮助我收集广告，对倒数第二章竞选广告的内容分析进行编码（当然分析的一切责任由我承担）。

这个项目需要大量的投入，包括时间、技能、劳力、资金等，很多人在这些方面都向我伸出了援手。维克·曼迪欧拉（Vic Mendiola）在婚前两周抽出时间，向我传授技能，指导我制作实验所用的视频。说到这里，也要感谢他的妻子丽莎·曼迪欧拉（Lisa Mendiola）。此外，吉娜·帕丘塞利（Gina Petrocelli）和戴夫·坎贝尔（Dave Campbell）在无数个夏日里，志愿在我身边监控实验（有时是在我外出时）。没有他们的仗义相助，我无法完成数据收集。我要感谢马文·卡尔布（Marvin Kalb），他帮助我为广告配音，并介绍了马萨诸塞州东部的几座图书馆和教堂作为我研究的场所。坎琛·钱德拉（Kanchan Chandra）、朱莉·格拉罗夫（Julie Granof）、伯特·约翰逊（Bert Johnson）、费利西亚·梅伯恩（Felicia Mebane）、邦妮·米格德（Bonnie Meguid）、罗伯·米奇（Rob Mickey）、安迪·罗德勒维格（Andy Rudalevige）和罗伯·范·豪厄林（Rob Van Houweling）也向我提供了帮助。提到政治广告内容分析的研究助手，我要感谢安托万·班克斯（Antoine Banks）、惠特尼·克拉彻菲尔德（Whitney Crutchfield）、罗伊·戴维森（Roei Davidson）、萨拉·多布森（Sarah Dobson）、艾克塔·克翰古拉（Eakta Khangura）、查伊·科克兰德（Charyl Kirkland）、裘依·利特曼（Joey Litman）、贝利·米勒（Baylee Miller）、斯蒂芬妮·佩帕德（Stefanie Peppard）、詹姆·斯彻（Jame Schey）和曼德胡丽·辛格（Madhuri Singh）。我也要感谢艾瑞克·格罗安迪克（Eric Groenendyk）在编译广告方面的协助。回顾这个项目的历程，我得到了哈佛大学政府学系梅隆奖学金（Mellon fellowship）的资助，还收到了哈佛大学爱德华·威尔逊和格林基金会（Edward O. Wilson and Green Fund）的两笔资助。此外，我还获得了肯尼迪政府学院琼·肖伦斯特媒介、政治与公共政策中心（Joan Shorenstein Center on Press, Politics, and Public Policy）的戈德史密斯研究奖（Goldsmith Research Award），美国国家科学基金会（National Science Foundation, NSF）的研究生科研奖金和论文修改资助（编号 SBR-9632565），以及密歇根大学霍华德·玛氏新闻研究中心（Howard R. Marsh Center for the Study of Journalistic Performance at the University of Michigan）的一笔资助。

为了确保实验的顺利进行，穆琳·康纳斯（Maureen Connors）与我一起耐心地对所有与资助相关的文件进行整理归档，而史蒂夫·贝克（Steve Baker）用来自政府学系的基金填补了美国国家科学基金会（NSF）的资金不足。

我庆幸这本书能由芝加哥大学出版社出版，作为一个乐此不疲 *xvi*
的藏书者，我对这家出版社的精益求精钦慕已久，阅读过许多它出版的书。这些智慧的结晶在本书中也得到体现。最重要的是，与出版社合作意味着与约翰·泰勒斯基（John Tryneski）和他的杰出员工们共事。约翰热情洋溢，极具耐心，将这本书托付给他们再合适不过了。

朋友和家人的帮助使我成功出版此书。在研究生院，我和我优秀的同学们组成一个小组，定期对彼此的项目进行评论。他们是雅克·海曼斯（Jacques Hymans）、亚伦·洛贝尔（Aaron Lobel）、安迪·路得里维基（Andy Rudalevige）、肯恩·舍维（Ken Scheve）、麦克·汤姆兹（Mike Tomz）和乔什·塔克（Josh Tucker）。我要感谢安德里亚·坎贝尔（Andrea Campbell）、特蕾西·格里森（Tracy Gleason）、佑·埃雷拉（Yoi Herrera）、安妮·约瑟夫（Anne Joseph）、大卫·凯撒（David Kaiser）、凯斯琳·奥尼尔（Kathleen O' Neill）和密歇根大学的同事们。我特别要感谢罗伯·范·豪厄林，他在坎布里奇、帕洛阿尔托、安娜堡和其他地方都鼓励过我。另一位朋友吉尔·霍普（Jill Hopper）在我开始写论文时意外去世，我们曾在外国问题研究、专业论文、博士研究方面互相勉励，我始终牢记她的忠告，并经常怀念这段友情。

这些年来，我一直得到来自家人的爱与鼓励。特将本书献给我的母亲珍宁和继父吉姆，并以此缅怀我的父亲肯尼思。他们为我的成长付出了心血。我深深感谢他们的奉献，特别是我的母亲，她从未对我失去信心。

最后，还要感谢我的妻子瓦莱丽（Valerie）。本书出版的个中艰辛，她的体会或许比我还要深切。她通读书稿，打印脚注，反复核对参考文献，字斟句酌，转递文献，还为我承担其他任务，不遗余力地促成书稿的完成。她显示出了极大的耐心，对我信心十足。更难能可贵的是，她在精神和情感方面伴我始终，给予我无比珍贵的支持。

contents

目　录

Tables and Figures 图表目录

表

图

第一章　诉求：希望与恐惧

所有的宣传都依靠情感诉求来传递信息……1940 年的时 1
候，这样的“诉求”在竞选宣传中比比皆是。

——保罗·拉扎斯菲尔德（Paul Lazarsfeld），伯纳德·贝尔森（Bernard Berelson），赫扎·盖德特（Hazel Gaudet）

（学者，1944）

无论是政治广告还是其他广告，其设计已不再单纯追求让人理解，而更希望触及情感层面。候选人在政治广告中互相攻击、回应反驳、塑造形象、传递信息，并以此为自己拉票……引起人的恐惧、焦虑、反感，也是部分惯用的手段。

——帕特丽夏·洛佩斯·拜登（Patricia Lopes Baden）

（记者，1998）

“又逢美国之晨。”

一句平淡无奇的话语，却在一些人的眼前展开了多姿的画卷：灿烂的笑容、勤勉的态度和爱国的民众。它也会唤起人们藏在内心的情感，怀旧抑或反感，当然人们的反应不尽相同。1984 年，人们还有看电视的习惯，也会适度关注美国的政治前途。当时，罗纳德·里根（Ronald Reagan）总统正寻求连任，他的竞选理念“美国之晨”已体现在一系列电视广告中，令人印象深刻。这些广告传达的信息很容易理解：与四年前相比，美国正在不断进步，所以你应该支持“有作为的总统”。对于连任来说，这是一句清晰明了的口号。

政治学家们深谙政治广告的功效，但令他们费解的是，为何里
根的竞选团队非要将如此简明的信息混在音乐和画面中。里根具有 2
出色的演讲天赋，能够独立有效地传达这句话的含义。对于他直抒

胸臆的演讲风格，这样简明的信息再适合不过了。然而事实却不尽如人意，里根演讲的声音与竞选广告的画面和音乐混杂在一起，观众疲于捕捉信息，更别提情感的交流了。如果一定要说这样的广告达到了什么效果，那就是分散了观众的注意力。就本案例来说，这样的情况当然不可能。当时的迹象显示，经济正在复苏，士气已经高涨，这些正是政治家们取得连任所需的一般条件，为什么不顺应这股潮流，清楚地将意思表达出来呢？

本书对此提供了答案。当代政治广告充斥着情感诉求，广告制作者认为这些诉求具有显著的功效。竞选广告的动员力和说服力，很大程度上取决于广告是否能唤起民众的恐惧或激情，这一点我将会在随后的章节中阐述。与传统观念中广告的积极或消极影响相比，其效果更为复杂。我们要了解受众反应的心理因素，从而领会情感诉求如何产生作用。本书运用理论，介绍竞选广告如何利用形象和音乐来调动情感，并通过实验证明这些暗示确实影响到选民的参与和抉择。有鉴于此，我也将阐述政治家们会在何时、何种情况下利用竞选广告调动情感。

政治家们通常会在竞选时调动选民的情绪，这一点不太可能产生争议。记者、政治顾问、政治家、学者和普通公民都将这视为理所当然的事情。但是，很多人会惊奇地发现，他们对情感在政治广告中的作用几乎一无所知。情感的作用或许被人们意识到了，但可惜未能得到佐证。从 20 世纪 50 年代到 70 年代，电视广告在竞选中兴起。几乎与此同时，两股思潮加剧了对政治广告中情感因素的忽视。首先，政治学和传播学的学者得出一个结论：大众传媒和选举造势对选民的影响其实不大。其次，心理学的认知革命弱化了“情感”对于选民决策的作用，各流派的社会科学家也纷纷将情感因素置于研究范围之外。[1]然而长期以来，过分倚重情感诉求的政治

① 关于心理学的认知革命，如需获取更多信息，请参见加德纳（Gardner，1987）和亨特（Hunt，1993）的著作。

广告却当仁不让地成为大多数重要选举的制胜法宝。①

20世纪80年代以前，承载情感的广告是选举的战略核心（Kern，1989），雄心勃勃的研究计划颠覆了之前延续数十年的两股思潮。学者们在媒体效果方面展开新一轮的研究。凭借更丰富的理论和方法，他们找到了确凿的证据，证明民众的考虑重点和评价会依据他们在电视里看到的内容发生显著的改变（Kinder，2003）。3
新的研究证实了20世纪90年代以来政治广告的有效性。与此同时，心理学家对于情感有了新的认识，这也引来了其他人的效仿。20世纪90年代末以前，政治学家已经搜集了大量的证据，证明舆论为民众的心情、感觉和情绪所左右（Marcus，2000）。这些新近的研究都为解释情感在竞选交流中的作用奠定了坚实的基础。

但是我们为什么会感到困惑呢？首先，很难想象日常政治中如此广泛而显著的组成部分是没有逻辑的。无论政治家们实施的竞选计划成功与否，他们都会想当然地认为，有效的政治诉求也是情感的诉求。尽管主导性的情感与20年前显著不同，但在2004年的美国总统选举中，候选人和各自的阵营再次证明了这一点。当时，霍华德·迪安（Howard Dean）为民主党候选人的提名而战，支持他的自由“527”阵营发起了前所未有的广告竞选，直指乔治·W·布什（George W. Bush，即小布什）总统发动的伊拉克战争，并以此激起民愤。在最后的大选中，民主党候选人约翰·克里（John Kerry）和小布什对于令民众恐惧的议题都做出了大量承诺，例如，将工作外包、提高医保经费、尽可能地出台打击恐怖主义的方案。记者和其他观察家都认为，这是数十年来最情绪化的竞选，受恐惧心理的影响程度也最大。2004年10月中旬的《纽约时报》（*New York Times*）发表了一篇题为《骇人广告使竞选白热化》（Scary Ads Take Campaign to a Grim New Level）的文章。该文提到，这

① 自从20世纪50年代电视选举兴起，政治广告就开始影响情感和逻辑（Kaid & Johnston，2001）。截至20世纪90年代，为联邦选举和州选举而制作的广告耗资巨大，与几十年前相比，广告变得更加短小，包装更加巧妙（Bennett，1996；West，2001）。

些技巧并不仅仅用在总统竞选中。政治学家和评论家达雷尔·韦斯特（Darrell West）说：“我不确定我们看到的选举中包含了多少清晰的情感操纵技巧，我们看到的是对恐惧和忧虑的直接操控。”[1] 政治学的学者们应当去研究用这些习以为常的手段来控制情感是否有效——也就是说，这些情感诉求在多大程度上确实影响到了民众。

其次，情感诉求的运用在民主政治中存在着诸多规范性问题。哪里有情感诉求，哪里就有公众对政治家“利用希望和恐惧役使选民”的批评。观察家们谴责这样的诉求，将其看作人为操纵，视情感为影响抉择的低等因素。2004 年大选中充斥着类似的恐惧诉求，批评家通常对此极为蔑视，他们认为“自称为我们领导的人不值得使用这类手段”。[2] 这些批评建立在深厚的文化根基之上，即认为人们应该抑制情感，这样有利于运用逻辑和理智。最近，研究情感的学者向这些传统观点发起了挑战（Damasio，1994；Marcus，2002）。我们关于情感诉求正确与否的判断应该建立在科学知识的
4 基础上，来考虑政治传播的效果。回答这些规范性问题时，不能仅凭经验。对价值观的恰当运用源自对事实的稳固理解，在这个例子中，就是要理解情感诉求产生作用的途径（Masters，1994）。

在本书中，我第一次系统地用研究结果来检验情感诉求在选举广告中的效果。在列出全书的纲要之前，我需要简要阐明一下我所谓的“情感诉求”。

---

① Jim Rutenberg, “Scary Ads Take Campaign to a Grim New Level,” *New York Times*, October 17, 2004; John McChesney, “Politics of Fear Marks Latest Campaign Ads,” *National Public Radio*, October 20, 2004; Don Gonyea, “Message of Fear Dominates as Vote Nears,” *National Public Radio*, October 20, 2004; Fred Brown, “The Politics of Fear,” *Denver post*, October 31, 2004; David Montgomery, “Experts Say Fear Mongering Marking This the Ugliest Election in Memory,” *Mercury News* (San Joes), October 29, 2004; Marian Wilkinson, “Crying Wolf, but Republicans' Scary Ads Bite,” *Age* (Melbourne), October 26, 2004.

② See Katy Burns, “Appeal to Fear Is All Bush Has Left: Use of Scare Tactics Reaches New Low,” *Concord Monitor*, October 31, 2004.

广告包装的要义

政治广告总是包含着简单的信息，它们通常列举一系列原因来捍卫主要观点，这无异于宣称："你应该将选票投给这位候选人，而不是那位候选人。"支持或反对某个候选人，都要给出理由。政治广告之间最主要的差异之一，就在于其表达支持和反对的程度。政治广告提及的竞选理由各不相同——政策立场（"议题"）、领导素质（"品行"）、工作表现（"政绩"）、相关经历和民意支持。多数政治广告的研究都将重点放在了语气和语言信息的差异上。

然而，政治广告亦如商品，往往暗含言外之意，充斥着图片、声响和音乐。简单的信息为何要以这种非语言的形式包装？原因或许在于，这些特征使广告更富趣味性，因此能吸引不感兴趣的公众前来关注。即便如此，不谙政治的人能否从政治广告中发现乐趣，仍存疑问。在观看广告的过程中，音乐和画面不仅增添了愉悦，还通过感情的渲染增强了说服力，并以此改变观众对于广告信息的理解。

在调动观众情绪的同时传递政治信息，就是我所谓的"情感诉求"。广告中叙事化的语言、音乐和画面对情绪产生影响。就信息而言，语言清楚地界定了语意，因此几乎是不可或缺的。而音乐和画面在调动情绪方面至关重要，虽不能代替语言信息，却在受众接收信息时提高了语言信息的有效性。

这项研究特别关注政治广告如何引发情感，以及其中非语言成分的作用。在介绍研究之前，我想提醒读者注意这些富有情感的广告的图像和声音。虽然在美国绝大多数州和联邦的主要选举中，广告的风格都很相似（Kern，1989），但接下来的讨论还是引用了总统竞选广告中的一些例子，因为它们不仅成为后来竞选者模仿的范 *5*
式，而且很多受众都曾看过。我关注的广告体现了两种普通的诉求，这也是 1984 年和 2004 年总统选举的根本区别。第一种体现了希望和激情的诉求，第二种体现了恐惧的诉求。我们也要思考：这些广告与一周播出一次的广告在情感诉求上有何区别？在进行比较时，我并不提供情感诉求的详尽类型。广告确实可以包含其他情感诉求（如愤怒、骄傲、同情、愉悦），这些情感与那些已提到的情感一样，在表现和影响上可能相似，也可能有差异。但第一步，我还是关注激情和恐惧的诉求，小至此处，大至全书。

我还想说明我运用情感标签的方法，如贯穿全书的“激情诉求”和“恐惧广告”。情感不是广告的一部分，而是观众看过之后做出的反应（见第三章）。在很多情况下，一则广告可能会引发一个人一种以上的情感（例如，恐惧或者愤怒），在不同人身上引发的情感也不尽相同（例如，一些人的是激情，另一些人的是讨厌）。在日常语言和学术研究中，潜在的受众接受的情感暗示通常都有标签，例如，恐惧诉求、悲伤音乐、慰问卡片、恐怖电影和希望迹象。为了使本书更通俗易懂，我遵循了标准做法，依据在目标观众中可能引发的情感，在广告、诉求和视听线索上贴标签。但我们必须将贴标签的做法与广告实际的情感影响区分开来。

感觉良好的广告：希望和激情的诉求

竞选广告《美国之晨》（*Morning in America*）呈现了一种普通的形式，顾问们将其称为“感觉良好”的广告。正如这个名字所暗示的那样，感觉良好的广告尝试在信息中承载积极的情绪，如希望、激情或是自豪。众所周知，这样的广告旨在获取选民的好感，从而为候选人赢得支持。但是事情并没有那么简单。如同我们随后所介绍的那样，感觉良好的广告——或者用我的话说，“激情广告”——会令反对该候选人的观众感到厌恶，从而加快离开的步伐。此类广告的威力在于，巩固现有的支持者，强化他们的支持信念。

这些广告是如何调动观众的希望和激情的呢？它们主要依靠音

乐和形象来激发情感反应。[①]《美国之晨》系列广告都伴随着轻松昂扬的曲调。在人们的期望中，这种音乐通常来自电影原声，引发感伤 6
或怀旧，如《梦幻成真》(*Field of Dreams*) 或《大河之恋》(*A River Runs Through It*)。"离你住所不太远的小镇"田园诗般的景象成为广告的基本背景。画面中，男男女女在田间和工厂劳动，展示着他们傲人的成果；一对新人正在举行婚礼；一对老夫妻手牵手地走过主街，分享着冰淇淋甜筒；一户户家庭搬入新房，购买新车；游行途中的孩子挥舞着美国国旗，满脸笑容：这样的场景比比皆是。

《美国之晨》为焕发激情的政治广告设立了标准，将激发情感的象征主义寓于其中，又淡化了政治色彩，开风气之先河。尽管这个广告的总体风格朴实无华，但此后参加总统竞选和其他竞选的人还是竞相模仿。图 1—1 显示了在感觉良好或激情广告中频繁出现的画面。不论引起感伤还是爱国之情，音乐都很激昂。也会偶尔出现笑声、掌声，甚至是展现军事实力的飞机轰鸣声。广告采用暖色调和柔和的线条感，描绘出快乐的家庭和繁荣的经济，还有如画的风景作为衬托。民族自豪感不仅暗含在国旗中，也通过以下一些意象反映出来：穿制服的人、海军舰艇、军用飞机、政治纪念碑和自然纪念碑，以及纪念牺牲将士的仪式。[②]

---

① 所用言语必须与上文所提内容保持一致，并通过声明国家正"重返正轨"以及"早晨"的暗喻来造势。但是，正是这样的文本承担了制造话题和呈现事实的主要职责，而画面和音乐起到了调动情感的作用，一些文字和陈述尤其能触发情感（如马丁·路德·金的演讲），还有一些能让人想起"事实"的画面（如新法规的签署仪式）。如此看来，音乐和其他声效或许是情感因素最纯粹的范例。即便如此，还是应该根据主要目的来区分广告的不同组成部分，而广告的目的也与大脑中接收的不同的语言、音乐和画面紧密相连（见第三章）。例如，格拉伯尔（2001）指出，语言信息要求缓慢而分期地处理（p. 17），"对于情感激励来说，视觉刺激胜过其他的非视觉刺激"（p. 35）。

② 我回顾了感觉良好的广告中情景、象征符号和声音的种类，意在表明这就是我所谓的"情感诉求"。一些广告主题各异，适合不同的观众，尽管其中含有很多微妙的变量，但本书意在研究它们激发希望和热情的共同目标。其他学者对历史上的竞选广告做了细致入微的阐述，分析了广告制作技巧，并解析了广告的修辞和叙述结构中包含的意义（Diamond & Bates，1992；Jamieson，1996；Kern，1989；Nelson & Boynton，1997；Richardson，2003）。我的目标是解释这些象征符号如何对选民的抉择产生影响。

恐惧广告

虽然《美国之晨》被视为经典的政治广告，但它们既不是最著名的，也不是1984年选举以来最让人印象深刻的。每个例子的区别源于广告的巨大差异。历史上最著名的广告或许是1964年林登·约翰逊（Lyndon Johnson）总统的连任竞选团队拍摄的广告《雏菊》（*Daisy*），它意在引起人们对核战争的恐惧。与之类似，当时的民意测验显示，1984年竞选中让人印象最深刻的广告《熊》（*Bear*），同样宣扬冷战思维，鼓吹用军事实力遏制苏联。

这种恐惧广告是现代选举竞争的产物。与感觉良好的广告相比，它们出现的频率不一定更高，但是会获得更多关注。恐惧广告目的明确——引起观众的焦虑。一些观察家相信，恐惧广告旨在使选民将恐惧和讨厌与候选人的对手挂钩。这样的传统观念只适用于
8 “攻击广告”——一种特别的消极广告，用于批评竞争对手。虽然大部分攻击广告运用了恐惧诉求，但并非所有的恐惧广告都明确地批评对手，而对于恐惧广告的传统看法过于简单。一项新的证据表明，恐惧广告真正的威力在于激起人们对相关信息的关注，并鼓励他们反思自己的抉择。

相对于感觉良好的广告来说，恐惧广告不仅提供了令人忧虑的信息，还运用画面、音乐和声效使选民忐忑不安。在每个案例中，虽然广告利用截然不同的暗示方法，但情感诉求的作用都大同小异。图1—2展示了最近经典的恐惧广告的画面。

尽管只播出过一次，但广告《雏菊》引起的争议比其他任何政治广告都大。60秒的广告将一个小孩和原子弹爆炸联系在一起，以此攻击约翰逊下一轮选举中的竞选对手：共和党的巴里·戈德华特（Barry Goldwater）。它并没有直接宣传约翰逊及其执政主张，却引起了公众注意。在广告的开始，一个小女孩站在田野里，边从1往10数，边摘花瓣，伴随她的只有乡间的鸟鸣和微风吹过草地的声音。但刚要数到9时，镜头凝固了，一个让人心慌的声音开始

罗纳德·里根的竞选广告《美国之晨》(*Morning in American*，1984)

其他感觉良好的广告案例

比尔·克林顿，《我已竭尽所能》(*I Have Done My Best*，1996)

比尔·克林顿，《成就》(*Accomplishment*，1996)

乔治·W·布什，《不惜一切代价(*Whatever It Takes*，2004)

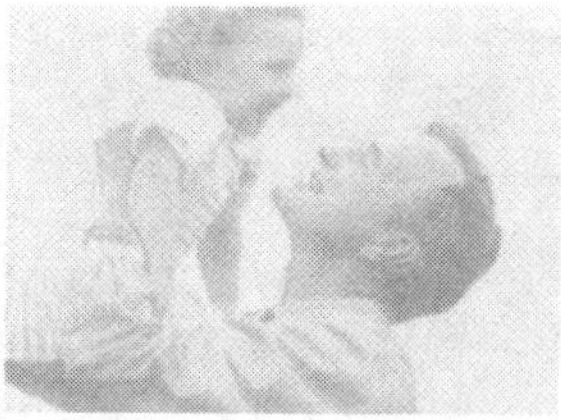

乔治·H·W·布什，《未来》(*Future*，1988)

图 1—1　感觉良好的广告用激昂的曲调和多姿多彩的家庭、国家和繁荣的景象来打消顾虑、激励选民

9 林登·约翰逊的广告《雏菊》(*Daisy*，1964)

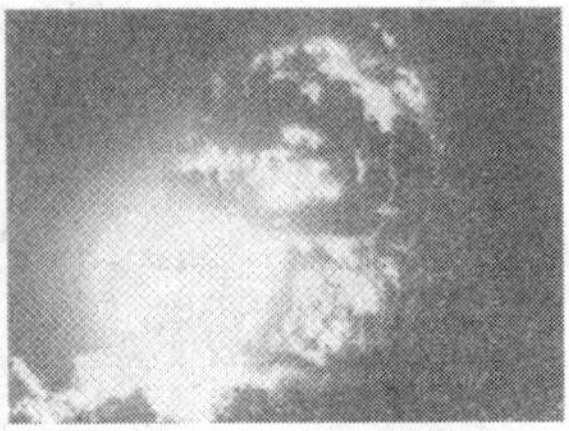

从罗纳德·里根的《熊》(*Bear*，1984) 到
乔治·W·布什的《群狼》(*Wolves*，2004)

其他恐惧广告的案例

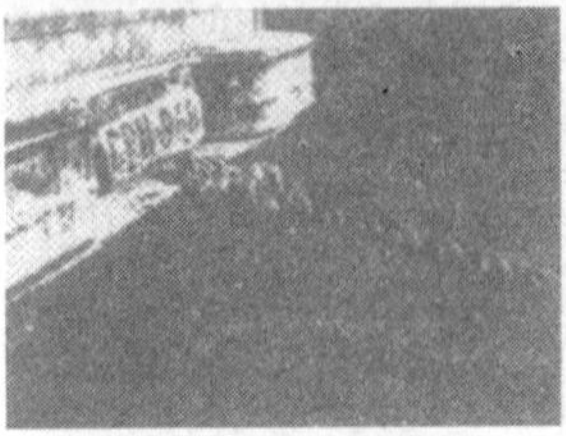

NAACP*，《伯德一世》
(*Byrd I*，2000)

乔治·H·W·布什，《凯转门》
(*Revolving Door*，1988)

乔治·H·W·布什，
《港口》(*Harbor*，1988)

乔治·H·W·布什，《阿肯色州》(*Arkansas*，1992)

图 1—2　恐惧广告通过骇人的音乐以及战争、犯罪、污染和其他威胁的黑暗形象在选民中制造焦虑

* 美国全国有色人种协进会（National Association for the Advanced of Colored People）的英文缩写，该协会总部设在纽约。——译者注

了10秒的倒数，背景是小女孩黑色的瞳孔。倒数到零时，一颗原子弹爆炸了。伴随着隆隆的巨响，蘑菇云的影像映入眼帘，接着是约翰逊总统的声音，他郑重地发出警告，并总结道："我们要么互爱，要么灭亡。"

尽管同样运用了象征手法，1984年广告《熊》的手法却更为微妙，涉及里根连任竞选的第二个主题——也就是他的强势防御政策已使美国"为和平做好了准备"。但是，他并没有明确地提到防御政策或选举：

> 树林里有一头熊。一些人很容易看到这头熊，其他人却根本没发现。有些人说熊是被驯服的，其他人说它凶猛而危险。既然我们永远不能确定孰对孰错，就应该变得像熊一样强壮，如果这里真有一头熊的话……这难道不是一个明智之举吗？

整个文本都在隐喻美国与苏联的冷战僵局（熊是俄国的传统象征）。就像广告《雏菊》一样，广告《熊》指望观众们思索言外之意。广告的视听包装对阐明信息没有任何帮助。在将近30秒的时间里，一头熊缓缓地走在岩石上，穿过灌木丛，迈进小溪，最后与一个持枪的人在山顶相遇。一开始，这头熊径直向人走去，但是在 10
几米外的地方停了下来，并向后退了一步。这个广告自始至终都在影射苏联的坦克、导弹或其他威胁，向未能联想到的观众进行暗示。① 和广告《美国之晨》用感伤的曲调唤起观众的情感一样，广告《熊》每隔一段时间就运用一连串砰砰作响的鼓声，令人心神不宁。

虽然仅仅依靠暗喻在政治广告中极为罕见，但对于恐惧广告来说却不是这样，它们运用相似的非语言信号。2004年，小布什的连任竞选团队就借鉴了里根总统的做法，制作了《群狼》广告，强调美国面临的威胁是潜在的恐怖分子，而不是一个强大的、虎视眈

① 源自焦点小组的证据证明，那些没有领会广告寓意的选民依旧能捕捉到"以实力求和平"的信息，并产生积极反应（Diamond & Bates，1992）。

眈的超级大国。这则广告减少了想象成分，却明确地告诉观众，在面对恐怖主义时，约翰·克里有太多弱点，“这些弱点使那些意图破坏美国的人蠢蠢欲动”。恐惧广告强调国内的危机，如犯罪、失业和污染。总体来说，恐惧广告的背景音乐都是由制造紧张气氛的乐器演奏的，充满了小三和音、悚然的节奏与不和谐的音调。警笛、啼哭的婴儿、咆哮的风等音效强化了故事情节的视觉效果。此类广告运用粒状的黑白影像或者黑色和中性色，渲染战争、暴力、犯罪、吸毒、荒芜、污水、贫穷和死亡等景象。[①]

缺乏情感诉求的广告效果如何？

人们期望电视上的政治广告包含感性的画面和音乐，当广告达不到这些要求时，他们的失望之情就更能反映出他们深深的期待。我所谓的“非激情广告”在很大程度上回避了夸张的渲染和情感诉求，就是为了突出论点和信息。它们是情感诉求法则的例外。人们一般不会在选举中谈论非激情广告，选举后它也不会被人们记住，更不会成为政治分析的例子。由于它们没有那么大胆，承担的风险也较小，因此分析家们倾向于将它们看作不太有效的信息广告（Kern，1989；Perloff & Kinsey，1992）。相比对观众狂轰滥炸的其他政治和商业广告，它们脱颖而出的唯一优势就是新颖性。如果朴实的风格与“实话实说”的态度能和外在的竞选主题保持一致，那么对于特定的政治家来说，非激情广告或许是最好的选择。

这个例子或许反映了1992年独立候选人罗斯·佩罗（H. Ross
11 Perot）的情况。在总统竞选中，不用音乐、联想象征符号和彩色背景的广告是极为罕见的。但是佩罗的大部分广告，包括60秒和30秒广告以及半小时的政客访谈节目，都是平实的风格，只为传

① 一些广告也运用社会团体成员的“威胁”形象，这些并不为显性受众所喜爱。这些被设计的群体会产生不同程度的焦虑，实际上都围绕着我对于恐惧诉求的定义。而种族群体的效果更加具体，如引起陈词滥调和决策中的偏见。探寻此类效果的研究，可参见曼德伯格（2001）及瓦伦蒂诺、哈钦斯和怀特（2002）的著作。

递语言信息、充满叙事性的声明和论点。例如，在广告《滴落》（*Trickle Down*）中，叙述者批评老布什政府的经济政策，表示佩罗的经济政策是理想的替代品。如图1—3展示的那样，叙述者的信息通过文本和画面平稳地传递。虽然夹杂着对在任者的蔑视，但这则信息并没有包含太多情感。与此同时，《滴落》也强化了政治广告的一般规则：并非全无象征的意象和音乐。它的背景锁定在飘洒着雨点的黑色玻璃上，偶尔有雨珠从玻璃上滴落。当叙述者在讲述选择佩罗的理由时，先是轻柔的和弦，随后加上了小号轻柔而富有特色的声音。

也有其他风格的广告可以归入非激情广告的范畴。一些广告摒弃了精心选择的词语，在单色的背景下突出原声；有时也会运用目录和表格来强调某一点。最常见的非激情广告就是"头部特写"，一名候选人会直接对着镜头说话。在很多案例中，广告中的候选人都会运用一种适度调动情感的方式，如坐在彩旗飘扬的办公室里，或站在专心聆听的家庭成员或选民中。值得关注的是，1992年的佩罗和1976年的吉米·卡特（Jimmy Carter）在头部特写的广告中都以纯黑或棕色作为背景。一些头部特写的广告营造了相同的视觉效果，但会以普罗大众的赞扬为特征，而不是候选人的评论。

一直以来，广告几乎无法与情感截然分开。语言信息的确可以调动情绪（Crigler，Just & Neuman，1994）。而非语言的表情和身体语言，也能引发情绪上的反应，特别是当它们来自权威的政治领导时（Sullivan & Musters，1988）。我们也许会思考，是否有可能创造一种完全没有情感的广告。鉴于此，我用了"非激情"这个词，实际是倡导广告不要使用特别的激情诉求，而并非说不要有一点激情。从这个角度说，非激情广告包括很多情感诉求程度较低的广告（如对恐惧、希望、愤怒等最轻微的诉求），也就是情感暗示较弱的广告。

12 罗斯·佩罗的《滴落》(*Trickle Down*，1992)

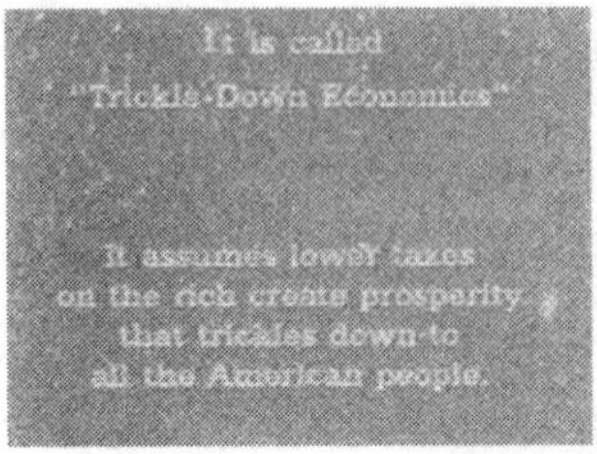

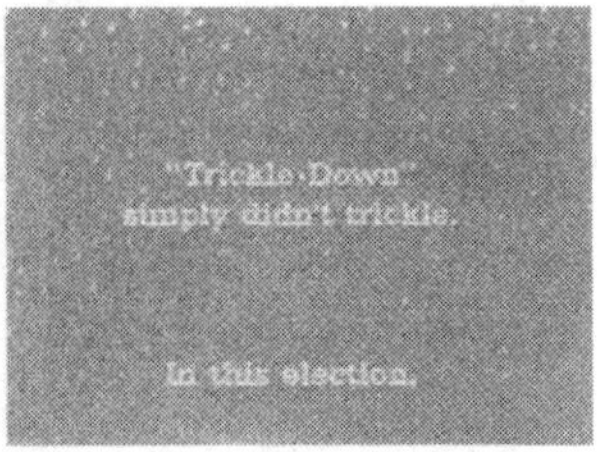

其他非激情广告案例

罗斯·佩罗，《最好的人》(*Best Person*，1992)

约翰·克里，《文书工作》(*Paperwork*，2004)

美式作风，《当然》(*Sure*，2000)

罗纳德·里根，《领头人》(*Headley*，1984)

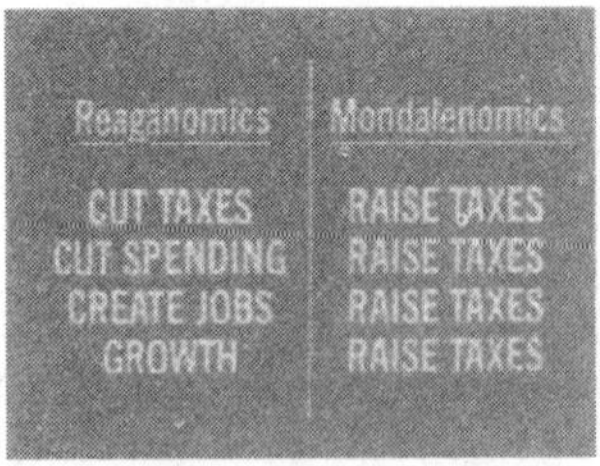

罗纳德·里根，《里根经济政策》(*Reaganomics*，1984)

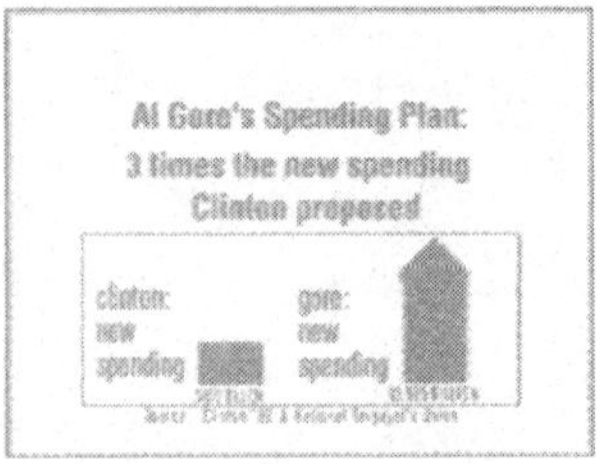

RNC*，《戈尔—庞大》(*Gore-gantuan*，2000)

图 1—3　非激情广告突出特殊情况，仍然使用适度唤起情感的音像；同时也证明了字幕的重要性

* 共和党全国委员会，戈尔的反对党。——译者注

情感诉求的影响 13

对电视政治广告内容和历史的研究，探索了竞选广告的视听风格，却只是零星触及情绪调动的重要性。政治广告的“效果”研究主要关注广告的语气、内容和信息，几乎没有关于音乐和画面暗示的研究，也没有关于情感诉求的研究。

本书填补了这个空白，着力研究竞选广告是否通过情感诉求影响选民，以及产生影响的方式。我的观点是，竞选广告通过运用画面象征和音乐暗示，引发观众的情感反应。通过唤起不同的情感，广告对参与者和观看者的抉择产生不同的影响。心理学的最新进展表明，情感在推理和社会活动中发挥着核心作用。我借用这些观点来预测情感诉求对政治广告的影响，并通过一系列在选举中进行的实验来证实我的预测。结果显示，广告的视听“包装”对于效果来说至关重要。和理论预期一致，激情诉求的持续促使观众参与到竞选中，并保持对候选人已有的忠诚度。而恐惧诉求会使观众寻找新的信息，并反思他们的选择。这样看来，政治家们依赖情感广告就不足为奇了。但我们也发现，他们对激情和恐惧广告各自的优势也有不同的理解。我从最近的竞选广告中找到了系统的证据，揭示了政治家们运用恐惧、激情和其他情感诉求的程度，以及这些情感诉求是如何根据选举设置而变化的。总之，我认为政治家经常通过电视广告向观众传递情感诉求，这些诉求会对选民态度产生重大影响。

在接下来的章节里，这个观点会得到充分论证。第二章阐述了我们对政治竞选广告的看法和了解，以及情感在政治传播中的基本作用。在过去的半个世纪里，电视广告已经成为美国政坛现代选举的首要武器。在几乎所有的总统、州长和国会议员的竞选预算中，广告费用所占份额最大。就情感在竞选中的作用这一话题，我询问了政治顾问、记者、学者和其他人的看法，发现大家对候选人的自我推销有着广泛的一致观点。这些政治观察家们相信，在竞选广告中，情感诉求是强有力的工具，体现在音乐和画面上，可以人为地引导文化水平不高和信息不灵通的选民。这与社会学家的研究形成
14 鲜明对比。在数以百计的政治广告研究中，没有一项旨在验证情感的效果。平衡政治“科学”和政治“艺术”是本书的中心目标。

在第三章，我给出了支撑情感诉求的政治心理学理论，从而设计出了一个蓝图。对情感作用的传统解释可以归纳为以下三种：(1) 作为附带现象；(2) 作为产生某种影响的效果（如积极影响和消极影响）；(3) 作为生动的表现形式，决定广告的娱乐价值和吸引力。凭借情感心理学理论及其在舆论方面的应用，我认为竞选广告通过唤起一种特定的情感来影响政治行为，如在视听暗示下的激情或恐惧。广告利用了特殊刺激和预期结果之间的已知关联：人类基本的情感系统能够监测到新信息对个人目标和福利的重要性，让人们据此采取行动。此外，情感的力量还来自大脑识别信号的方式和潜意识的反应。这就能够解释音乐和象征的潜能，从而对激情和恐惧广告的效果做出不同的预测。

第四到第六章为情感在竞选广告中的作用和影响提供了实验证据。第四、第五章介绍了一组实验结果，旨在检测情感诉求对普通民众投票行为的影响。这个实验在一次实际的州长选举过程中进行，让民众在看其他节目时顺带观看竞选广告。第一个实验建立在比较的基础上，一边是一则非激情的积极广告，另一边是类似的广告，但包含唤起激情的画面和音乐。第二个实验也是一组比较，一边是一则非激情的消极广告，另一边也是类似的广告，但带有引起恐惧的画面和音乐。这样的设计让我们跳过了广告中积极或消极的语气，来关注非语言暗示所激发的某种情感效果。

第四章也检验了情感诉求吸引民众参与政治选举，或使他们远离选举的作用。我发现了激情广告拥有动员力量的证据。最近有政治广告产生了遣散选民的效果，与之形成对比的是，调动希望和激情的尝试会在竞选中激起更大的兴趣，并激发选民的愿望，志愿参

与和投票。我发现恐惧广告也可以激发参与，但是这一点只适用公 15
民素养较高的人。进一步的检验证明，那些政治上“老练的”公民对于两种情感诉求显得更加敏感。尽管有少量提示性的发现，却没证据能证明情感诉求会强化或减弱公民的态度，如政治过程中的信任、公民对于改变结果的能力和信心。

第五章的研究结果显示了候选人的态度和相关的选择。激情广告强化了先前的观念，使得选民更加忠实于候选人，投票更加坚定。结果，这些热烈昂扬的广告使选举两极分化，整合了支持者的声音，带有讽刺意味的同时也使反对的意见变得更加强硬。恐惧广告则更具说服力，在候选人的测评中，恐惧广告强化了支持者的信念，增加了反对者回心转意的可能性，软化甚至转化了他们的敌意。从本质上说，这样的诉求激发了人们对政治选择的反思。当一则广告引起选民的忧虑时，它就会动摇选民先前的态度，强化选民对新信息的重视度，使其选择更加慎重。我也考虑了情感诉求对于注意力、学识和消息搜集的影响。尽管情感诉求有动员影响，却没有证据证明，激情或恐惧诉求能让选民通过广告本身提高理解能力。但是，恐惧诉求似乎能提高警惕，使选民搜集相关信息并不断学习。我再次发现，对于有知识的公民来说，态度、选择和信息搜集最容易受到影响。与前一章关于动员力的发现整合到一起，所得到的结果就颠覆了传统观念中关于谁最有可能被情感诉求“操控”的看法。

在第六章，我将从探讨竞选广告的效果转移到广告竞选行为。这一章对 1999 年到 2000 年之间的 1 400 多个竞选广告做了系统的内容分析，旨在发现政治家们运用情感诉求的方式和时间。结果证实，大多数广告都包含一种或多种诉求，激情和恐惧广告实际上很常见，但它们运用音乐、画面和其他视听成分的方式不同，并根据情感暗示理论引导人们产生不同的期望。除了丰富我们对竞选广告如何影响情感的整体印象外，这些数据也阐明了情感诉求的策略运用。正如我所预测的，候选人比在任者更容易制造恐惧诉求，竞选

领先者更容易制造激情诉求。另外，在州选举中，当候选人所在政
16 党在全州的选民中占优势时，候选人更可能使用激情诉求；而当对
手占优势时，候选人则更可能选择恐惧诉求。

本书对情感在竞选广告中的作用做了阐释。在第七章，我也对这个过程做了梳理。之前已有人对情感在政治研究中的重要性做出了贡献，作为延续，本书试图首次对两种情感诉求进行理论描述和实验测试。书中公布的研究仅仅是一个起点，而非终点，还存在大量的问题。

这项研究的发现也影响了我们对于选举的经验和标准的理解。第七章揭示了政治家选择何种传播方式，才能在公众面前塑造良好形象。我们可以根据更多的理论和实验，来阐述政治传播中的情感作用，也会反思对政治家滥用希望和恐惧影响选民的抱怨。

第二章 竞选的艺术与科学

电视广告给人以视觉和听觉上的刺激，这些刺激能激发选 17
民内心深处的感觉。……政治广告的目的在于，恰当运用视觉和听觉刺激影响选民，进而激发出所期待的反应。

——托尼·施瓦茨（Tony Schwartz）（政治顾问，1973）

电视政治广告中的符号操控根本不起作用。过多使用符号和刻板印象，观众会对广告产生免疫。用符号和态度操控观众的意图很荒诞，也导致广告看起来更荒谬且不可信。无论基于何种理由，观众面对这种广告时都会产生有效的自我保护而不受其影响。

——托马斯·帕特森（Thomas Patterson）、
罗伯特·麦克卢尔（Robert McClure）（学者，1976）

在建国之初，美国领导人就进行了一项大胆的实验，即通过定期选举，让政府对人民负责。不过，这样的尝试仍然具有局限性。尽管建国领袖们想到了竞选方法，但是他们并不看好候选人直接向公民诉求的方式（Schudson，1998）。竞选活动以选票为目的，这不适宜，也很危险。建国领袖们担心，别有用心者会为了当选而唤起人民的“狂热”，在这种情况下，政党间会滋生“不宽容精神”。[①] 事实证明，建国领袖们的想法是对的。生机勃勃的竞选活动以及随之产生的众多有组织的政党，已经成为美国政治的主体（Aldrich，

① 引文分别来自《联邦党人文集》1号卷（The Federalist No. 1）中亚历山大·汉密尔顿（Alexander Hamilton）的话，以及《联邦党人文集》10号卷中詹姆斯·麦迪逊（James Madison ）的话。

1995)。大量的选举、错综复杂的选举环节、越来越多的投票议案，
18 加之烦琐的选举过程，使得今天的美国公民时刻被竞选活动包围着。关于竞选活动对大众情感的影响，本章会回顾实践者、学者以及其他观察家们的看法。

本书中，我的主要观点是，政治家诉诸特定的情感，来改变公民对政治信息的反应——涉及情感诉求在政治传播中的一般作用。尽管引发某种情感的内容和途径有所不同，但其产生的影响应该和广告、演讲、新闻报道、辩论或者直接发邮件的效果一样。然而，我更关注政治广告中情感的作用。在竞选中，政治家们利用电视广告激励和说服选民。另外，观察家发现，与其他传播方式相比，竞选广告严重依赖情感诉求。要初步研究情感诉求的影响，竞选广告是个不错的选择。

制作竞选广告的政治顾问、报道竞选活动的记者、研究竞选传播的学者对情感在竞选中的作用持不同观点。本章中，我将搜集他们的观点并以此进行考察，同时回顾学者们的看法。在这些探索中，竞选广告的艺术和科学形成了鲜明的对比。许多关于情感作用的传统观点都没有经过系统的研究测试，这导致实践者和学者之间产生了极大分歧。实践者主要考虑技巧，学者主要考虑模式。一些研究很有前景，譬如领导者的表达行为、宣传小册子中煽动性话语和图片的使用。但是目前还没有人就竞选中的情感诉求展开系统研究——要知道情感诉求在电视竞选广告中占据最主要的位置。

现代竞选的首要工具

首先应当注意到广告在现代竞选中的地位。在整个 19 世纪，政党展开激烈的竞选角逐，目的是动员支持者，有时是威慑对手(Aldrich，1995；Altschuler & Blumin，2001)。有关竞选的俱乐部出现了，当遇上热闹事件时，本地的竞选俱乐部成员会借酒放歌，

在城镇间游行尽兴。候选人乘机频频露面，有政治倾向的地方报纸也会对此渲染一番。在 20 世纪的前几十年里，渐进式改革已经削 19
弱了政党，但候选人依旧依赖联邦和各州的政党进行宣传，在大选之日争取可能的支持者。然而，第二次世界大战结束后，政治竞选的重心从政党转移到候选人（Wattenberg，1992），从挨家挨户的宣传转变为通过大众媒介来动员选民（Ansolabehere，Behr & Iyengar，1993；Norris，2000）。在公共事务中，“媒介政治”作为一种组织力量并没有完全取代“政党政治”，但是改变了政治家们争取公众支持的竞选方式（Zaller，出版日期不详）。

现在的候选人会建立个人竞选团队，以向潜在的选民传达信息；而政党和利益集团则努力寻求受众的更多关注。他们与公众交流的方式通常有两种：免费媒体和付费广告。免费媒体主要是利用新闻报道和竞选活动，如通过地方支持者和政党集会等事件，“制造新闻”以吸引媒体报道。对政治家们而言，这样做的缺点是他们不能控制信息，因为记者会试图重组他们通过媒体发出的信息（Zaller，出版日期不详）。另一种方式是付费广告，包括制作海报和徽章，直接将材料邮寄到选民家中，或在广播和电视上登广告。与新闻报道相比，付费广告花费大，且缺乏中立色彩，但政治家可以通过竞选广告控制传达给公众的信息数量和信息内容。[①]

很多观察家认为，电视推动并反映了以候选人为中心的选战的转变。尽管其他媒体也发挥了作用，但是无处不在的电视机处于现代选举的中心地位（Ansolabehere，Behr & Iyengar，1993；Graber，2001；McCubbins，1992）。电视有一种持久的魅力，而观察家经常会因社会的重要变革赞扬或谴责这种魅力。尽管还没有足够的证据证明电视的真实影响，但它所具有的媒介特性确实可以使其产生巨大影响。电视不要求观众有文化教养，也不需要

① 免费媒体和付费媒体的区别不是绝对清晰的。比如，记者经常写关于广告的报道，而且广告经常利用新闻中和争论中的材料。

阅读，通过调整图像和声音的组合，就能展现遥远的地域和事件。从某种意义上来说，观众仿佛置身“现场”，所闻所见也变得真实了许多（Barry，1997）。有人认为，电视把演讲者和具体事件带进了观众的客厅，由此产生了亲密感（Hart，1999）。也有人声称，对于有魅力的领导，电视还有一个优势，即部分重塑了非言语行为的交流力量，这在日常社会互动中相当重要（Masters，1991）。[①] 许多人认为，不论是表面上的真实和亲密，还是单纯的两种感官（图像和声音）的结合，与其他政治信息来源相
20 比，电视都具有较大的情感影响力（Graber，2000）。尽管电视对政治的影响还有待探讨（Norris，2000），但它对社会具有极大的影响，电视娱乐已占据普通美国人生活的中心地位（Putnam，2000）。[②]

电视里的竞选广告很可能成为政治信息的来源。广告是电视节目的副产品，这种相对被动的观看经历通常会让观众持续关注一连串视觉信号（也就是说，观众很难有选择性地关注信息）。这样，那些不看政治新闻的观众就可以看广告了。事实上，美国人看电视更多的是为了娱乐，而不是“硬”新闻；这也说明了广告作为信息来源的重要性（Putnam，2000）。

在重要的竞选活动中，电视竞选广告已经成为政治家们的主要手段。过去，只有总统候选人才会将政治广告搬上电视，但如今，国会、各州以及一些市级选举的候选人都在频繁使用电视广告。利益集团也将大量资源投放于广告、议案投票甚至选举之外的政策讨论来影响选举。源于 20 世纪 50 年代的不起眼的水花，在近几十年已经演变成汹涌的电子选举洪流。

电视广告是使竞选花费呈上升趋势的主要原因，因为大多数

---

① 这种恢复一部分是因为电视只允许不用言语行为的单向传播，即从领导人到公民，而不是相反。

② 普特纳姆（Putnam）认为，在美国，电视是减少公民参与和社会互动的主要原因，尤其是它重新引导大量空闲时间花费在被动且缺少社会互动的看电视上。

候选人都把大部分预算花在广告开支上。竞选的第二大开支则是经常要组织活动，为播放广告筹集大量的资金。在广告制作和播放策略中，一些候选人采取“麦迪逊大道”的方法，与有广告制作经验的公司合作。在 20 世纪 80 年代和 90 年代，由于竞选日益依赖广告，因此政治顾问这一职业逐渐兴起，商业协会和各种行业出版物也随之出现。[①] 自此，竞选广告的言辞变得更犀利，包装也更华丽。[②]

竞选广告的类型和作用

竞选的目的是增加候选人的支持者，并鼓励支持者积极主动地参与投票。因此，政治广告主要是为了说服和动员选民。为实现这些目标，政治广告努力塑造选民对候选人的印象，包括提供一些候选人的信息，比如，他们是谁（名字识别）、他们做过的事情（工作经历和记录）、他们支持什么（议题立场），以及他们代表谁（群 21
体关系）。为了使其观点更为可信，政治家们通过广告让公众对政策和当下状况有一定的认识，并改变公众对利害关系的看法，鼓励公众参与其中。

学者们用若干种方法对广告进行了分类，这主要基于已经呈现

---

① 到 20 世纪 80 年代，以向候选人或者政治团体提供战略或者技术知识为职业的做法，已经变得切实可行（Trent & Friedenberg，2000）。美国政治顾问协会（the American Association for Political Consultants，AAPC）是专业的顾问组织。这个组织的成长可以说明顾问职业的发展时间和进程。1969 年，该协会第一次召开会议，只有几个成员参加。到 1980 年，人数只逐渐增至 50 名。但是到了 1990 年，成员数已经飞速增至 700 人。到 2004 年，成员数已经增至 1 100 人（见 Trent & Friedenberg，1991）。近几年，美国政治顾问协会每年有超过 2 500 个公司注册备案。这些公司可以提供咨询以及相关服务。1980 年的象征性地位，也作为顾问行业兴起的转折点，由顾问行业的专业杂志《竞选与选举》（*Campaigns & Elections*）的出版而得到了证明。

② 在详细记录竞选广告历史方面，其他学者已经做出了卓越贡献。比如，戴蒙德和贝茨（1992），以及杰米森（1996）的著作，对这个主题就有丰富的记录。

的主要信息，如自传、议题或者性格。其他分类与信息呈现的形式有关（如“电视谈话”、“说明介绍”、“形象展示”）。最常见的是，学者根据已有信息的“语气”把广告分为积极的或消极的。然而，这种分类应用甚广，以致模糊了积极和消极广告之间的差异，这种差异与广告的有效性和认知标准有关。“语气”经常用来形容候选人辩论的方式：消极或者“攻击性质”的广告常常批评对手；积极或者“宣传性质”的广告则赞扬候选人；还有“比较”广告，即用候选人的强项和对手的弱项相比。然而，广告“语气”也会因其他原因被认定为积极的或者消极的，诸如针对现状的讨论，或者画面和音乐所带来的情感。例如，尽管消极广告在某一问题的立场上并不比对手高明多少，但一般消极广告很少会提起对手，正如第一章里提到的《雏菊》和《熊》的广告。

很明显，在这些分类中并未提及情感。虽然我认为有人会根据画面和音乐所引发的情感来定义广告的“语气”，不过很少有学者这样做。他们会通过内容及信息将“语气”概念化和具体化，而不考虑情感因素。但在政治传播研究中，并非一向如此。曾有一个心理学和传播学的跨学科研究对宣传进行了分类，主要依据宣传本身是否带有情感诉求，或是否以“逻辑”、“理性”或者“合理性”的东西为主（Bauer & Cox，1963；Hartmann，1936；Pallak，Murroni & Koch，1983；Rosselli，Skelly & Mackie，1995）。在做上述区别时，还得利用亚里士多德和西塞罗那些令人敬仰的修辞研究，其中包括情感和逻辑的重要性（Aristotle，1991；Jamieson，1988；Pratkanis & Aronson，1992）。大多数研究重点探讨对比情感诉求和逻辑诉求等概括性的问题，但没有以具体情感诉求为基础进一步研究两者的不同（Roseman，Abelson & Ewing，1986）。尽管传统的研究方法对进一步研究政治广告影响很小，但它却在很大程度上
22 构成了大众和从业者对政治传播的看法。过去所缺少的对情感诉求进行科学研究的文献，对理解日常的竞选广告发挥着重要的作用，甚至对科学家也是如此。

关于情感作用的共同观点

人们如何认识情感在政治广告中的作用？虽然科学研究没有给出答案，但公开的专业的讨论却没有停止。作为很多观察家解读政治广告的目标和影响的核心概念，“情感”和“情感诉求”出现在关注选战的普通公民和记者的日常观察中，出现在制作广告的政治顾问的建议和解读中，甚至出现在学者关于情感的描述和功能性解读中。总而言之，广告制作者和观看者都在思考：那些广告试图达到什么目的？他们也会不可避免地考虑到情感的作用。[①]

大多数读者不会对这个观点感到吃惊，因为政治广告和情感诉求的联系在日常讨论中很常见。鉴于此，我的重点不是记录“情感”概念在政治广告的讨论中出现的频率，而是思考人们是如何讨论情感作用的。在某些特殊情况下，人们才会对这个主题展开广泛系统的讨论。然而，我相信，通过或多或少的观察，我们可以分辨出普通公民和政治精英们对情感作用的观点或者论断。

我浏览了许多资料，努力摒弃关于情感诉求的传统观点。我仔细查阅了过去 25 年间英文报纸和杂志上的公民、学者、记者和顾问的评论。其中数十篇来自广告、公共关系、新闻界和政治顾问领域的商业出版物，进一步阐述了政治从业精英的观念。最后，我查阅了许多学术书籍和论文，逐渐搜集到作者们的观点，以及他们研究项目中的采访对象的观点。如果本书旨在理解人们对情感诉求的观点，那么我将会深入研究并试着弄清楚：人们是在表达自己的观点，还是在鹦鹉学舌般重复已有的传统观点？当然这并不是我的目的。我的目的是在政治广告中找出关于情感的传统观点，并以此作为前提，
系统地评估情感诉求的作用。以下六个观点已获得了大多数人的认 23

① 用学术语言解释，就是当研究者转向系统地评估广告的风格和影响时，这些观念似乎无法引起人们的注意。

可。我将对此进行重点阐述，这些观点的概要可以参考表 2—1。

观点 1. 政治家惯用选民的情感诉求，尤其是在竞选广告中

政治家习惯唤起选民的情感诉求，这个观点是无可争议的或是公认的。那么为什么情感值得我们注意呢？如果政治生活的这个方面很明显，我们就会吃惊地发现，政治科学家几乎没有解释过这些诉求的性质和频率，或者其对政治进程的影响。情感诉求是如此不言而喻以至于不需要调查论证。然而，这种态度似乎与科学调查的目标相冲突。学者偶尔也会发现，即使没有明显的错误，传统观点仍是严重欠缺的。此外，他们还指出，在某些条件下，更细致的调查显示，部分传统观点并未得到广泛认可。因此，关于情感诉求的传统观点，以及这些观点是否真的存在，值得考证。

各领域的观察家都认为，政治家试图激发公众情感。记者大卫·布罗德（David Broder）形容竞选为“昂贵的消遣，只是为了激发（选民的）情感”①。记者们常声称，候选人强调某个议题是为了“激发情感”，“触发内心最深处的情感”，或者因为这些议题产生了“情感共鸣”②。著名的政治顾问都认同竞选的这个特征。共和党顾问罗伯特·古德曼（Robert Goodman）把投票视为“感性行为”；民主党顾问弗兰克·格里尔（Frank Greer）表示，竞选是“感性

---

① David S. Broder, “Five Ways to Put Some Sanity Back in Elections,” *Washington Post*, January 14, 1990, B1.

② Matea Gold, “The Recall Campaign; Race Issues Color Views of State Recall Campaign; Some Candidates Make Ethnic Appeals While Shifting Demographics Stoke Resentment,” *Los Angeles Times*, September 18, 2003, A24; David S. Broder, “Lifestyle Issues Top Maine Ballot,” *Washington Post*, October 17 2000, A11; “Ad Watch; Proposition 54,” *Los Angeles Times*, September 28 2003, A35. See also Howard Kurtz, “For Health Care Lobbies, a Major Ad Operation,” *Washington Post*, April 12, 1993, A1; Jill Zuckman, “Campaign 2000/GOP Primaries; Bush and McCain: A Friendship Sours,” *Boston Globe*, March 3, 2000, A17; “Davis vs. Simon; Remarkable GOP Primary Sets Up Fall Runoff,” *San Diego Union-Tribune*, March 6, 2002, B12.

的尝试”，而不是“理性的践行”[1]。一些草根选举人的顾问主张“用简明的信息调动人们的情感”，而其他激进分子则抱怨这样做会产生“情感诉求超越理性诉求”[2] 的趋势。

当谈到电视广告时，这个共识变得更加强烈。在关于选举的新闻报道中，一些广告被称为“制作精细，激发情感”，其他一些广告则被指“过于感性”，“为触动人们情感而设计”，“以引发选民某种情感为目的”，牵涉到“微妙的情感刺激”，或者“充斥着感性力量”[3]。在一个以公民评论为主的广告杂志上，某个教师这样说：“现有的电视广告在这儿很有效。先通过聚焦人们最大的担忧，来抓住人们的注意力，然后提出了一个有吸引力而又简单的解决方法。”[4] 正如该评 25
论所暗示的那样，一些观察家倾向于把情感诉求和负面广告联

① Rudy Maxa, “GOP's Jingle Man Prospers With TV; Robert Goodman,” *Washington Post Magazine*, March 11, 1979, 4; Howard Kurtz, “When Rhetoric and Reality Intersect, Some Voters Find Jarring Dissonance; Position Papers Aren't Easily Translated into Emotional Appeals,” *Washington Post*, January 26, 1992, A16.

② “Grassroots ‘Weeds’ Need to Be Clipped, Say Angry Activists,” *O'Dwyers PR Services Report*, June 1996, 1.

③ Andrew Rosenthal, “For the Idyllic Political Ad, a Fadeout,” *New York Times*, June 21, 1987, A22; David S. Broder, “Lifestyle Issues Top Maine Ballot,” *Washington Post*, October 17, 2000, A11; Louise Branson, “Dirty Ads to Sway US Voters,” *Straits Times* (Singapore), November 6, 2000, 49; Karen Abbott, “Growth-Control Ads Tap into Emotions,” *Rocky Mountain News*, October 27, 2000, 32A; Steve Shultze, “Wesley Clark,” *Milwaukee Journal Sentinel*, January 22, 2004, 11A; Lloyd Grove, “Campaign Ads: Emotional vs Cerebral; Bush Ads Feature Nominee and Granddaughter; Dukakis Opts for Flowing Facts and Figures,” *Washington Post*, September 27, 1988, A6. See also Debra Gersh, “Regulating Political Campaign Advertising on Television, Cable; Congress Holds Hearings on Three Proposed Bills,” *Editors & Publishers* Magazine, May 29, 1993, 26。Sally Jacobs, “Political Ads Borrow Credibility of Public,” *Boston Globe*, October 11, 1994, Metro1; Martha T. Moore, “Spin of ‘Meister Murphy’ Spearheads Alexander's Campaign,” *USA Today*, March 5, 1996, 8A; John M. Broder, “Emotional Appeal Urges Blacks to Vote,” *New York Times*, November 2, 2000, A26; “Davis vs. Simon; Remarkable GOP Primary Sets Up Fall Runoff,” *San Diego Union-Tribune*, March6, 2002, B12; Linda Feldmann, “With Ads, Bush joins Fray,” *Christian Science Monitor*, November 25, 2003, A1.

④ “Political Ads,” *Boston Globe*, August 13, 1994, Metro 25.

系在一起。[①] 批判者谴责“恐惧散布者”播放“恐惧”广告，“让人们产生本能的恐惧”，或者“公然地利用人们的恐惧”[②]。但是记

24 **表 2—1　　关于情感诉求的传统观点**

情感诉求有多盛行?	为什么要诉诸情感?
“(政治家们）通过操控人们的情感弱点和情感阴暗面来获得政治筹码。”[汤姆·克莱恩（Tom Klein)，内布拉斯加州奥马哈居民，2000-10-15] “大多数广告——政治的或者其他的——都是让你产生情感共鸣而非运用你的理智。”[帕特里夏·洛佩斯·巴登，《明尼阿波利斯明星论坛报》(*Minneapolis Star Tribune*)，1998-09-27] “这就是个试图出卖人们和他们的情感的媒介。我们不是在销售牙膏，人们需要和广告中的感性内容建立联系。”[金·阿尔法诺（Kim Alfano)，共和党政治顾问，1999-09] “在这些类型的广告中，最重要的工具就是情感诉求。”[刘易斯·马扎蒂（Lewis Mazanti)，朱利安·P·坎特政治广告档案馆（Julian P. Kanter Political Commercial Archive）馆长，2004-01-12]	“成功广告的魅力就在于，它规避了我们在批判性思维上的巨大努力，创造出一种感觉，一种微妙而又强大的情感。我们大多数人都会做出直觉反应，不管我们是否意识到这点。”[黛安·卡曼（Diane Carman)，《丹佛邮报》(*Denver Post*)，1998-12-03] “情感是基础。一则感性的广告或者故事总是比平铺直叙的事实展示有趣得多。”[彼得·拜纳姆（Peter Bynum)，民主党政治顾问，1992-06] “为了赢得最多的选民，现代竞选的设计者知道，产生情感共鸣比运用理智更容易获得成功。”[理查德·舒尔（Richard Scher)，《现代政治运动》(*The Modern Political Campaign*)，1997]

---

① See Kevin McCauley, “Media, PR Battle Political ‘Handlers’,” *O’Dwyers PR Services Report*, September 1990, 1; Robert Whereatt, “Suspicion, Paranoia, Lies: All Factors in the Election Game,” *Star Tribune* (Minneapolis), October 3, 1994, 1B.

② Lizette Alvarez, “In Campaign Nationwide, Plans for Social Security Become a Focus of Ads,” *New York Times*, October 10, 2002, A30; Karen Abbott, “Growth-Control Ads Tap into Emotions,” *Rocky Mountain News*, October 27, 2000, 32A; Michael Cooper, “Your Vote or Your Life: Ads Focus on Old Crime Fears,” *New York Times*, August 19, 2001, A41; Ed Buxton, “Spin Doctors Can’t Cure Ailing Political Ads,” *Ad Day*, October18, 1998, 3. See also Dane Smith, “It’s Not All Rosy on the Ad Front; While Candidates Have Accentuated the Positive in Campaign Commercials, Parties and Others Have Sometimes Gone on the Attack,” *Star Tribune* (Minneapolis), November 4, 2002, 9A.

续前表

如何让广告产生情感诉求？ “（政治家）知道，控制感性的画面，触动我们内心的信念，就有可能吸引我们的情感注意力，绕开我们的理智。”［罗丝·伊丽莎白·波德（Rose Elizabeth Bird），加利福尼亚州最高法院前首席大法官，1990－06－12］ “随着电视的诞生，画面和感性内容超过了理性思维，画面的力量已经变得最重要了。”［亚历山德拉·马克斯（Alexandra Marks），《基督教科学箴言报》（*Christian Science Monitor*），2000－04－11］ “从第一个成名的电视竞选广告开始，音乐已经自我证明了其通过情感交流所产生的重要说服力。”［约翰·尼尔森（John Nelson）和 G. R. 伯恩顿（G. R. Boynton），《电视修辞》（*Video Rhetorics*），1997］	**情感诉求如何起作用？** “积极的广告一经播放……广告产生的美好感觉就转移到了候选人身上。”［帕特里夏·洛佩斯·巴登，《明尼阿波利斯明星论坛报》，1998－09－27］ “他们创造令人惊恐的情境，然后轻而易举地把这与对手联系在一起。”［凯瑟琳·霍尔·杰米森（Kathleen Hall Jamieson），安南堡传播学院（Annenberg School of Communications），1996－09－08］ “当演讲者站在一面大旗前时，与之联系的情感就会转移到演讲者身上。”［加斯·乔伊特（Garth Jowett），维多利亚·奥多内尔（Victoria O'Donnell），《宣传与说服》（*Propaganda and Persuasion*），1999］
情感诉求是否合法？ “（禁止政治广告）就能消除那些含有颠覆性政治话语的消极广告所产生的心理影响。”［杰拉德·穆尼（Gerald Mooney），纽约州居民，1990－03－26］ “这次竞选的双方都过度迎合画面和情感诉求。”（理查德·尼克松，美国前总统，10/23/88） “然而，批判者认为强调感性的政治广告会从根本上降低理性思考和判断。”［F·克里斯托弗·阿特顿（F. Christopher Arterton），政治管理研究院院长，1992］	**谁被情感诉求所吸引？** “报纸上的负面广告是甚少出现的——读报的人更容易被逻辑，而非情感所左右。”［大卫·蔡尔兹（David Childs），内布拉斯加州奥马哈居民，1994－11－09］ “政治顾问认定，有智慧，受过良好教育的人有自己的思想，控制那些不动脑子的群体——这种人确实存在——他们不深入地考虑问题，很容易被情感所左右。”［伯特·曼宁（Burt Manning），广告公司经理，1996－11－04］ “这种期望同现代的一个常识很契合——也就是说，人变得更无知且更少思考时，就会倾向于依靠他们的情感。”［保罗·斯尼德曼（Paul Sniderman）、理查德·布罗迪（Richard Brody）和菲利普·泰特洛克（Philip Tetlock），《推理和选择》（*Reasoning and Choice*），1991］

者们也发现，积极广告同样利用情感诉求。这些广告常常被称为“感觉良好”的广告，或者“温馨”的广告。①

政治顾问把情感诉求视为其竞选手段的核心。古德曼说：“竞选中，媒体人员的工作，就是触动选民的情感，让选民对于某一候选人产生好感。”② 商业杂志《竞选与选举》（*Campaigns & Elections*）的理查德·舒莱克曼（Richard Schlackman）和杰米·道格拉斯（Jamie Douglas）建议广告制作者“（使广告）具有感性力量”并“激发情感”③。共和党顾问金·阿尔法诺（Kim Alfano）建议，“让人们与广告中的感性内容产生共鸣”④。

在研究政治顾问和记者们的观点后，上述印象得到加强。蒙塔古·克恩（Montague Kern，1989）采访了数位政治顾问，她认为，“感性学派”是 20 世纪 80 年代研究政治广告的三个主要流派之一，

---

① See Ginny Holbert, “A&E Follows Trail of Campaign Ads,” *Chicago Sun-Times*, August 21, 1992, 61; Joseph Hanania, “The Power of the Images Paid for by Politicians,” *New York Times*, October 15, 2000, B29; Andrew Rosenthal, “Political Marketing; Kemp and Dole Ads Try ‘Morning Again’ Style,” *New York Times*, October 27, 1987, A29; Peter Marks, “In New Hampshire Ads, an Audible Warmth,” *New York Times*, December 6, 1999, A1; Allen Rabinowitz, “How Good Cinematography Brings Power to Political Ads,” *Campaigns & Elections*, August 2000, 54; Michael Cooper, “Your Vote or Your Life: Ads Focus on Old Crime Fears,” *New York Times*, August 19, 2001, A41; Dane Smith, “It's Not All Rosy on the Ad Front; While Candidates Have Accentuated the Positive in Campaign Commercials, Parties and Others Have Sometimes Gone on the Attack,” *Star Tribune* (Minneapolis), November 4, 2002, 9A.

② Rudy Maxa, “GOP's Jingle Man Prospers with IV; Robert Goodman,” *Washington Post Magazine*, March 11, 1979, 4. See also Allen Rabinowitz, “How Good Cinematography Brings Power to Political Ads,” *Campaigns & Elections*, August 2000, 54; Whit Ayres, “Can Campaign Advertising Be on the Level?” *Campaigns & Elections*, October 2001, 20; Deborah Caulfield Rybak, “TV's Anti-tobacco Ad ‘Sunshine’ Is Raising Questions, Emotions,” *Star Tribune* (Minneapolis), January 19, 2003, 1B; Carey Cramer, “A Step by Step Approach to a Hard-Hitting GOTV Plan,” *Campaigns & Elections*, October/November 2002.

③ Richard Schlackman and Jamie Douglas, “Going Negative; Attack Mail: The Silent Killer,” *Campaigns & Elections*, July 1995.

④ Marguerite Arnold, “TV Spot Production: A Political Campaign Primer,” *Campaigns & Elections*, September 1999.

但实质上，所有的方式都是以情感为导向的。理查德·珀劳弗和丹尼斯·金赛（Richard Perloff & Dennis Kinsey，1992）对政治顾问和记者进行调查后，发现这两个职业群体一致认为选民凭“直觉”来投票，政治广告更注重“传达情感”而非社会议题，并且“负面广告比正面广告更能激发人们内心深处的情感”。图 2—1 列出了记者和政治顾问对政治广告中情绪的看法。

传播学者不只转述政治专家的观点，还就竞选广告提出了自己的看法。克恩（1989：7）认为，“激发人类最基本的情感”是正面广告和负面广告的共同点。琳达·李·凯德（Lynda Lee Kaid）认为，即使关注社会议题，“广告中也存在大量情感诉求”[①]。加里·科普兰（Gary Copeland）的看法是，广告作品“更多的是激发观众的情感，而非引发他们理智的思考”[②]。在研究政治广告的历史时，埃德温·戴蒙德和斯蒂芬·贝茨（Edwin Diamond & Stephen Bates，1992：109）观察到，截止到 1964 年，“广告的内容都包含了情感”，并且这种感性的“软销售”从此一直被用于竞选。心理学家对广告也持相同的观点。西摩·爱泼斯坦（Seymour Epstein）认为，“政治广告诉诸情感，而非理性”[③]。在尤金·博吉达（Eugene Borgida）看来，负面广告尤其是“以影响人们的情感为目的”[④] 的。最后，政治学家同样也认为政治广告中充斥着情感因素。通过三个政治广告的实例分析，桃乐西·戴维森·内斯比特（Dorothy Davidson Nesbit，1988：27）总结道：“情感战略在选举中普遍存在，并且贯穿整个选举过程。假如广告的实质在于其所激发的情感，那么在某种程度上，所有的广告都必须激发某种情感。”格伦·理查德森（Glenn Richardson，2001：215）注意到：“尽管一个广告被

① Joel Hallett, “Candidates turn to TV as Campaign Nears End,” *Cleveland Plain Dealer*, October11, 1998, 1A.

② 同上。

③ Joel Achenbach, “Drink No Wine After Its Time?” *Washington Post*, July 24, 1992, D5; paraphrased by journalists.

④ Robert Whereatt, “Suspicion, Paranoia, Lies; All Factors in the Election Game,” *Star Tribune* (Minneapolis), October 3, 1994, 1B.

视为‘负面’是因为其操纵情感的方式，但是‘正面’广告也是如此。”

26

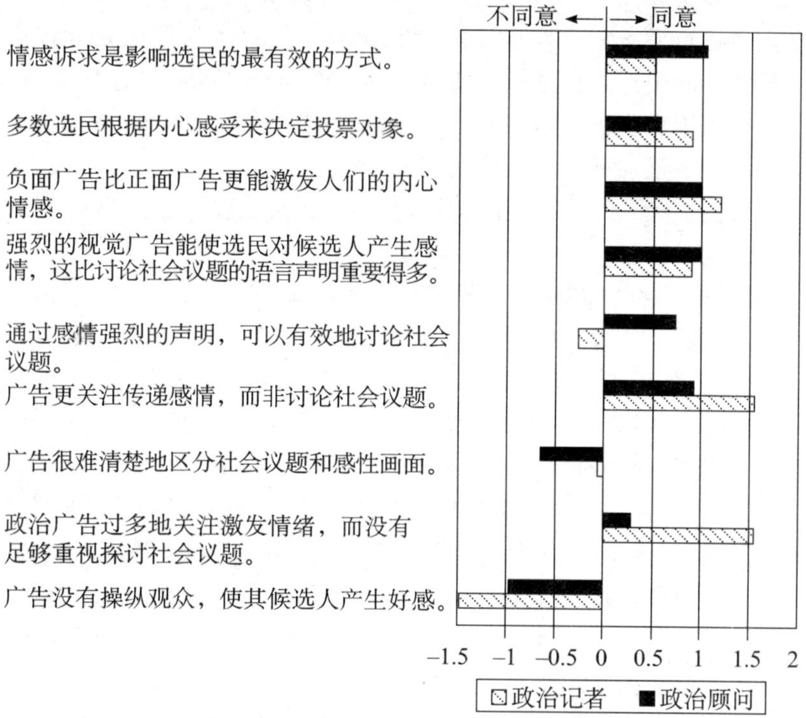

图 2—1　政治顾问、记者关于情感和竞选广告关系的观点

注：摘自珀劳弗和金赛（Perloff & Kinsey，1992）的调查报告。数据来自 1989 年的一项调查。调查对象为 150 位政治顾问和 185 位政治记者。

27 在电视广告时代到来之前，竞选中的情感诉求及其中心地位已经产生。即便过去的竞选大多由简单的政治演讲构成，凯瑟琳·霍尔·杰米森（1996：20）仍指出：“演讲主要是一种情感诉求。”1928 年，《巴尔的摩太阳报》（*Baltimore Sun*）的记者弗兰克·肯特（Frank Kent）著书，想发现当时美国政治实践的潜在原则。关于竞选，肯特观察到，候选人必须面对一个“事实”，即“真正的吸引力必须是感性，而非理性的”（1928：105-106）。在 1940 年的总统竞选中，哥伦比亚大学的社会学家进行了一个针对选民抉择的经典研究。他们发现“所有的宣传都必须依赖情感诉求来传递政治信息”，而且“（这种）情感诉求……几乎存在于竞选宣传的每句话中”（Lazarsfeld，Berelson & Gaudet，1944：119）。

总之，观察者和实践者似乎都认定，情感诉求一直都是政治竞选的主题，对电视政治广告而言，尤其如此。① 认真查阅历史、实例、其他内容以及媒体学者的评论后，我们可以清楚地发现，许多学科的研究人员都同样认为情感诉求在竞选广告中很盛行。尽管他们承认了这个事实，但他们并没有把情感因素纳入对政治广告的学术研究当中。

观点 2. 情感诉求增强了政治广告左右选民的力量

另一个共识是，广告影响选民的力量主要取决于其引发情感的能力。这似乎与前一个观点相反。如果情感诉求不起作用，那政治家们为何要如此地依赖它们呢？原因就在于，电视广告中的情感若仅由言语的吸引力构成，那么最多能使广告变得更有趣，或引起观众注意并记住广告，却不能从根本上改变观众的政治选择或政治行为。然而，公众对情感诉求的理解是很明确的，似乎很多人都认为，情感是广告发挥影响的关键。②

---

① 这些关于情感诉求在竞选广告中的流行程度的综述，也表明了很多相关的传统观念，尤其是那些认为这些类型的诉求是强烈的、不合理的观念。

② 第一个观点（情感诉求的普遍性）不仅借鉴了关于选举运动本质的总体观点，还尤其参考了关于电视广告的评论。然而，第二个观点（情感诉求的有效性），似乎从电视的商业广告或者产品广告的观点转换而来。商业广告的制作者和研究者一直以来都视情感为决定广告有效性的核心因素（Agres，Edell & Dubitsky，1990；Biswas，Olsen & Carlet，1992；Holbrook & Batra，1987；Hammond，1987；Hitchon & Thorson，1995；Huang，1998；Olney，Holbrook & Batra，1991；O'Shaughnessy & O'Shaughnessy，2003；Pelsmacker & Geuens，1997；Scott & Batra，2003）。商业广告制作者和政治媒体顾问之间存在很大的摩擦（Diamond & Bates，1992），来自麦迪逊大街的广告从业者也的确参与了政治广告业。有人认为，与政治顾问相比，广告机构在处理政治广告中更注重情绪，但是真正的不同表现在他们各自诉诸积极情绪和负面情绪的偏好。See Andrew Rosenthal，“For the Idyllic Political Ad，a Fadeout，” *New York Times*，June 21，1987，A22；Martha T. Moore，“Dole Team Looking for Messenger for Its Message，” *USA Today*，June 20，1996，10A；“Campaign Ads a Turn-off for Madison Avenue Execs，” *USA Today*，November 4，1996，5E；Warren Berger，“Schlock the Vote，” *Advertising Age's Creativity*，July 1，2000，35.

有些人简单地以为，是否包含情感诉求决定了一则广告成功的可能性。评论者把“情感强烈的广告”称为“有影响力的”，或者形容广告的“情感信息”为“有力量的”①。一名记者颇有讽刺意味地对游说团体说，如果“你激发的情感比他们的更强烈，我就把票投给你”②。美国共和党顾问道格拉斯·贝利（Douglas Bailey）认为，利用选民的忧虑“肯定有效果”，并且“广告中的感性内容”是
28 “电视影响力所在”③。来自马萨诸塞州的居民亚瑟·科尔（Arthur Cole）在给编辑的信中写道：“过去成功的政治广告以原始的情感反应取胜。”④ 来自科罗拉多州的居民阿尔·戴维森（Al Davidson）抱怨道，一项投票议案在“被感性政治广告影响的选民”⑤ 的支持下通过。心理学家迈克尔·米尔本（Michael Milburn，1991：155）推测 1988 年老布什的竞选广告之所以成功，是因为他的广告依赖于“激发情感”，而其对手迈克尔·杜卡基斯（Michael Dukakis）的竞选则“没有传播任何有影响力的情感信息”。具有讽刺意味的是，据迈克尔·巴罗（Michael Barone）说，杜卡基斯讽刺老布什的一些竞选广告，说选民“很容易被骗……原因在于他们的情感回应”⑥，然而杜卡基斯的广告却没有效果，因为它们没有遵循这个原理。的确如此，正如图 2—1 的调查结果所示，大多数记者和政治

---

① John Lancaster, “Attacking Md. 's Gun Law; L. A. Consultant's Ads Play on Fear, Emotion,” *Washington Post*, October16, 1998, A1; Whit Ayres, “Can Campaign Advertising Be on the Level?” *Campaigns & Elections*, October 2001, 20.

② Jeff Millar, “Paid Political Ads Get to Decide How This Voter Will Cast Ballot,” *Houston Chronicle*, October 28, 1999, Houston 2.

③ John Lancaster, “Attacking Md. 's Gun Law; L. A. Consultant's Ads Play on Fear, Emotion,” *Washington Post*, October16, 1998, A1; Bill Moss, “Races Mired in Mud Tactics,” *St. Petersburg Times* (Florida), August 19, 1990, A19.

④ Arthur Cole “A Simple Approach to Campaign-finance Reform,” *Boston Globe*, October 15, 1997, A18.

⑤ Theo Stein, “Trappers Forging On With Appeals Amend. 14 Foes Want Law Sacked,” *Denver Post*, April 3, 2001, B4.

⑥ Michael Barone, “These Dukakis Ads Just Don't Work,” *Washington Post*, October 11, 1988, A19.

顾问都认为，“情感诉求是影响选民的最有效的方式”。

在某些情况下，人们认为情感诉求的有效性在于操纵某种情绪，并且经常和负面广告紧密联系。大卫·布罗德呼吁记者同行在每次竞选时提醒选民注意，“他们的情感是如何在竞选中被负面广告所操控的”①。来自纽约的居民J. 戈登（J. Gordon）担心，广告利用了那些“已知的能引发情感反应的”② 画面（典型的是“担忧、痛苦和愤怒”）来操控公众情感。顾问施拉克曼（Schlackman）和道格拉斯认为：“用心去说服比只用脑简单有效得多。在政治领域，担忧、生气、嫉妒、愤怒以及耻辱都是有影响力的情绪力量。”③

有时，记者或者其他观察者会得出相反的观点，即充满情感诉求的广告是无效的，但是这些观点渐渐变成一种明显的奉承。一些人觉得，评论者仅仅通过断言这些广告的无效，就希望减少情感诉求的影响力。其他人认为，人们希望自己没有被这些手段所影响，这也许是自欺欺人。记者帕特里夏·洛佩斯·巴登建议《明尼阿波利斯明星论坛报》（*Minneapolis Star Tribune*）的读者：“如果你和众人一样，那么你对候选人的观点受到广告的影响或许比你自己意识到的程度更深。这是因为那些广告——无论政治的还是其他的——以激发情感共鸣而非理性思考为目的。”④ 同样，来自《丹佛邮报》的黛安·卡门认为，“成功广告的妙处”就在于，它通过引发一种“微妙却强大

① David S. Broder, “Five Ways to Put Some Sanity Back in Elections,” *Washington Post*, January14, 1990, B1. See also Colleen Patrick, “A Call for Action against Negative Political Ads,” *Seattle Times*, September 20, 1990, A19.

② J. Gordon, “Campaign Ads Insult Democracy,” *New York Times*, November 8, 1984, A30.

③ Richard Schlackman and Jamie Douglas, “Going Negative; Attack Mail: The Silent Killer,” *Campaign & Elections*, July 1995. See also Michael Cooper, “Your Vote or Your Life: Ads Focus on Old Crime Fears,” *New York Times*, August 19, 2001, A41; Matt Bai, “2003: The 3rd Annual Year in Ideas; Turnout Wins Elections,” *New York Times*, December 14, 2003, F100.

④ Patricia Lopez Baden, “When You're Watching a Political Ad-Watch It,” *Star Tribune* (Minneapolis), September 27, 1998, 1A.

的情感”来“规避我们可能的批判性思考”。她总结说：“不论是否意识到，我们当中大多数都有这些直觉反应。”①

当谈及政治广告时，学者们似乎一致认可情感诉求的影响力。
29 杰米森（1992：105）说：“电视广告最擅长的是用感情强烈的数据来包围我们。”肯·戈登斯坦（Ken Goldstein）认为，广告用一种“易接受的感性外表”② 来包装信息，以此来吸引观众。L·帕德里克·德弗林（L. Patrick Devlin，1995：203）宣称：“因为最好的电视广告是感性的广告，所以那些以感性方式来传播其社会议题、业绩或者个人素养的政治广告，往往是最好的政治广告。”然而，当对政治广告的影响进行科学研究时，学者们却没有考虑情感的作用。

观点 3. 竞选广告的感性力量大多来自画面和音乐

第三个共识是关于广告所具有的感性力量的来源。是什么让一则广告的吸引力变得感性？一则广告的哪个因素能够影响其所引发的特定情感？任何一种交流方式，无论是演讲、电视广告还是直接发邮件，人们很可能认为其引发情感的能力来自两个方面，即交流的内容和交流的方式。或者说，内容和方式都重要。一个演讲如果没有文字，就不是演讲，但是我们承认，打动人们的大多是非语言方式，诸如说话的音色、音量、语速、面部表情和肢体语言等。一个人静静地阅读马丁·路德·金（Martin Luther King Jr.）的演讲内容，就能受到鼓舞；但如果回忆马丁·路德·金所说的话，想象他的声音，这种激动就可以升华。而当你聆听或者观看马丁·路德·金演讲的录像时，这种激动会达到顶点。在这些情形中，文字是相同的，但效果却大相径庭。同样，政治广告中所包含的简单信息会引发情感回应，但是广告的情

① Diane Carman, “Ad Design Buys Votes, Emotions,” *Denver Post*, December 3, 1998, B1.

② Craig Gilbert, “UW Expert Puts Positive Spin on Negative Political Ads,” *Milwaukee Journal Sentinel*, January 5, 2003, 1A. See also Patricia Lopez Baden, “When You're Watching a Political Ad—Watch It,” *Star Tribune* (Minneapolis), September 27, 1998, 1A.

感影响大多来源于非文字因素。与普通产品的广告一样，非语言因素，特别是画面和音乐，对政治广告中的情感诉求尤为重要。[1]

观察者明确表示，当谈及情感时，画面的影响力是显而易见的，这和传统的观点一致。凯里·克拉默（Carey Cramer Sr.）建议顾问同行“利用情感诉求！画面相当于1 000个字；确保画面能展示一个激发情感的故事”[2]。记者、政治顾问等人往往把政治广告的视觉感受称为“感觉很舒服”、“充满感情的”、“有激情的”、“有感染力的”、“感情激昂的”[3]。在注意到产品广告和政治广告之间的联系时，一名记者宣称，使用熟悉的画面“会为激发选民的某种情 30
感提供一条捷径”[4]。政治顾问维特·埃尔斯（Whit Ayres）评论说：“（大多数）媒体顾问承认，他们的广告不仅包含一种直接信息，还隐含一种暗示信息。这种暗示信息的目的就是激发观众的情感，而这种情感多通过画面来传播。”[5] 另一位顾问苏珊·亨德里克

① 我的看法是，很少有人会认为，言语（或者信息主导的画面）不能产生对情绪的影响。同样，很少有人会怀疑言语在定义广告意义和赋予广告内容方面的重要性。为了对一则广告进行视觉上的包装，以此来影响观众对其政治信息内容的回应，这则广告必须有内容（无论内容是多么的肤浅）。一个人可以用同样的画面和音乐来推销软饮料和总统（Diamond & Bates，1992）。但是，为了达到预期效果，任何一则特定的广告都至少要传达清楚其意图，即应该让观众对软饮料还是对总统产生好感。

② Carey Cramer, “A Step by Step Approach to a Hard-Hitting GOTTV Plan,” *Campaign & Elections*, October/November 2002.

③ Editorial, “A Truly Bad Idea,” *Washington Post*, November 22, 1984, A26; John Lancaster, “Attacking Md.'s Gun Law; L. A. Consultant's Ads Play on Fear, Emotion,” *Washington Post*, October 16, 1998, A1; William Pfaff, “Bar Political Ads from the Airwaves,” *St. Louis Post-Dispatch*, March 28, 1990, 3C; Rose Elizabeth Bird, “On Flag Burning,” *San Francisco Chronicle*, June 16, 1990, A16. See also Ed Bruske, “For Marshall Coleman; Imaginative Look at Va. Campaign of Images,” *Washington Post*, April 12, 1981, B1; J. Gordon, “Campaign Ads Insult Democracy,” *New York Times*, November 8, 1984, A30; Jamie Beckett, “SF Voters Tune Out Rash of Political Ads,” *San Francisco Chronicle*, November 12, 1990, C3.

④ Andrew Rosenthal, “For the Idyllic Political Ad, a Fadeout,” *New York Times*, June 21, 1987, A22.

⑤ Whit Ayres, “Can Campaign Advertising Be on the Level?” *Campaign & Elections*, October 2001, 20.

斯（Susan Hendrix）承认，语言和画面相结合的方式暗示着一则广告需要恰当的语言来协助画面取得成功："一个电视广告应该用恰当的语言来定义信息并突出屏幕上的画面。正是语言和视觉画面的恰当融合才使电视广告激发观众的情感成为可能。"①

正如图 2—1 所示，政治顾问和记者一致认为，要使选民对候选人产生好感，视觉画面比语言更重要。讨厌这些广告的人也是一样的想法。科蒂斯·甘斯（Curtis Gans）是一位选举改革的推动者，他曾经提出建议，要求政治家只能使用"头部特写"广告，这样就"能够让选民关注候选人所说的话，而非充满感情的画面"②。媒体监督人士罗伯特·李克特（Robert Lichter）也认为："阅读就是释疑，但（电视）里的内容就像简单的现实一样，没有从屏幕到大脑的介入，没有思考……电视有着独特的情感魔力。"③

许多人觉得音乐同样重要。1990 年，一名广告业杂志的记者表示，政治广告之所以不像产品广告那样"充满激情"，是因为政治广告在使用音乐方面落后于产品广告。④ 但是，有几位评论家注意到，"感性的音乐"或者"能唤起情感的音乐"⑤ 已经在政治广告

① Susan Hendrix, "Writing Better Scripts for Television Ads," *Campaign & Elections*, August 2002.

② Jamie Beckett, "Why Political Ads Are Misleading; Laws Requiring Companies to Tell the Truth Don't Cover Politics," *San Francisco Chronicle*, October 19, 1992, C1.

③ Martha T. Moore, "Video Clips Have Become the Bookmarks of History," *USA Today*, September 21, 1998, 1A.

④ See Mark Dolliver, "Political Campaign Ads Need to Be Energized; Spots Leave Voters Wondering What Candidates Are Selling," *ADWEEK*, October 22, 1990.

⑤ David S. Broder, "Politicians, Advisors Agonize over Negative Campaigning; Success of Tactics Discouraging Policing," *Washington Post*, January 19, 1989, A1; James Bennet, "The Fear of Loathing on the Campaign Trail," *New York Times*, February 27, 2000, F52. See also Joel Brinkley, "Israeli TV Political Ads Lowering the Low Road," *New York Times*, October 9, 1988, A18; Lloyd Grove, "Campaign Ads: Emotional vs. Cerebral; Bush Ads Feature Nominee and Granddaughter; Dukakis Opts for Flowing Facts and Figures," *Washington Post*, September 27, 1988, A6; Patricia Lopez Baden, "When You're Watching a Political Ad—Watch It," *Star Tribune* (Minneapolis), September 27, 1998, 1A.

中兴起。就音乐的感性影响力而言，政治顾问似乎是最坚定的支持者。以推崇广告中的短口号而出名的罗伯特·古德曼认为："音乐、语言和画面是一个整体……这都和感受有关。"① 顾问迪恩·瑞蒂（Dean Rindy）认为，声音——"音乐的情感信息"②，是广告产生影响力的关键。《竞选与选举》（*Campaigns & Elections*）杂志的主编罗恩·福舍（Ron Faucheux）也认为："音乐对于整个感性影响力是十分重要的。"③

在政治顾问看来，通过结合各种感官刺激，电视在吸引情感方面有着独特的魅力。④ 保拉·泰特（Paula Tait）声称："（电视）是如此有影响力的媒介，能使观众产生一种强烈的、发自内心的回应。除了个人的外表之外，其他媒介都没有办法向选民呈现出如此

① Rudy Maxa, "GOP's Jingle Man Prospers with TV; Robert Goodman," *Washington Post* Magazine, March 11, 1979, 4.

② Dean Rindy, "Ads Don't Change—Candidates Do," *Campaign & Elections*, July 1992.

③ Ron Faucheux, "Whether Its Fundraising, Volunteer Recruiting, Image Building, or Message Targeting, Videos Are Powerful Campaign Tools," *Campaign & Elections*, August 1994.

④ 政治顾问认为，非电视广告同样也有情绪影响力，尤其是在画面或声音的协助下。广播广告方面的顾问乔·斯莱德·怀特（Joe Slade White）认为："广播就是一种电子化的人类情绪。"他同时表示雇用歌手来阅读广告最有效，因为他们"懂得歌词和旋律中的细微情绪和剧本中的必要语速"（"Wavelength Winners; 12 Rules for Better Political Radio Ads", *Campaign & Elections*, June/July 1993）。理查德·斯莱克曼（Richard Schlackman）和杰米·道格拉斯（Jamie Douglas）向候选人建议，在直接邮件中，"主要的标题和图片会传播你的完整信息"，"图片作为感性的象征最有效果。你必须通过有感染力的、感性的图片来出奇制胜"（"Going Negative; Attack Mail: The Silent Killer," *Campaign & Elections*, July 1995）。又见 Michael Vallante, "Postcards Over the Edge—Overcoming Mailbox Clutter," *Campaign & Elections*, April 1992; Peter Bynum, "Every Picture Tells a Story; Telling Your Tale through Persuasion Mail," *Campaign & Elections*, June 1992。迈克尔·康威（Michael Conway）认为，网上的流水式视频还处于早期发展阶段，但是"随着技术的成熟，它将会为竞选提供一个强有力的媒介，从而产生难忘的图像、情感吸引力，当然还有偏好"（"Streaming Video Hits the Big Time... And the Small Time," *Campaign & Elections*, May 2001）。又见 Rand Ragusa, "The Rise of Banner Ads in Politics," *Campaign & Elections*, July 2003。

强烈的情感吸引力。”[①] 埃德·柏克斯（Ed Baches）承认电视是“赢取感情和理智”最有效的方式。他还认为，和印刷广告或者直投邮件相比，“电视广告的内在品质”能“传递更多的情感”[②]，原因就在于音乐和画面的运用。同样，欧洲顾问罗尔夫·弗莱德尔（Rolf Pfleiderer，2002：178）认为：“电视的视觉、听觉和动态等
31 特性，使其在激发观众情感方面特别有效果；复杂而冗长的内容和解说则更适合于印刷广告。”记者似乎也赞同这种说法。专栏作家安东尼·刘易斯（Anthony Lewis）这样写道：“电视拥有一种感性力量，一种书面语言所不能比拟的即时性……电视能直接触动你的感情。”[③]《匹兹堡邮报》（*Pittsburgh Post-Gazette*）的琳达·泰勒（Lynda Taylor）说：“印刷作品依赖理性取得优势，但电视能激发巨大的感性。”[④] 一些顾问相信，正因为电视的感性力量如此强大，因此必须谨慎地设计电视广告：

> 电视是视觉媒介……它（和受众）是很亲密的……媒体不会注意到这一点，但是事实上，政治竞选中直投邮件和广播广告的形式比较不受欢迎。这些媒介和受众在情感上有一定距离。电视则表现得非常鲜活，你的思想被电视画面占据着，感

---

① Paula Tait, “Eight Myths of Video Cassette Campaigning,” *Campaign & Elections*, December/January 1994.

② Jennifer G. Hickey, “Ads Treat Voters as Consumers,” *Insight on the News*, November 12, 2002, 14. See also Chris Powell, “Media: Politicians Should Sound Off between Programs,” *Independent* (London), March5, 2002, 8.

③ Anthony Lewis, “Negative Campaign Ads Sap the Power of Reason in Our Republic,” *Tampa Tribune*, November 8, 1994, Nation 9.

④ Lynda Guydon Taylor, “Staging of Negative Ads Can Confuse Voters,” *Pittsburgh Post-Gazette*, May 26, 2002, W3. See also Ken Liebeskind, “Ad Launches Presidential Campaign,” *Editor & Publisher Magazine*, October 12, 1996, 38A; Richard L. Berke, “The World: Pitching Peace; Imagine Politics Without TV. Now Think About Ireland,” *New York Times*, May 17, 1998, D3; Martha T. Moore, “Video Clips Have Become the Book-marks of History,” *USA Today*, September 21, 1998, 1A.

官感受冲击着你的大脑。[1]

谈及广告，记者和政治顾问经常提到他们所认为的能激发情感的特殊画面和音乐。正面广告以“轻柔明亮的家乡画面、浪漫的风景、展现爱国情怀的背景”[2] 为特征。广告赞助者出现在“色彩明亮的、有美国国旗的场景中”，音乐是“令人舒畅的”[3]。负面广告多利用“黑白色的斑驳片段”和取自犯罪现场的“可怕画面”，还有模仿仇恨和骚扰的“令人惊悚的片段”[4]。关于音效，这些广告会采用“低沉、令人不快的音乐”，来自恐怖电影的“可怕混声”、“低沉的鸣笛声”、“碰撞后尖锐爆炸声”、“可怕的、不断重复的钢琴声”[5]。观察家认为，广告通过展现普通大众——老年人、犯罪受害人、社会福利受益者、移民、失业者——的感受，能提高真实

---

① Dean Rindy, “Ads Don't Change—Candidates Do,” *Campaign & Elections*, July 1992.

② Andrew Rosenthal, “For the Idyllic Political Ad, a Fadeout,” *New York Times*, June 21, 1987, A22. See also “A Truly Bad Idea,” *Washington Post*, November 22, 1984, A26.

③ Joe Hallett, “Candidates Turn to TV as Campaign Nears End,” *Cleveland Plain Dealer*, October 11, 1998, 1A.

④ Lloyd Grove, “Campaign Ads: Emotional vs. Cerebral; Bush Ads Feature Nominee and Granddaughter; Dukakis Opts for Flowing Facts and Figures,” *Washington Post*, September 27, 1988, A6; Michael Cooper, “Your Vote or Your Life: Ads Focus on Old Crime Fears,” *New York Times*, August19, 2001, A41; Louise Branson, “Dirty Ads to Sway US Voters,” *Straits Times* (Singapore), November 6, 2000, 49. See also Howard Kurtz, “In 1994 Political Ads, Crime Is the Weapon of Choice,” *Washington Post*, September 9, 1994, A1.

⑤ Patricia Lopez Baden, “When You're Watching a Political Ad—Watch It,” *Star Tribune* (Minneapolis), September 27, 1998, 1A; Joel Brinkley, “Israeli TV Political Ads Lowering the Low Road,” *New York Times*, October9, 1988, A18; Michael Cooper, “Your Vote or Your Life: Ads Focus on Old Crime Fears,” *New York Times*, August 19, 2001, A41. See also Lloyd Grove, “Campaign Ads: Emotional vs. Cerebral; Bush Ads Feature Nominee and Granddaughter; Dukakis Opts for Flowing Facts and Figures,” *Washington Post*, September27, 1988, A6; Joe Hallett, “Candidates Turn to TV as Campaign Nears End,” *Cleveland Plain Dealer*, October 11, 1998, 1A.

性，加强认同感，增强情感影响力。[①] 一位广告制作人认为："要想恰当表现某种情感，和孩子在一起的场景是最好不过的。"[②]

对于广告的描述，学者也认同记者和政治顾问的观点。例如，杰米森（1992：51）宣称："电视在视觉上的影响力，再加上音乐的运用，能激起观众对广告强烈的情绪反应。"她还认为："具有情感吸引力的画面和口头话语相比，画面总是略胜一筹。"（p. 103）韦斯特（2001）在其关于政治广告的教科书中写道："广告带来的视觉感受最重要……画面有一种情感影响力，这种力量要远远强于口头话语。"（pp. 6 - 7）他同样认为，"音乐为广告确定了基调"（p. 8），并叙述了画面是如何"与能激发情感的音乐相融合"（p. 9）的。在总体讨论电视影响力时，道瑞斯·戈瑞伯尔（Doris Graber，
32 2001）认为，"与非视觉刺激相比，视觉刺激能成功唤起情感"（p. 35），"声音增强了画面的情感影响力"（p. 39）。[③]

学者们把相同类型的视觉暗示和听觉暗示视为潜在的情感诉求。在唤起希望和信心的广告中，克恩（Kern，1989）描绘了优美的风光、故乡、家庭生活、美国国旗、明亮的色彩，还有鸣奏声"逐渐变高"的交响乐。在那些引起恐惧的广告中，她看到了残酷的画面、暗淡的色彩、咆哮的狂风，还有"世界末日"般的音效场景。苏珊·舍尔（Susan Sherr，1999：57）评论竞选广告时称，儿童形象经常被用来"引起恐惧"或者传播"希望"。

总之，政治观察家和实践者都认为，电视的视听特性使其具有独特的情感影响力，而政治广告中的这种影响大多来自画面和音

---

① See Sally Jacobs, "Political Ads Borrow Credibility of Public," *Boston Globe*, October 11, 1994, Metro1; Joe Hallett, "Candidates Turn to TV as Campaign Nears End," *Cleveland Plain Dealer*, October 11, 1998, 1A; Howard Kurtz, "In 1994 Political Ads, Crime Is the Weapon of Choice," *Washington Post*, September 9, 1994, A1.

② John Berry, "Asia Minors," *ADWEEK*, July 17, 1989.

③ 与以上所引观点持相同立场的其他观点，又见 Barry 1997; Devlin 1987; Kern 1989; Milburn & Conrad, 1996; Nelson & Boynton, 1997; Newman, 1999; Richardson, 2001, 2003; Sabato, 1981; Shea & Burton, 2001。

乐。以上观点结合了大众的看法、个人经历以及实际研究的成果。尽管几乎没有人研究政治广告中激励情感的画面和音乐，但心理学家已经积累了大量证据来证明画面和音乐能激发情感影响力。我们将在第三章讨论这方面的研究。

观点 4. 情感诉求：通过吸引选民注意并引发他们对候选人的情感来影响选民

第四个共同观点涉及情感诉求的影响。情感诉求力是怎样影响选民的？在本章所讨论的六个观点中，这个关于具体效果的观点似乎是最受争议的。前面提到，关于情感诉求，人们可以观察到许多相关的例子，但没有科学研究支持，人们也很少阐述该观点。的确，这应归咎于还未出现这样的具体观点（或者至少没有任何关于这类观点的表述），而非有争议。大多数观察家仅仅断言情感诉求有效果，但是没有明确它们如何产生效果。从个人经历来看，情感诉求产生的影响似乎很明显，但要表明确切的影响则需要理论来支撑。鉴于此，我们就很容易明白，为什么一直以来学者们都在大胆断言广告的情感影响。政治顾问们一般都关注最终的结果：

> 正如大家所想的一样，尽管政治领袖很急切地想知道影响投票决定的传播因素是什么，但是他们对这些传播如何产生影响不感兴趣。他们很少花时间来思考传播或游说的系统理论……他们只关注信息所产生的效果，而不考虑效果是如何达 33
> 到的。（Arterton，1992：96）

一些政治顾问认为，他们的方法不适合形成系统性的解释，因为“每个候选人和竞选都有独特性”①。尽管如此，这也成为政治顾问的毕生工作。许多政治顾问形成了自己的观点，并且有时会作为

---

① Rudy Maxa, “GOP’s Jingle Man Prospers with TV; Robert Goodman,” *Washington Post Magazine*, March 11, 1979, 4. See also Howard Kurtz, “In 1994 Political Ads, Crime Is the Weapon of Choice,” *Washington Post*, September 9, 1994, A1.

普遍观点来阐述。考虑到这些局限，我们可以厘清一些常识——不是系统的观点，而是一些零散的观点，借以讨论情感诉求的影响。

其中一组观点是，无论如何，情感诉求都会增强观众对广告信息的接收能力。比如，有人认为，利用音乐和画面来激发观众情感能使得广告变得更"娱乐化"或"引人注意"[①]（Jamieson，1992；Nelson & Boynton，1997；Sabato，1981；Scher，1997）。现在，电视广告常常干扰观众收看自己喜爱的节目，即便观众已经意识到自己是在看政治广告，广告制作者仍必须竭尽全力吸引观众的眼睛和耳朵。

然而，正如我们之前看到的一样，人们会有这样的感觉：这种影响要比抓住观众注意力更加深远。因为没有人能精确地说出广告通过何种方式起作用，所以我们可以推断，大多数人认为情感诉求只能使广告的信息更加令人信服。要得出这个结论，我们需要涉猎更广的范围，不能仅局限于以上观察。但是，由于缺少更精确的信息，我们可以认同这个观点，即情感诉求是"影响选民的最有效的方式"。也就是说，能唤起情感的画面和音乐可以加强广告的正面或负面信息，与观众产生"共鸣"，进而增强广告鼓动和说服的能力。从这个方面看，情感诉求不仅可以使观众注意广告信息，还可以增加观众接受该信息的可能性。

关于这种共鸣，更精确的说法来自托尼·施瓦茨（Tony Schwartz）。他是专心研究媒介效果理论的专业政治顾问。正如本章开头的引言一样，施瓦茨认为，广告的目的就是利用视听因素来激发观众的情感反应。但是，他强调利用观众现有的情感，而非制

---

① Mike Hume, "Just Watch the Adverts, and Don't Worry Your Little Heads about Politics," *Times* (London), March 19, 2001, Features; Peter Bynum, "Every Picture Tells a Story; Telling Your Tale through Persuasion Mail," *Campaign & Elections*, June 1992; "Political Ads," *Boston Globe*, August 13, 1994, Metro 25; Michael Cooper, "Your Vote or Your Life: Ads Focus on Old Crime Fears," *New York Times*, August19, 2001, A41; Craig Gilbert, "UW Expert Puts Positive Spin on Negative Political Ads," *Milwaukee Journal Sentinel*, January 5, 2003, 1A.

造一种“从无到有”的反应。他认为：“电视是突出选民已有情感的理想媒介，并且利用一些能达到预期目的的刺激来引导这些情感。”（Schwartz，1973：92）所以，共鸣就意味着增强了选民对某一议题或候选人现有的希望或恐惧的情感，从而使这些情感进一步影响选民的投票。① 尽管施瓦茨强调了情感的作用，但是他所指的共鸣并不局限于情感诉求，而是适用于所有的诉求。例如，他认为 34
广告也应该充分利用现有的态度和理念（pp. 92－96）。事实上，在广告研究中，施瓦茨主要研究议题内容和广告基调（攻击类型和鼓动类型）如何与观众的党派理念产生共鸣（Ansolabehere & Iyengar，1995）。施瓦茨的共鸣观点，与其说是将既有情感发展为信念，不如说是能将既有情感发展为信念的可能性。

通过采访其他政治顾问，克恩（1989）认为，施瓦茨是第一个运用更广阔的视角详述广告引发情感变化的人：

> 他（施瓦茨）是创始人……在某种意义上，他不仅设法利用选民对某一特定候选人的既有情感，还尽量把人们看到或听到的充满感情的符号，及其所产生的正面或负面影响，转移到或归因于候选人及其对手身上。（p. 32）

克恩认为，利用激发情感的内容并把由此产生的影响转移到候选人身上的广告，可称为“指向性广告”。尽管报纸上很少详细谈论政治广告的影响，但读者还是可以偶尔读到一些评论，评述利用

① 可以参见施瓦茨公开发表的论文。其论文是关于情感诉求的，特别是关于广告中的特定议题所产生的“情感共鸣”以及广告“利用”现有情感的方式。“Ad Watch; Proposition54,” *Los Angeles Times*, September 28, 2003, A35; Joe Hallett, “Candidates Turn to TV as Campaign Nears End,” *Cleveland Plain Dealer*, October11, 1998, 1A; John M. Broder, “Emotional Appeal Urges Black to Vote,” *New York Times*, November 2, 2000, A26; Dane Smith, “ It's not all rosy on the ad front; While candidates have accentuated the positive in campaign commercials, parties and others have sometimes gone on the attack,” *Star Tribune* (Minneapolis), November 4, 2002, 9A. See also Kern 1989 on the impact of Schwartz on later consultants.

音乐和画面将某种情感和候选人联系起来的观点。[1] 更常见的是，报纸上有一些模糊的话语，暗指某些广告使用这些技巧的目的是为了引发对赞助者的好感和对其对手的厌恶。[2]

观众能把含有象征性内容的广告产生的感觉转移到候选人身上，这种观念来自心理学中经典的条件作用理论（Petty & Cacioppo，1981）。与新闻报道相比，这种观念更多地出现在学术著作中。杰米森（1996）认为，政治广告把极度煽情的画面和候选人联系起来，运用这种“视觉连接”来引发选民的“内心深处的反应”（p. 521）。加斯·乔伊特和维多利亚·奥多内尔（Garth Jowett & Victoria O'Donnell，1999）对政治宣传中视觉象征的运用持相同观点：“比如，当演讲者站在一面巨大的国旗前时，（对国旗的）感情就会转移到演讲者身上。”（p. 293）在谈及政治顾问所惯用的伎俩时，萨巴特（Sabato，1981）说：“通过表现人们所期待的素养或受到优待的群体，候选人同样可以‘提升形象’……为了强调候选人的能力或者爱国心，广告中经常会出现许多激昂的民主象征（白宫、国会大厦、各式各样的墓碑、政府部门的徽章以及无处不在的国旗）。”（p. 146）根据韦斯特（1999）所说，“广告有很多用途，可以把对手的形象和不利的视觉画面联系在一起，从而减弱对手的实力，也可以把候选人和正面积极的画面联系在一起
35 （如国旗和家庭）从而增强候选人的吸引力”（p. 27）。韦斯特（2001）把这种联系逻辑扩展到了色彩的运用：“媒体顾问通过明亮的色彩，

---

① See Dottie Enrico, "Worried? This Ad's for You," *USA Today*, June 3, 1996, 7B; Tom Hamburger and Eric Black, "National Ads Molded for Local Audience," *Star Tribune* (Minneapolis), September 8, 1996, 1A; Patricia Lopez Baden, "When You're Watching a Political Ad—Watch It," *Star Tribune* (Minneapolis), September 27, 1998, 1A.

② See Rudy Maxa, "GOP's Jingle Man Prospers with TV; Robert Goodman," *Washington Post* Magazine, March 11, 1979, 4; Michael Oreskes, "Vicious Circles; What Poison Politics Has Done to America," *New York Times*, October 29, 1989, D1; Anthony Lewis, "Negative Campaign Ads Sap the Power of Reason in Our Republic," *Tampa Tribune*, November 8, 1994, Nation 9; Joe Hallett, "Candidates Turn to TV as Campaign Nears End," *Cleveland Plain Dealer*, October 11, 1998, 1A; "The Election," *ADWEEK*, January 1, 2001.

把候选人与积极正面的画面联系在一起，并通过或灰暗或苍白的色彩，把对手和消极负面的画面关联起来。”（p. 8）克恩（1989）总结道：“所有的政治广告流派都运用了指向性的技巧，把观众对某个象征符号所产生的情感转移到候选人身上。”（p. 208）①

尽管大多数观察家对情感诉求如何起作用保持沉默，但是我们还是可以看到许多学者、政治顾问和记者们持有的一些观点。虽然没有形成唯一的观点，但是从整体上，我们可以把其看作关于这个话题的传统观点。总之，我认为，人们相信广告引发情感是为了吸引观众的注意力，取悦观众；是为了通过强调信息来增强广告的说服力并使其变得更加可信；或者是为了把观众对广告的感觉转移到候选人或者其对手身上。最后一个观点最特别，并且来源于心理学的经典条件作用理论。除此之外，其他关于情感诉求如何产生影响的观点，都不明确且没有理论根据。

观点 5. 依赖于情感诉求的竞选广告是可操控的，缺乏实质性内容，并且与理性或理智相对立

关于情感诉求的价值，存在各种观点。传统的观点是，利用情感诉求存在道德方面的问题。观察家们都认为竞选策略能操控选民，替代真实的言论，扰乱公众的理性或理智，并对民主产生不利的影响。这类观点基于悠久的文化传统，即情感虽很有影响力，但却和理智、理性、逻辑或者才智相对立（Marcus，2002）。而后面这些才是现代受过教育的学者和理性公民最重要的特征。制作广告的政治顾问则不以为然，尽管他们当中仍有一些人不看好情感诉求，或者对这个问题持模棱两可的态度。

许多评论都暗指情感诉求存在道德争议。很多市民写信给媒

---

① 关于政治广告通过情感转移产生影响的类似观点，可参考 Barry，1997：253-300；Messaris 1997；Milburn & Conrad 1996，136；Patterson & McClure，1976：101-102；Scher，1997：11；Sherr，1999：47；Strother，1999：179；Trent & Friedenberg，2000：141。

体，批判那些依赖情感的竞选广告，认为它们设法“操纵个人”，不能“促进思考”[1]，不能培养反省、分析或总结的能力。记者们的看法是，电视上的“画面和情感超越了理性思考”，充满情感诉求的广告阻碍了“我们进行批判性思考的努力”，记者必须揭露广告如何利用情感诉求，才能“让你的才智发挥作用”[2]。

36 还有记者认为：“操作现代政治选举的人并不想激发人们的理性思考。他们只想激发人们的非理性情绪。”[3] 专栏作家乔治·威尔（George Will）曾强调，情绪和严肃的社会议题之间并不相容。他这样形容史蒂夫·福布斯（Steve Forbes）1996 年的竞选广告：“有很多信息，而非感性内容。”[4] 在同一年，信奉自然法则的总统候选人约翰·哈格林（John Hagelin）认为自己的竞选“不借助情感诉求，具有实质性内容”[5]。

---

① J. Gordon, “Campaign Ads Insult Democracy,” *New York Times*, November 8, 1984, A30; Rose Elizabeth Bird, “On Flag Burning,” *San Francisco Chronicle*, June 16, 1990, A16; Arthur Cole, “A Simple Approach to Campaign-Finance Reform,” *Boston Globe*, October 15, 1997, A18.

② Diane Carman, “Ad Design Buys Votes, Emotions,” *Denver Post*, December 3, 1998, B1; Alexandra, Marks, “In This Campaign, Image Really Is Everything,” *Christian Science Monitor*, April 11, 2000, 2; Patricia Lopez Baden, “When You're Watching a Political Ad—Watch It,” *Star Tribune* (Minneapolis), September 27, 1998, 1A. See also Lloyd Grove, “Campaign Ads: Emotional vs. Cerebral; Bush Ads Feature Nominee and Granddaughter; Dukakis Opts for Flowing Facts and Figures,” *Washington Post*, September 27, 1988, A6; David S. Broder, “Five Ways to Put Some Sanity Back in Elections,” *Washington Post*, January 14, 1990, B1; Anthony Lewis, “Negative Campaign Ads Sap the Power of Reason in Our Republic,” *Tampa Tribune*, November 8, 1994, Nation; Meg Carter, “Party Posters Fall Flat with the Slough ‘Switchers’,” *Independent* (London), January 21, 1997, 14; Lynda Guydon Taylor, “Staging of Negative Ads Can Confuse Voters,” *Pittsburgh Post-Gazette*, May 26, 2002, W-3.

③ Joan Vennochi, “Wellstone's Terrific, Now That He's Gone,” *Boston Globe*, October 29, 2002, A17.

④ George Will, “Political Ads Benefit Forbes, Inform Voters,” *Chicago Sun-Times*, January 14, 1996, 38.

⑤ Ken Liebeskind, “Ad Launches Presidential Campaign,” *Editor & Publisher Magazine*, October 12, 1996, 38A.

就广告效果而言，一些观察家把负面诉求归入特殊类别。他们认为："如果你引发恐惧，那么选民就不能做出明智、理性的选择。"[①]《蒙特利尔公报》(*Montreal Gazette*) 的编辑认为，某些负面广告可以接受，但不是所有带有情感诉求的广告都可以："这并不意味着所有批判广告都是不好的。如果是详尽且明智地讲述政治家生平，没有使用蛊惑人心或者大肆煽情等伎俩，那么这则广告就会包含受选民欢迎的实质内容。"[②] 其他记者认为，如果一味依赖"激情的音乐和割裂背景的画面"，"正面广告一样可以被操控"[③]。政治学家格伦·理查德森 (2001) 对此也持相同观点："一些广告歪曲事实，充满情感诉求，仅是进行片面展示，应引起学界的注意并予以谴责。但是这些问题同样存在于正面广告中，尽管和所谓的'负面性'有所不同。"(p. 215)[④]

有人认为情感诉求能超越理性、逻辑和才智，但不应该视其为不道德的或者危险的。比尔·希尔斯曼 (Bill Hillsman) 等政治顾问认同以上观点。[⑤] 比尔·希尔斯曼是来自明尼苏达州的极具创造力的广告制作者，曾为保罗·威尔斯通 (Paul Wellstone) 和杰西·文杜拉 (Jesse Ventura) 制作过广告。然而，许多观察家似乎

---

① Joel Brinkley, "Israeli TV Political Ads Lowering the Low Road," *New York Times*, October 9, 1988, A18. See also Ed Buxton, "Spin Doctors Can't Cure Ailing Political Ads," *Ad Day*, October 18, 1998, 3; Colleen Patrick, "A Call for Action against Negative Political Ads," *Seattle Times*, September 20, 1990, A19.

② "Attack Ads Are a Blingt," *Gazette* (Montreal), November 7, 2000, B2.

③ James Bennet, "The Fear of Loathing on the Campaign Trail," *New York Times*, February 27, 2000, F52.

④ 理查德森 (2003) 两年后似乎略微改变了看法："情感和认知 (思考) 相结合可以激发人们去行动 (如投票)。融合了情感和认知的政治广告就是成功的。最后，再一次说明，我们可以更好地理解政治广告的情感吸引力，但是这种吸引力不可能永远消除——也不应该消除。"(p. 132)

⑤ See Dave Eisenstadt, "Wunderkind or One-Hit Wonder?" "After Hitting It Big with Paul Wellstone, Ad Man Bill Hillsman Contemplates His Future," *Campaigns & Elections*, May 1991. See also Peter Bynum, "Every Picture Tells a Story; Telling Your Tale through Persuasion Mail," *Campaigns & Elections*, June 1992.

都试图用“不道德”或者“危险”等词语来诋毁这些感性广告，一些人甚至明确谴责这类竞选广告是对民主的颠覆。专栏作家威廉·普法夫（William Pfaff）建议禁止政治广告，不是因为其消极或者媚俗，而是因为“不相关的情感诉求已经普遍替代了政治辩论”①。一位读者在写给编辑的信中这样说：

> 感性的广告是对美国民主的侮辱，因为它们试图抢夺个人的决定权，强迫选民顺着一个方向走，却不给予其思考的时间……引发美国民众的恐惧，不能推动民主事业的进一步发展，也不能促进选民的公民意识的培养。②

在2002年美国参议院竞选中，林赛·格雷姆（Lindsey Graham）播放广告来攻击对手，并称对手为“利用虚假的情感试图吓死我们”③。在学界不多见的关于政治广告的伦理讨论中，琳达·李·凯德（1991）不赞同使用情感诉求，尽管她有所保留：

> 37 政治广告毫无根据地利用情感诉求的做法，的确值得谴责。当利用情感只是为了引发人们的恐惧或者形成不思考的习惯时，这种做法在社会中就没有正当的地位。但这种做法在政治广告中处处可见……然而，也有例外的时候，比如，当有效的议题确实具有强烈的情感内容，在这种情况下，也不能断言情感与议题的融合就不道德。(p. 149)

毫无疑问，很多人都认同政治顾问查尔斯·古根海姆（Charles Guggenheim）对广告的看法。他认为“感觉在选举中是

① William Pfaff, “Bar Political Ads from the Airwaves,” *St. Louis Post-Dispatch*, March 28, 1990, 3C.

② J. Gordon, “Campaign Ads Insult Democracy,” *New York Times*, November 8, 1984, A30.

③ Lizette Alvrez, “In Campaign Nationwide, Plans for Social Security Become a Focus of Ads,” *New York Times*, October 10, 1902, A30.

合法的”（Diamond & Bates，1992：312）。图 2—1 的调查结果表明，与记者们相比，政治顾问们不太愿意脱离广告的议题内容去谴责情感诉求。然而，另一个针对政治顾问的调查显示，政治顾问们在引发恐惧的伎俩上产生了很大的分歧。尽管总体上有 97% 的顾问认为广告“偏向消极”无可非议，但其中只有 37%的人觉得使用引发恐惧的伎俩是“可接受的”，另外 46%的人称其是“有争议的”，有 14%的人认为是“很不道德的”（Thurber & Nelson，2000）。[①] 而其他从事相关职业的人对情感诉求的运用也持批判态度。比如，公共关系领域的批评家认为，政治顾问利用“复杂的民意调查，来寻找激发情感的方法，并以此来操纵选民的行为，尽可能地避免让选民理性思考”[②]。一位商业广告专家认为，许多政治广告“肆无忌惮地利用选民的恐惧……观众会觉得困惑，会跟错方向，会被误导”[③]。某专业政治顾问组织的创建者乔·纳普利顿（Joe Napolitan），区分了什么是面向对手的合法攻击，什么是“别有用心的攻击，即那些以极度煽情的方式来激发选民本能的攻击”[④]。另一位政治顾问维克多·坎伯（Victor Kamber）则著书谴责这些做法：

> 负面广告的问题不在于它们操纵选民的情感，而在于这样做使情感超越理智，并且这些情感通常体现我们消极的一面。

---

① 但是，认可恐怖策略的政治顾问人数比例已经超过了认可其他策略的人数比例。其他策略的认可情况，包括做不真实的声明（少于 1%），声明与背景无关（13%），做强迫性的民意调查（7%），禁止选民分流（22%）。另一方面，约 73%的顾问认为，重点放在人物身上而非社会议题上的做法是可接受的。关于这个调查的更多细节请见 Thurber & Nelson，2000。

② Kevin McCauley，“Media，PR Battle Political ‘Handlers’，” *O'Dwyer's PR Services Report*，September，1990，1.

③ Ed Buxton，“Spin Doctors Can't Cure Ailing Political Ads，” *Ad Day*，October 18，1998，3.

④ Kevin McCauley，“Media，PR Battle Political ‘Handlers’，” *O'Dwyer's PR Services Report*，September，1990，1.

> 有些攻击广告试图通过体现恐惧、仇恨、悲伤和偏见等来说服选民。这些攻击广告是我们政治辩论的问题所在。电视成为情感诉求发挥影响的媒介，但是错误不在于媒介，而在于信息。（1997：36）①

总之，确实有这样一个共识，即（甚至很多政治顾问也认为）情感诉求是不道德的，因为它们不鼓励理性思考，而是煽动肤浅的感受，操纵民众。但这并不意味着这个共识没有漏洞，仍有很多政
38 治顾问和学者对此见解不同。这些“反其道而行者”认为，情感和逻辑、理性一样，可以成为决策的合法基础。一个广告可以引发观众的情感，同时也会启发观众对重要议题的思考。

观点 6. 情感诉求对缺乏信息和教育的选民最有效果

第六个观点试图解释情感诉求会对哪些人产生最有效的影响。根据传统观点，如果情感和理智相对，那么受情感影响最大的人肯定是那些缺乏理智的人。如果情感能替代那些严肃的讨论，那么想要避免这些讨论的人就是情感诉求的目标群体。美国的建国者担心那些蛊惑民心的政客会煽动“民众”的热情（Hamilton，Madison & Jay，1999：1787－88），这个观点似乎认定“民众”是经不起煽动的，而“社会精英”则相反。现在的一些观察家认为，与其他人相比，情感诉求会更深刻地影响一些特定的人。这和几个世纪之前的观点不谋而合。

一些观察家认为，教育程度、个人经历或成熟度都可以对情感诉求产生抵抗，并基于此产生不同的影响。一位记者虽然坚称人们只是在自欺欺人，但他仍观察到“大多数人都会认为自己足

① 然而，坎伯并不认同对政治广告的批评。因为他认为，商业广告更恶劣，“一些政治广告也许是不道德的，但是这都比不上麦迪逊大街所充斥的那些恶劣白痴商业广告。从跳舞的猫到打嗝的青蛙，再到卡通骆驼交孩子们抽烟，麦迪逊大街创造了一种文化，这种文化充满着无道德的推销和没有思想的废物。相比之下，政治广告似乎就是有思想的政治辩论”（p. 171）。

够成熟，难以被影响”，不会被那些引发“微妙却强大的情感”的“简单信息”[1] 所左右。一名来自纽约州伊萨卡岛的读者在来信中写道，情感诉求是“简单的心理把戏”[2]，并且是对智慧的侮辱。而在政治学家拉里·萨巴特（Larry Sabato）看来，现在的广告行为之所以有影响，是因为“缺少政治教育。人们总是热衷于对象征性的议题进行讨论，这些议题看起来很有吸引力，并且很容易理解”[3]。英国人是否已经变成“成熟的选民，厌倦了跷跷板政治”，从而“渴望信息和事实，而非单一的、感性的政治广告”[4]，一名英国记者对此表示怀疑。另一位记者认为，英国政党“对待选民就像对待无聊的儿童一样：儿童需要娱乐，在情感上易被控制”[5]。鲍勃·毕普赖兹（Bob Beauprez）在 2002 年竞选国会共和党议员时，曾谴责其对手利用广告“使观众感到恐惧。操控观众的情感，试图利用人们对某个问题的无知，而引起观众对他的好感来赢得选举”[6]。在 1932 年的一次广播演讲中，富兰克林·罗斯福（Franklin Roosevelt）指出，“随着教育的普及，阅读报纸的人会越来越多”，公共话语和舆论将更少受到“感性”的影响（Jamieson，1996：20）。

---

① Diane Carman, “Ad Design Buys Votes, Emotions,” *Denver Post*, December 3, 1998, B1. 人们在否认情感诉求对其产生影响的过程中，会经常说出这样的话。这些人通常是指选民。然而，能说出这样的观点需要依赖于一个人的才智、成熟思想或者经验。有观点认为，用上述因素可以让人规避情绪吸引力的影响。也有观点讨论的是关于具备这些隔绝条件的人。但是，我们不应混淆这两种观点。

② J. Gordon, “Campaign Ads Insult Democracy,” *New York Times*, November 8, 1984, A30.

③ Michael Oreskes, “Vicious Circles; What Poison Politics Has Done to America,” *New York Times*, October 29, 1989, D1.

④ Meg Carter, “Party Posters Fall Flat with the Slough ‘Switchers’,” *Independent* (London), January 21, 1997, 14.

⑤ Mike Hume, “Just Watch the Adverts, and Don't Worry Your Little Heads about Politics,” *Times* (London), March 19, 2001, Features.

⑥ Peggy Lowe, “Feeley Closes Gap against Beauprez; Congressional Race ‘Fluid’; Candidates Attack Negative Ads,” *Rocky Mountain News*, October 30, 2002, 20A.

39 其他人则直接表述了传统观点。一家广告公司的经理伯特·曼宁说，政治顾问并不以“智商高、受过高等教育的人”为目标，而是追求“那些缺乏才智的边缘化群体，也确实有这样的人，他们考虑问题不深，并且很容易受情感影响”[1]。教育改革活动家戴安·拉维奇（Diane Ravitch）认为：“不考虑历史的话，选民更容易被情感诉求、煽动性的广告或者仅仅是候选人的外表和魅力等因素所左右”[2]。在一则新闻中，一名教师抱怨，学生不应该就一些敏感问题进行投票，因为他们“容易受情感左右”[3]，这可能是因为他们还没有接受完整的教育。有人以报纸的读者来进行区分，认为“大报的读者”“更不容易受到情感的支配”，或者反过来说，“读报的人更容易受到理智的影响，而非情感因素”[4]。一名来自俄亥俄州的居民在信中写道，野生动物的管理问题应该由“受过训练的专业人士”来决定，而非“那些易受情感影响却一点也不了解这个问题的选民”[5]。同样，一名记者反对通过诉讼来进行社会改革，因为陪审团的公民“经常是那些上学少且易受情感影响的人”[6]。关于选拔陪审团，一名法律顾问写道：“被告肯定会发现陪审员很容易受情感影响。他们不想要有头脑的人，因为这样的人会向原告搜集并保留数

---

① “Campaign Ads a Turn-off for Madison Avenue Execs,” *USA Today*, November 4, 1996, 5E.

② Diane Ravitch, “Decline and Fall of Teaching History,” *New York Times*, November 17, 1985, F50.

③ Nicholas K. Geranios, “Students Vote to Keep Nuke Cloud as School Symbol,” *Associated Press*, February 24, 1988.

④ Gary Duncan and Severin Carrell, “Blair Sticks with a Carefully Ambiguous Line,” *Scotsman*, June 1, 1989, 6; “Public Pulse,” *Omaha World Herald*, November 9, 1994, 40.

⑤ R. Lyle Fendrick, “School Funds Mishandled; Taxpayers Pick Up the Tab,” *Columbus Dispatch* (Ohio), April 20, 1998, 8A.

⑥ Deborah Anna Vondrak, “Legislating by Litigating: America's Trial Lawyers Use Class-actions to Side-step Congress, Thwart Voter's Will,” *Knight Ridder Tribune News Service*, May 20, 1999.

据，而且会抓住不放。”① 最后，保罗·斯奈德曼等人（Paul Sniderman et al.，1991）呼吁，要注意“当代舆论中的常见现象：知识越少、头脑越简单的人越倾向于依靠情感，就像瘸子依靠拐杖一样”（p. 22）②。

记者、政治顾问和学者们经常讨论情感诉求的影响，却没有指出情感诉求能对哪些特定的人群产生最深的影响。一旦这样的说法成立，大家就会认为最容易受影响的人是没有受过教育的、消息闭塞的、愚笨糊涂的、不识字的、不成熟的或者是头脑简单的大众。与之相关，和情感相对立的是理性和事实。总之，尽管目前还没有研究涉及政治广告中情感诉求的目的和影响，但各领域的人士都认为，情感诉求是竞选广告中不可分割的一部分。

我们所了解的竞选广告：设计和影响

通过查阅政治顾问、记者和学者的评论，人们已经形成了（对竞选广告的）第一印象。但当我告诉别人我在研究竞选广告中情感的作用时，他们会反问：“难道我们还没有足够了解这个问题吗？” 40
不得不说，学者们所搜集到的证据远远不能动摇传统观点。在某些方面，由于调查结果相冲突，或由于证据不足而不能得出令人信服的结果。但当谈及情感诉求的影响时，缺乏证据只是因为没有进行过调查。

---

① Richard Price and Julie Carver, “In Search of 'the Perfect Juror,” *USA Today*, September 16, 1994, 5A.

② 但是，斯奈德曼等人并不完全同意传统观点。他们认为：受教育和没受教育的人之间的区别就在于他们利用情绪的方式和程度不同。广告学者和政治顾问中也有不同的意见。杰米森（1992）认为：“电视政治广告会使那些受教育的且积极参与选举的观众减少对一些可疑言论的抵触。”（p. 50）坎伯（1997）认为：“媚俗（比如《美国之晨》）的问题在于，不仅能影响那些总是质疑情感操控的默默无闻的人，而且还能影响任何没有相关经验的人。一旦这些广告符合你的品位，你的政治理念甚至政治尊严都会受到影响。而这才是最可怕的。”（p. 104）

简要回顾：关于竞选研究和媒体效果

在过去的60多年间，以大众媒体为中介的竞选研究一直在断断续续地进行着，许多读者对这段历史很熟悉。20世纪中期，竞选活动蓬勃发展。学者们认为，竞选是否成功由两方面决定：一是由社会力量长期积累形成的个人偏好，二是选民对当下状况的现实反应。而通过大众媒体传播的候选人信息并不起作用（Berelson, Lazarsfeld & McPhee, 1954; Campbell et al., 1960; Key, 1966; Lazarsfeld, Berelson & Gaudet, 1944），因此，他们不再研究媒介效果。在评价蓬勃发展的传播领域时，约瑟夫·克拉伯（Joseph Klapper, 1960）含蓄地支持了这种变化，他认为媒介效果研究并不能证明大众传播的说服力或动员力。

当时，几乎没有著作明确涉及媒体信息的感性方面。一个研究项目的启动填补了这个空白，该项目研究的是在公共卫生或教育运动中引起恐慌的信息。早期实验证明，温和或有节制的威胁信息具有说服力（Hovland, Janis & Kelley, 1953; Janis & Feshbach, 1953）。克拉伯强调极具威胁性的信息不具说服力，但他忽视了温和而又有节制的恐惧诉求所产生的说服力（Klapper, 1960, 117-118）。

到了20世纪60年代，以候选人为中心的竞选开始取代传统的政党政治。电视把总统辩论、民主权利运动和越战等新闻带入了90%的美国家庭中。观察家开始把美国政治的许多改变归功于电视和电视竞选广告的说服力（Agranoff, 1972; Edelman 1964; Lang & Lang 1968; McGinnis, 1969; Nimmo, 1970）。受这些因素的激励，加上当时关于电视如何影响选民的研究还是一片空白，托马斯·帕特森和罗伯特·麦克卢尔（Thomas Patterson & Robert McClure, 1973, 1976）进行了一项具有重大意义的研究来证明电视的影响力。他们的研究以新闻报道和付费广告为媒介展开，两大重要发现都与传统观点相对立：（1）选民从电视中不能了解候选人，他们对候选人的了解来自广告，而非新闻；（2）由于选民的既有偏见，无论是新闻还是广告都无法形成选民对候选人的印象或评价。

帕特森和麦克卢尔认识到，在那个年代，“画面和情感”（1976：95）以及“社会议题和理性”（p.102）已经成为广告的中心：

> 批判者称，推销软饮料所用的广告战略和技巧已经应用于 41
> 总统竞选的广告了。根据这些批判者的观点，电视政治广告包含着若干感性技巧，以利用每条有用的信息（p.94）……这两种广告（产品广告和政治广告）旨在赢得人们的心而非他们的脑。大多数产品广告都是预先假设消费者的购买习惯，再向他们推销——人们出于感性需要购买产品，绝非是理性消费。同样，努力塑造候选人的形象也是基于相同的假设。（p.101）

尽管认识到了这一点，帕特森和麦克卢尔并没有具体研究广告的感性特征，但还是宣称政治广告中的“符号操控”或“故意呈现的画面”“其实没有效果”（1976：115－116）。通过对广告的报告分析，他们归纳了效果类型，并以此为基础得出结论：政治广告具有对问题和立场的高度认知，但并没有持续改变候选人形象，而他们正是用形象来评价候选人的领导特性的。

到20世纪80年代后期，学者们开始恢复前几十年的主要观点，即“最小效果”。这个观点的复兴着重强调将效果细化分类，并在方法上倾向于仔细追踪媒体内容、观点变化以及严格控制实验。这为研究新闻报道对政策观点、政治知识、议题优先次序和政治判断的影响提供了支持（Graber，1988；Iyengar & Kinder，1987；Neuman，Just & Crigler，1992；Page，Shapiro & Dempsey，1987）。对舆论的整合研究也能体现选举潜在的广泛效果（Bartels，1988，1993；Zaller，1992，1996）。近几年，我们已经看到越来越多的证据证明竞选事件（Holbrook，

1996；Shaw，1999；Shaw & Roberts，2000）、跨党派拉票活动（Gerber & Green，2000a，2000b）、政治议题的制定（Cappella & Jamieson，1997；Iyengar，1991；Nelson，Clawson & Oxley，1997；Nelson & Kinder，1996）、消息来源线索（Druckman，2001；Kuklinski & Hurley，1994；Lupia & McCubbins，1998），以及在种族和性别上的视觉暗示（Gilens，1999；Gilliam & Iyengar，2000；Kahn，1996；Mendelberg，2001；Valentino，1999）如何产生影响。在这段时间里，学者也表现出新的兴趣，即研究竞选广告的内容和效果。①

当代关于广告内容和效果的研究

新一轮关于媒体效果的研究不断增多，其中有两个关于广告内容的研究强调，如果希望理解政治广告的影响，我们就必须认识到情感的重要性。在第一个研究中，克恩（1989）认为“感性广告是
42 整个竞选广告的基础”（p. 39），并且“理解情感诉求是理解媒体战略的关键”（p. 30）。通过对几十个政治顾问的采访，对若干竞选方案的研究和广告内容的分析，克恩得出了这个结论。关于内容分析，她查阅了1984年选举后期所播放的122个广告，先研究了那些利用声音和象征符号引发积极和消极情感的广告，而后“着手构建了不同的广告类型”（p. 71）。克恩发现，那些以信心、希望和自豪为主题的广告很常见，并且使用家庭、城镇、国家等象征；而那些以忧虑和愤怒为基调的广告同样常见，但会使用“残酷的现实”和死亡等符号。她得出的最令人震惊却也被广泛接受的结论是，仅仅有很小的一部分广告可归类为“中立广告”，因为她认为这类广告没有引发任何情感。

两年后的第二个研究也得出了相同的结论。贝欧尼和普勒兹（Boiney & Paletz，1991）并没有刻意去研究情感诉求，只是想通

① 为了更全面地了解传播效果的研究，参见Kinder，1998，2003。

过广告所表现的内容，比较政治学家和政治顾问对选民决策的观点。他们对 1984 年大选的 196 则广告进行了抽样调查，从中发现，大多数政治学的研究模式并不包括对情感这一因素的考量和研究。为此，贝欧尼和普勒兹呼吁研究者更加系统地调查政治广告中情感的运用和效果：

> 许多出版物都包含政治顾问对广告方式、目的、策略和技巧的评论。其中有一个观点是，广告瞄准了观众的情感……广告是为客户利益服务的，采用多种方式来操纵观众实际或潜在的情绪。政治学家根本就没有尽全力运用广告中的理性和情感诉求，更别说以此来扩大影响了。我们必须理解这种影响：广告以非言语的方式，通过视觉画面、配音、拍摄角度、编辑和色彩，操控观众，利用他们的情感。就好像广告人员描绘一幅画，讲述一个故事，来赋予每个广告一种“情感”，以和观众产生共鸣或得到他们的认同。这样选民就会在情感的驱使下去行动……最后而且最重要的是，对于政治广告而言，情感诉求是重中之重。政治广告在激发情感方面非常出色且很复杂，但是令人意外的是，研究者和实践者对此过程所知甚少。他们主要研究了广告中情感的流行程度和目标群体，对情感诉求进行分类，识别它的使用模式，试图证明它的影响至关重要。(pp. 21－24)

这些值得关注的呼吁本应该影响大众传播的研究议题，但显然没有做到。涉及内容和效果的大多数系统研究并没有注意到情感因
素。跟随帕特森和麦克卢尔（1976）的脚步，许多学者也重点研究 43
了广告的议题和候选人的“形象”（Garramone，1983；Johnston & Kaid，2002；Joslyn，1980；Just et al.，1996；Shyles，1983，1984；Thorson，Christ & Caywood，1991；West，2001）。学者对负面广告的影响有争议，从而产生了许多相关著作（Geer，2003；Jamieson，Waldman & Sherr，2000；Kahn & Kenney，2004；Kaid & Johnston，2001；West，2001）。然而，在负面广告和正面广告对人

们各种态度及行为产生的影响方面，这些著作却没有得出结论（Ansolabehere et al.，1994；Ansolabehere & Iyengar，1995，1999；Basil，Schooler & Reeves，1991；Finkel & Geer，1998；Freedman & Goldstein，1999；Garramone et al.，1990；Goldstein & Freedman，2002a；Kahn & Kenney，2000，2004；Lau et al.，1999；Meirick，2002；Schenck-Hamlin，Procter & Rumsey，2000；Wattenberg & Brians，1999）。也有研究者开始观察广告如何产生或消除群体偏见（Gordon，Shafie & Crigler，2003；Kahn，1996；Valentino，Hutchings & White，2002；Valentino，Traugott & Hutchings，2002），还有人研究政治广告及其语境、舆论之间的相互作用（Ansolabehere & Iyengar，1994；Basil，Schooler & Reeves，1991；Simon，2002）。绝大多数的研究都重点探讨广告的话语内容，而非象征性因素，尽管后者与情感诉求的联系最为紧密，如音乐和画面（Thorson，Christ & Caywood，1991；Valentino，Hutchings & White，2002）。

有限的尝试：电视政治广告的情感诉求和效果

尽管主流学术研究已经忽略了竞选运动中情感诉求的作用，但仍有一些学者在这个领域进行了有限的尝试。提到“有限”，我是指这种探索在数量和范围上都屈指可数。更确切地说，从1990年以来，只有四份实验研究报告是关于政治广告激发的情感特征对电视观众的影响的。[①] 这个数字表明，情感诉求尽管没有被完全忽视，但对其的重视程度也很低。没有一个研究能够直接回答，政治广告在大选中是否利用情感诉求来动员或说服选民。

① 在2001年时，凯德提出“广告引发选民情感反应的能力也说明了电视广告的有效性”，并引用了三个研究。其中两个研究和文中提到的前两个相同。第三个研究是克恩（1989）的书，这本书以政治顾问的观点和广告的目的为基础，讨论了广告的情感影响。但是，尽管克恩重点研究情感的重要性，但是她却没有证明广告引发情感的能力，也没有验证情感诉求对观众的影响。

事实上，每个研究都有不同的研究目标。尽管如此，这些研究依然可以作为有价值的参考资料，把政治广告中的情感诉求和观众的反应联系起来。①

在这些研究中，有两个在一定程度上涉及政治广告的心理学因素（Lang，1991；Newhagen & Reeves，1991）。这两个研究比较了观众如何记忆正面广告和负面广告中的语言信息和视觉信息，并且均以早期选举候选人的竞选广告为样本。但对于现在的选举而言，那些早期广告并不是很有意义。可这并不妨碍这个研究，因为研究的重点在于观众对广告的记忆，而非对候选人的评估和选民的投票意愿。就广告语气或基调来说，正如其他学者所言，从“效价”（也就是正极和负极）角度看，情感已被概念化。与其他研究不同的是，有研究者以广告引发的情感为基础，把广告分成正面广告或负面广告，给当地社区的 30 人看了 28 个广告，每个广告的持续时间为 30 秒（Newhagen & Reeves，1991）；又给另外 67 名大学生观 44

① 这些研究证明政治广告能产生情感反应，但是未能把广告的这种引发情感的特征和受众理解、态度或行为方面的变化联系在一起。理查德森（2003）在其自我描述的探索研究中发现，广告“风格”或背景音乐和画面的改变，似乎能暗示相应的情绪自我报告，但是在抽样调查时发现，他的 70 名学生却没有发生重大的改变。马库斯、纽曼和马克昆（2000：66－68）简单地介绍了他们对 290 名学生进行的调查。在调查中，与观看中立性广告或辩论摘录的学生相比，观看负面的总统选举广告的学生更可能做出焦虑的反应。很显然，那些故意模仿正面广告诉求的辩论片段不能提高激情的水平，除了民主党响应克林顿演讲（68n. 4.）这一著名的例子外。凯德等人研究广告引发的情感反应，并发现它们和候选人的评价之间存在可预见性的关系（Kaid，1997，2001；Kaid & HoltzBacha，1995；Kaid & Tedesco 1999）。他们的研究是，让调查对象观看关于著名候选人的同一类型广告，但其调查的非实验性特征使他们很难将情感反应和对候选人的态度区分开：调查对象之所以喜欢某一候选人是因为其广告令他们感到高兴，还是他们因为看到了所喜欢的候选人的广告才感到高兴？这一问题同样也困扰麦斯特森和比格斯（Masterson & Biggers，1986）的研究：他们研究选民对国会候选人的预期选举态度，根据投票后民意调查所显示的后期选举态度，和对候选人广告产生的情感反应（在大选后的数周内，由不同选区的学生对情感反应进行评估），目的在于弄清楚，选举态度的改变是否和广告的情绪影响保持一致。这个研究存在很多问题，其中一个就是，认为选举期间学生群体对广告产生的情感反应（从整体研究）能反映出选民的可能反应。除此之外，从表面价值看，这个研究的结果并没有说服力。

看了 8 个时长为 30 秒的广告，期间夹杂着许多电视节目的“干扰”片段（Lang，1991）。这两个结果都表明，激发负面情绪的广告能增强观众的记忆力，特别是对视觉画面的记忆力。①

杰奎琳·赫辰等人（Jacqueline Hitchon et al.，1997）仔细研究了性别是否影响情感诉求的效果。他们选用了早期选举广告，其中正面广告出现候选人及其家人、朋友；负面广告则抨击对手，以消极画面为特征；而中立广告以客观的方式展现候选人的议题立场或生平履历。72 名学生观看了 6 个政治广告。这 6 个广告分成 3 组，每组分别有一个男性和女性竞争对手。每看完一个广告，学生不用评估该广告的效果，而是谈谈他们自己对广告和候选人的态度。研究者对性别刻板印象的预测与研究结果一致，他们发现，当女性不过分利用情感诉求时，观众的反应最好；而当女性利用负面的情感诉求时，观众的反应最差。②

最后，温迪·拉恩和丽贝卡·赫什霍恩（Wendy Rahn & Rebecca Hirshorn，1999）做了一项调查，研究广告的语气如何影响孩子（8 岁至 13 岁）的政治倾向，使其支持一方或抨击另一方。他们的目标是探究广告对下一代的选民会有什么残余效果。该调查涉及公共情绪的概念，也就是某个人作为自己所认同的社区的成员所具有的个体情感，因此，情感也属于调查的范畴。拉恩和赫什霍恩假设，如果广告的语气让美国公众对政府产生积极的情绪，就会改

① 在验证记忆效应时，这些研究所面临的困难是很复杂的。一方面，缺少现实性。受调查者实际参与的经历和平常观看电视的经历是完全不同的。我们认为在实际参与的条件下，受调查者会更专心。另一方面，记忆任务的特征是难度大。若调查对象注意力集中，他们会在 25 或 40 分钟内遇到多次信息的间断“爆发”，然后回答很多回忆和识别问题。

② 反应的倾向主要来自第三人效应（也就是说，受众相信，与他人相比，无价值的信息对自我的影响更小，有价值的信息对自我的影响更大）和社会期望的等级。在这种情况下，也就是说，在不熟知的候选人处于选举弱势的情况下和选民评估自我意识的过程中，态度或投票方法仅仅获得了社会期望评估，特别缺乏党派标签（所有的方法都停留在 0.7 或 0.8 的水平上）。

善政府在民众心中的形象；若是产生消极的情绪，人们心中的政府形象则会恶化。在研究中，研究者让 69 名孩子观看了四个正面或负面的早期选举广告。研究发现，广告的确能影响孩子们的情绪，并且公共情绪的变化会导致对政府的评价变化。

这些研究并没有告知我们，政治家们是否能用感性的广告影响民众的投票行为。显然，受限于他们的研究目的和研究范围，这个问题没有得到解答。研究者还有其他的研究目标。他们用感性语言 45
描述广告的语气，却没有区分广告的情感诉求同信息内容或论证形式之间的不同。这些研究没有尝试模拟广告在竞选中的影响，甚至没有衡量竞选活动中的关键变量——选民对候选人的偏好和投票倾向。研究对象被要求观看和思考候选人的广告，他们并不熟悉这些候选人，也没有参加当下的选举。但是，研究表明，正面广告和负面广告能引发不同情感，并且这种不同会影响观众记忆、大众的期待以及初始的政治倾向。通过研究，可以肯定的是，情感诉求是鼓动和说服选民的强有力的工具。

近距离接触：情感、印制传单和电视新闻的效果

考虑到许多政治广告所具有的不加掩饰的情感实质，我们多少会有点惊讶地发现，目前多数紧密相关的研究，都在关注宣传印刷品或电视新闻中的情感影响。关于这些话题的学术研究并不多见，但是在每一个领域，都有一些成果为进一步的研究提供了线索，认为感情激昂的信息或画面，会对政治态度和行为的形成起到作用。

20 世纪 30 年代，乔治·哈特曼（George Hartmann，1936）做了一次现场实验。他在宾夕法尼亚州艾伦镇的各个行政区内，随机分发竞选传单。当时他作为一名社会党候选人竞选市政府职位。以行政区为单位，竞选志愿者在大选的前一周挨家挨户地分发传单。有的行政区内的传单包含情感诉求，有的则强调理性。而只有一个行政区没有分发传单。与前一次的竞选相比，社会党在这三类行政区中的得票率分别上升了 50%、35%和 24%。这个结果表明，感性的传单对于赢得投票是最有效的。然而，后来的评判者质疑这些煽动性的调查结果，因为“理性”和“感性”与语言内容和传单风格紧密相关，因此，还应考虑广告内容的质量（Bauer & Cox，1963）。

有两个实验已经验证了情感诉求在印刷政治传播中的作用。[①]在第一个实验中，研究者发现，一些人支持“共鸣”的说法（Roseman，Abelson & Ewing，1986）。学生们阅读了利益集团的一系列声明，这些声明以生气、希望、担忧或怜悯等情绪为标志。当调查对象说出其日常生活中的情绪时，生气或怜悯能改善其对集团的态度。但是，忧心忡忡的调查对象更易对充满希望的广告做出积极回应。与第一个实验不同的是，第二个实验回避了信息内容和论
46 证质量产生的潜在影响，重点探讨了画面的情感诉求（Huddy & Gunnthorsdottir，2000）。学生们阅读一个虚构的环保团体的传单，其内容或支持或反对采取行动保护中美洲的某个虚构动物。研究者可以控制传单中激发情感的变量，比如利用可爱或丑陋动物的画像，或者根本不用画像。由此，他们无法证明简单的情感转移假设。相反，他们认为情感和认知的相互作用决定了观众的反应。当保护野生动物的团体采用一张可爱动物的画像时，赞同者会持更加

---

① 第三个研究验证人们对候选人平面广告的情感反应，但是很难从这一个研究中得出结论。学生观看两个平面广告，广告对虚拟的对手持正面或负面态度（Chang，2001）。抨击性广告能引发消极感受，鼓励性广告则引发积极感受。反过来，情感反应能分别预示受众对候选人的负面或正面评价。但是，这种关系是取决于广告效价，如研究者所说的那样，还是候选人的信息内容，结果却不明确。这个疑问是由研究的设计和结果的表现方式导致的。每个受调查者看两个不同议题内容的广告，但是两个广告的效价是相同的。如果我们采纳研究者的观点，我们就会认为，当调查对象要在两个之前不了解的候选人中做出选择时，他们的选择以广告格调而非广告里的论证及其对候选人的正面或负面评价为基础的。情感反应尽管受到广告效价的影响，但似乎更可能是争论的妥协结果。研究者认为情感反应减弱了广告效价对候选人评价的影响，由此产生的结果进一步限制了我们对各种解释做出选择的能力。这些结果的确表明，效价影响情绪，情绪影响评价，并且当效价控制情绪时，效价并不是预测评价的重要因素。但是，研究者并没有表明，当效价不控制情绪时，效价就是影响评价的决定因素。就政治广告的目标而言，研究者没有区分对广告赞助商和对其对手的评价；事实上，很难说清楚，广告引发的情绪能同样地影响两个候选人、还是只针对一个候选人。

支持的态度；当反对保护动物的团体采用同样的画像时，同样的人则更倾向于反对这个组织。换句话说，积极的情感诉求会产生更强烈的回应，但回应是支持还是反对，仍然取决于个人倾向和信息内容。①

一些研究表明，新闻报道中引发某种情感的内容可以影响观众的政治态度，尤其是政治领导人在电视上的非言语行为（如面部表情）。人类的面部在传递情感方面有很大优势，经常在无意识中进行。并且，通过肢体语言解读情感能影响社会行为（Ekman & Rosenberg，1998）。研究者已经利用这些见解来说明，政治家的非言语表现能引发明显的情感回应，并且形成选民对这些政治家的态度（Bucy，2000；Glaser & Salovey，1998；Lanzetta et al.，1985；Masters & Sullivan，1993；McHugo et al.，1985；Sullivan & Masters，1988）。②政要们幸福或鼓励的表情能对美国人产生强烈的效果（Masters & Sullivan，1989），若在竞争的环境下，观众会因为先前的态度而产生两极分化现象（McHugo，Lanzetta & Bush，1991）。这个研究动摇了情感转移假设，当总统形象和潜意识中激发愤怒的形象挂钩时，反对党会用消极话语来形容总统，这反而更利于对总统的评价（Way & Masters，1996a，1996b）。③

尽管对非语言的研究强调画面的影响力，但是其他研究者则突出了新闻报道中画面和声音相结合的重要性。比如，一项研究发现，在传播信息方面，声音和视觉一样有效，但是声音和画面的结合可以产生更强烈的情感反应（Crigler，Just & Neuman，1994）。另一项研究发现，将“9·11”恐怖袭击新闻报道中的图片和声音

---

① 哈迪和冈索斯多蒂尔（Huddy & Gunnthorsdottir，2000）也发现证据证明，情感诉求主要对那些与议题紧密联系的人产生影响。这个观点将会在第三章进一步阐述。

② 关于电视新闻播音员情绪表达的其他作用，参见 Friedman，DiMatteo & Mertz，1980 以及 Mullen et al.，1986。

③ 关于这方面的一篇文章，似乎与现在的研究更相关（English，1984）。这篇文章的题目——“政治广告中的感情作用”，是具有欺骗性的。这个研究实际上是关于新闻报道中所摘录的领导人形象的，而没有涉及广告。

相结合，可以激发强烈的回应（Lerner et al.，2003）。选取不同的片段或画面能引发愤怒或恐惧情绪，使观众对政策和前景产生不同的看法。激发愤怒的因素能增加乐观情绪，使人支持惩罚性的政
47 策；激发恐惧的因素能增加悲观情绪，使人支持预防性的政策措施。[①]

* * *

总之，现有的研究不能告知我们政治广告中的情感诉求是否能说服或鼓动选民，却为我们的假设提供了支持。一些研究表明，政治广告可以引发强烈的情感回应，并且可以影响人们的记忆、社会愿景和孩子们未来的政治倾向；它们都重点研究了态度和行为，但没有一个研究结果能很清楚地区分开信息的“基调”和情感诉求，或者只是利用认为广告有意义的观众来模拟真实的情况（即，对于一个即将来临的现实决策，是否投票以及如何投票）。关于印刷广告和电视新闻的研究表明，政治传播可以引发某种情感，这表明充满情感诉求的信息可以影响公民的评价和参与。这些都是关于情感诉求的强有力的证据，倘若我们能证明电视比平面媒体有更大的情感影响力，广告比新闻更依赖情感诉求，那么这些证据就更有说服力了。

弥合艺术和科学的差距

大多数人认为情感诉求在政治广告中很重要（“传统观点”），但实际上人们对情感诉求了解很少。政治顾问认为，他们创作的广告是艺术，是在原则和经验指导下的实践。但是政治广告涉及技巧、本能以及对每次选举和每个选区的清楚认识。许多观察家也认为激发情感是广告技巧中至关重要的一部分。政治学家和其他学者觉得选举广告的技巧运用和效果，可以像政治学中的其他门类一

① 与调查中政策议题的情绪论述持相同立场的其他观点，见 Nabi，2003。

样，被视为一门科学——尽管存在特殊性，却也是有规律可循的因果体系。他们的科学研究重点在于实质内容、论证风格和政治广告的分类，却没有涉及情感因素。本书通过调查广告如何运用情感诉求以及效果如何，试图弥合选举广告中艺术和科学的差距。

第三章　情感诉求的政治心理学

> 48 当某种情绪得到宣泄……观念和思想可能突然发生改变。众所周知，喜爱、嫉妒、内疚、悔恨或愤怒等情绪的突然爆发影响着每个人……这种忽然爆发的情绪总会带来一些改变。
>
> ——威廉·詹姆斯（William James，1992）

> 许多事物可以引发情绪变化……因为你可以把一种情绪（如担忧）首先与危险紧急的事物相联系，再和对此事物的看法相联系，然后再与类似的看法相联系，以此类推。
>
> ——沃尔特·李普曼（Walter Lippmann，1922）

哪种理论可以引导人们对情感诉求的影响进行调查？政治学的大多数研究方法都不能提供有效指导。这并不是说，政治学家完全忽略了情感研究。我们对政治生活的日常观察就包括了一系列情绪化的用语。我们谈论狂热的支持者、愤怒的选民和傲慢的公民，也谈论种族仇恨、经济焦虑，以及“传播恐慌”的政客。这些生动的用语反而丰富了乏味的学术话语。虽然我们的日常用语如此丰富，情感的作用在学术研究中却是空白。正如第二章所言，直到最近，也没有多少研究敢于宣称，情感在政治经验理论中发挥怎样系统的作用。

政治行为研究领域有三种主要研究方法，但是没有一个提出关于情感的清晰概念，或对其进行系统的说明（Kinder，1994）。根据政治学家的观点，当今社会要么被冷漠的公民包围，对他们而
49 言，情感是无效的；要么被头脑发热的公民包围，对他们而言，情感是模糊的非理性力量，支撑着他们的喜爱和厌恶。这也是行为研究学得出的结论。行为研究以社会心理理论为基础，主要涉及政治

态度和集体认同等研究。从这个角度出发，学者已经将态度或认同定义为“有情感性的”，形容一个人对社会问题、个人或团体的积极或消极情感。除此之外，他们认为狂热的党派人士或愤怒的选民这类用语，只是纯粹的描述性词语。例如，对政党的认同是一种“感情取向”（Campbell et al.，1960），其定义表明，认同者对一个政党有感情是社会化过程所产生的一个结果；但是现在，情感是如何促进政党社会化以及增强认同者对政党的忠诚度的，依然是个谜。情感的表现似乎是平庸的或虚夸的（也就是说，它无法在现实中找到理由）。

冷漠的公民是政治心理学和理性选择理论研究的对象。冷漠的公民对信息进行认知加工或计算成本、利润，在此基础上，他们思考、论证、选择，不受情感的影响而采取行动。两种方式的研究者都认为，情感是生活的一个特殊方面，但这些研究者都缺乏系统性的论述。即便研究者在研究选民决策过程中考虑到“情感”因素，那也只是选民态度的标签（如“情感温度表”）或是公民的效用函数上的一个“刻度或标记”。①

这些研究方式尽管已经极大地促进了我们对政治选择和参与的理解，但是仍不能够解释为什么情感诉求在政治广告中能发挥作用。之前的研究者留给我们一个无效的假设：情感是附带现象，所以竞选广告的有效性并不取决于情感诉求。很多政治学家乐观地宣称，象征性的画面、激动人心的话语以及音乐歌曲，在当代竞选活动中吸引了很多记者和历史学家，但那仅仅是“大吵大闹”。

---

① 尽管没有形成概念，但是这些关于情感影响政治行为的观点却不一定是错误的。像对政党的认同感是与感情相关的，而评价或偏好是以情感反应为基础的。从学术性角度思考，与其他因素相比，情感并不是一个变换方法，但是这方面的缺失能加深我们的理解，甚至有助于详细说明现有模式的条件相关性。特别是，情感能解释政治行为中的动态因素，如鼓动和说服。这些因素没有被深入地探讨过。情感的研究不是把我们带入个人“头脑深处”和远离政治。恰当的理解是，它清楚地表现了政治参与者的活动、普通公民的选择和意见，以及政治背景之间的关系。公民观念使政治传播的研究和政治行为之间联系更为紧密。

那么，制作这些“大吵大闹”的人怎么看？正如我们在第二章所看到那样，利用情感诉求的政治顾问自然会相信其效果，至少对如何运作情感诉求已经略有所知。在回顾第二章的基础上，我们可以把这些政治顾问的经验知识转变为以下几种粗略的“预测”：（1）带有情感诉求的广告更引人注目和令人难忘；（2）由广告引发的情感会转移到广告所刻画的候选人身上；（3）广告通过利用和渲染既有的情感来进行说服（如共鸣的观点）；（4）引起恐慌的广告最有效果。当然，政治顾问的专业经验没有转化为统一的理论，甚至需要一些创造性思维来证实之前的“假设”。实践者希望在现代
50 选举中与选民产生共鸣，但是他们没有兴趣去建立“系统的传播和说服理论”（Arterton，1992：96）。确实，根据社会科学的观点，政治顾问仅凭印象、经验以及一些逸事案例来说明情感诉求“如何发挥作用”。

然而，在过去的25年中，心理学家在了解情感产生的原因和影响方面取得了很大进展。对情感的研究被忽视多年后又日见兴起（Cacioppo & Gardner，1999；Damasio，2000；Zajonc，1998）。这是因为过去的认知心理学研究过度强调信息处理（LeDoux，1996）。此外，精神心理研究测量的进步和神经科学的发展推动了对情感的研究（Lane & Nadel，2000；Panksepp，1998；Rolls，1999）。心理学上所有这些令人兴奋的进步都极具感染力，关于情感的学术著作在社会科学和人文学科领域迅速增加。[①] 在运用心理学理论时，学者开始发现情感和公共观点之间的紧密联系（Marcus，2000）。总之，这些研究进展为解释政治广告如何利用情感诉求影响选民的行动和选择打下了坚实基础。

在本章，我会解释公民对竞选广告做出回应的政治心理，尤其是那些激发强烈情感的广告。这就要求我向读者介绍一下当代人类

---

① See Scott McLemee, “Getting Emotional: The Study of Feelings, Once the Province of Psychology, Is Now Spreading to History, Literature, and Other Fields,” *Chronicle of Higher Education*, February 21, 2003, A14.

心智研究中对于情感这一概念的探讨。[1] 我认为，通过理解情感是什么，我们可以更好地解释人们对情感诉求所做出的反应。正如神经心理学家所说，情感反应是我们通过大脑辨识外界事物的过程，并相应地让我们的身体做好准备。马库斯等人（Marcus et al.，2000）利用他们的情感理解力理论，把这个观点引入政治学领域，并预测激情和恐惧对政治态度和行为的影响。尽管很多假设与现有的一系列心理学著作保持一致，但最重要的是，我仍采纳了他们的假设作为自己的观点，重点研究激情和恐惧这两种情感反应。我同样也选择利用了评价理论、心情和信息处理，以及恐惧诉求方面的文献，解释竞选广告如何给观众情感上的暗示，以及这种做法是如何影响选民的。

关于情感的心理学观点

人们用许多词语来形容具体的情感经历和普遍的情绪现象。尽管词汇很丰富，但并不精确。比如，很少有人能区分“情感”和“感觉”，同时，有人用“焦虑”来形容担心或压力，其他人则认为“焦虑”和“热切”是同义词。我们应该认识到，更精确地使用词语有助于科学研究。心理学家已经表明，对于上述例子，区分非常 51
重要。然而，即使从蓬勃发展的情感学研究中借鉴一些术语，也难免会产生混淆，因为特定词语的运用很少取得一致认同（Ekman & Davidson，1994）。

因此，我先解释我自己对一些关键词语的定义。本书主要关注

---

① 接下来，我将从心理学和神经科学实验的角度，概况介绍情感相关知识的现状。我以浅显易懂和有趣的方式，把这些观点介绍给政治学的学生，无意侵犯其他领域内研究者的研究作品。我引用了合适的特定材料，但也借鉴了许多资料进行一般性讨论，包括 Damasio，1994，2000；Ekman & Davidson，1994；Lazarus，1991；LeDoux，1996；Marcus，2000，2003；Panksepp，1998；Parrott，2001；Plutchik，2003；Scherer，2000；以及 Zajonc，1998。

情感的作用。情感（emotion）是大脑引发的心理和精神变化的特殊表现。当大脑感觉到某种情况或某个事物对个人目标（不仅仅包含生存本能）的重要性时，就会做出反应。接下来，我会更具体地解释这个概念。因为“情感”和“感觉”经常被认为是同义词，所以区分两者就显得尤为重要。感觉（feeling）是一种主观的意识和某种感情体验（Damasio，2000）。恐惧是人们面对威胁时的反应，但具体谈到恐惧这种感觉时，它指的就是人们主观的感受。比如，一个人可能感受到心率加快，扁桃体神经处理加快，却没有意识到这些反应或因此感到恐惧。[①] 可以这样说，感觉是某种情感反应潜在的表现，而不是必然结果。此外，当情感对特定刺激做出不连续反应时，心情（mood）则会较长时间地处于积极或消极的状态。最后，感情（affect）是一个涵盖性术语，指代这一类现象。它不只包括情感、感觉和心情，还包括痛苦、喜悦和基本的人性内驱。

心理学家越来越多地关注某种情感产生的过程。尽管心理学家在重点和分类方面存在分歧，但是仍就情感的组成部分达成了广泛共识（Adolphs & Damasio，2000；Clore & Ortony，2000；Frijda，1999；Lazarus，1991）。情感包括：(1) 意识到某种刺激对于个人目标有着很大影响；(2) 一系列的生理反应，包括心脏反应、自主神经系统反射（呼吸、心率等）；(3) 认知活动的改变，如注意力、记忆和思维过程，这些对于适应新环境至关重要；(4) 行动趋向 (action tendency)，是指按特定方式采取行动的倾向（比如战栗、躲避、攻击、舒服、前进、拿走、撤退等）；(5) 上述所有组成部分的主观体验。最后这个组成部分，我称之为“感觉”。我们应把这些感觉视为情感的产物，而不是其核心组成部分，思想和行为倾向的改变并不依赖于感觉。

---

① 扁桃体是大脑中一个区域，负责指挥情感反应，尤其是恐惧（Damasio，1994；LeDoux，1996）。

情感的结构和模式

政治学家和社会心理学家已经就情感的作用发表了许多研究成果，其中大多数重点研究积极和消极反应的整体区别（Lerner & Kelter，2000；Marcus，2000）。这一研究主要源自早期一个有影响 52 的概念，即情感由两个特质组成（Braddley & Lang，2000；Osgood，Suci & Tannenbaum，1957）：第一个特质是效价（valence），即人们在何种程度上会认为某种刺激是令人兴奋的或是令人沮丧的，它被普遍认为是定义情感现象的主要特征（Ellsworth，1994b；Zajonc，1998）。第二个特质通常被称为唤醒度（arousal），它能控制反应的强度和效果（Ferguson，2000）。从传统观点看，情感反应会引发接近或逃离行为（Zajonc，1998），某种情感反应的效价和唤醒度会分别暗示反应的方向和力度（Bradley & Lang，2000）。[①]

关于情感的结构，社会心理学家提供了相互冲突的观点（Marcus，2003；Scherer，2000）。一些人认为，情感就好比在两个极端的平台上波动，从负极到正极（效价），并且伴随一定强度（唤醒度），强度变化就像一个人从中心走向两极。当代大多数对态度的研究都基于这个观点，并认为情感或感情反映了社会判断中可评估的部分（Eagly & Chaiken，1993；Fiske & Taylor，1991；McGuire，1985；Schwarz & Bohner，2001）。这是个合理的方法，能够认识人们把世界分成“喜欢”和“不喜欢”的方式。

然而，其他人则认为，只重点研究效价和总结判断，很可能会忽视某些特定情感的截然不同的、强烈的作用（Plutchik，1980）。恐惧、愤怒和失望对政治或生活来说都是消极的反应，但通过常识，我们知道这三种情绪是截然不同的，不仅仅表达不喜欢。我们

① 尽管心情经常用特定的情感性词语来衡量，但有关心情的研究强调效价而非离散情感（Martin & Clore，2001）。温迪·拉恩利用公众情感这一概念（Rahn，2000；Rahn，Kroeger & Kite，1996），把一个颇受欢迎的方法，即情感认同信息模型（Gohm & Clore，2002；Schwarz，2001；Schwarz & Clore，1983）应用于政治学中。

同样可以这样看待积极情绪，如热衷、同情和平静。两个研究都将重点放在离散情感的研究上，但其中一个强调认知，另一个强调生理机能（Scherer，2000）。

许多重要的离散情感理论都受到认知评估理论的影响，后者强调情绪中感性成分的作用（Ellsworth，1994a，1994b；Frijda，1986；Lazarus，1991；Oatley，1992；Ortony，Clore & Collins，1988；Roseman，2001；Roseman & Smith，2001；Scherer，1994c；Scherer，Schorr & Johnston，2001）。拉扎路斯（Lazarus，1991）认为，认知评估就是“不断地衡量那些对个人幸福有重要意义的事物”（p. 144），它是连接外界刺激和情感反应的关键。认知评估能够判定处境，从而产生特定的情感反应。比如，丢失了重要东西后会产生沮丧情绪，遭遇不公、受伤或遇到阻碍会生气等。[①] 其他的离散情感理论强调神经系统的影响，它会促进适应环境的反应并且
53 产生一些基本情绪（Ekman，1992；Ekman & Rosenberg，1998；Gray，1987；Izard，1991；Izard & Ackerman，2000；Panksepp，1994a，1994b，2000）。支持这种理论的学者不仅重视生理机制，还重视情感如何脱离意识和控制而产生。

最后，一些心理学家认为两极型的效价模型是不充分的，但也认为情感比离散模式所暗示的更具有结构性（Marcus，2003）。他们认为情感体验存在于一定的维度空间中（Plutchik，2003）。一个模型以传统的情感维度为基础——效价和唤醒度，并在合适的角度构成了二维空间（Russell，1980）。比如，热情属于高唤醒度和正向效价的象限，而恐惧则处于高唤醒度和负向效价的象限。其他学者赞成将正面感情和负面感情独立开来（Cacioppo & Bernston，1994；Cacioppo，Gardner & Bernston，1997）。一个方法是把效价—唤醒度模型旋转 45 度，形成独立的正向和负向坐标轴，这样

① 凯德（1994）利用评价方法说明，不仅情感能影响政治态度，而且不同的环境能引发不同的情感，并且根据情感性质的不同，可以产生不同的可预见性的影响。

可以衡量从低到高的唤醒度（Watson，Clark & Tellegen，1988），激情和恐惧就处于这两个维度中的高唤醒度上。马库斯（2003）认为，当人们面对刺激时，会做出自述性的情绪反应，而维度模型可以很好地表现出这些情绪反应的变化。但学者并没有突破结构描述，提出关于情感起源和结果的理论，所以还需要借鉴认知或神经生理学的理论。

尽管我的观点强调了情感的特殊性，但是效价和唤醒度仍然是情感研究中的重要概念，因为它们为广告中情感诉求的影响打下了重要的理论基础。此外，因为侧重的两种情感一个是负面的（恐惧），一个是正面的（激情），因此我的研究并没有真正地测量其他很多对立的情感模型。但是在本章的最后，我会假设恐惧和激情能产生不同的效果模式，这些模式不仅是不对称的，而且是极其复杂的，不能用简单的、对立的话语形容。最后，找到证据支持这些假设，这个研究就能更有力地证明情感的丰富（维度或离散），而不是证明简单的效价模型。

认知和情感

自20世纪70年代发生心理学的认知革命之后，情感的评价模式开始盛行。这些模式强调认知的重要性。但是，扎约克（1980） 54
一直持相反的观点。他认为，情感和认知是两个分开的过程，并且没有认知的介入，情感也会产生。他的观点基于这样的事实根据，即人们经历情感反应后可能会对一个事物产生喜爱之情，即使人们没有意识到自己的反应或不清楚反应的来源（Murphy & Zajonc，1993；Zajonc，1998）。这些发现对以下观点提出质疑，即情感是由人们对特定刺激的认知，以及对其重要性的评估而引发的。鉴于这种情况，一些学者重点研究了无意识或前意识的“情感加工”形成判断或行为的方式（Damasio，1994；LeDoux，1996；Panksepp，1998）。

认知和情感，哪个是第一位的？学者们进行了激烈争辩（Lazarus，1981，1982，1984；Zajonc，1984，2000）。在这之后，大多数心理学家认为，两者之间的关系取决于如何定义认知（Clore & Ketelaar，1997；Cornelius，1996；Ekman & Davidson，1994；Ellsworth，1994a；Leventhal & Scherer，1987）。当一个人遇到关乎其个人利益的事物时，大脑会进行评价，在这种情况下，情感才得以产生。如果我们视这种感觉信息的前意识过程为认知，那么认知的确先于情感而产生。如果我们认为认知与更高的论证功能或自觉思考相关，那么认知活动是情感产生的充分条件而非必要条件。

尽管之前的区别似乎很难理解，但是它们可以避免混淆情感因素产生的原因和导致的结果。这一点很重要。因为长期以来，人们会把情感诉求和“认知”或“理性”诉求进行对比，后者是以前面所提到的第二个认知的定义为基础的。① 一旦理解了这些区别，我们会更容易理解关于情感运作的共识。学者们普遍认同，评价和唤醒都可以引发外在的意识觉醒（Clore，1994；Damasio，1994；Frijda，1994a；Izard，1994；Lazarus，1991，1994a；LeDoux，1994b；Zajonc，1994）。因此，即便没有意识到环境中某一事物的存在，我们也可以经历对这个事物的情感反应，可以判定事物的重要性，或对这个事物有特殊感觉。许多心理学家也同意情感和认知是截然不同的概念，却又相互贯通（Aldophs & Damasio，2001；Damasio，1994；Frijda，1994a；Lazarus，1991；LeDoux，1989，1994a；Panksepp，1994c；Plutchik，1980）。一方面，评价调动所有的情感和自觉思考，从而产生新的情感；另一方面，情感反应构成判断的基础，无意或有意地影响人们的思想，并且把思想转化为行动。

情感心理学家争议最大的问题是，情感过程的哪个方面应该是

① 把非情感性诉求看作是“理性”的，这种做法很有问题。因为它把情感和缺乏理性混为一体。情感和理性或理智是对立的这一传统观点一直都受到质疑，并且根据现在的科学理解，这一观点也是站不住脚的（Damasio，1994；Kinder，1994；Lazarus，1991；Marcus，2002）。

研究的重点（Scherer，2000）。认知评价理论倾向于研究情感的主 55
观经验（如感觉），以及评价是如何引发情感的。其他学者，特别是神经心理学家，重点关注情感的行为功能，各种相近的刺激之间的联系、生理反应，以及情感对判断和行为的影响。这两条研究线索存在于本书的调查中。神经心理学的方法提供了一个很好的框架，使我们明白，电视政治广告中的画面和音乐如何巧妙地却极大地改变公民对政治信息的回应。评价理论清楚地解释了不同情感之间的重要区别，并说明了引起不同情感的原因或暗示的类型。

情感作为适应行为的基本系统

现在，我要解释情感心理学理论的一些特殊观点。研究那些不能通过认知了解的情感现象，我们能从中学到些什么？首先，我们要思考是什么让情感从心理学中分离出来。认知和情感是心理现象中的两个主要的相互依赖的类别，但是这两者也有很多不同（Zajonc，1998）。情感不仅包括情绪，还包括心情、感受、喜好和直觉，如痛苦和喜悦。认知包括思想、信仰、推理和规律的应用，如数学和语言。[①] 当大多数人理解了情感（以及其他形式的感情）和认知之间的区别后，他们思考的第一个问题是，他们如何体会自己的情感变化。我们会感觉到自己的情感，但是我们不能“感觉”我们的思想或信仰。

情感处理：探测和指导功能

尽管从现象学角度看，感觉是情感最显著的特征，但还有其他两个定义性的特征是理解情感和情感诉求的关键。第一个定义性特

① 认知有时被定义为一些功能，比如推理、记忆、解决问题、理解和感知。感知及其现象（也就是嗅觉、听觉等）是认知神经科学的主要研究领域，但最好把感知过程和其他认知活动分开来研究。感知数据被视为感情和高级认知过程的原材料来源。

征是，情感像关联探测器（relevance detectors）（Frijda，1986）一样起作用，可以反馈内在刺激和外在刺激对个人目标的重要性（Damasio，1994；Lazarus，1991；Scherer，1994a，2000）。因此，“情感是判断环境对个人产生利弊的重要指数”（Damasio，2000：19）。第二个定义性特征是，情感的指导性功能（directive function）经常打断现行的活动，使人的思想和身体做好准备，对新环境做出反应（Damasio，1994；Frijda，1999；LeDoux，1996；Scherer，1994a）。关联判定和反应准备两者自动发生，情感的发生不是我们能控制的。[①]

56 大脑能不断地反馈个人和周边环境的关系，而情感就在这些过程中产生。大脑利用这些反馈，使人的思想和生理活动适应人与环境的关系，进而实现个人目标和利益（Damasio，1994；Lazarus，1991）。那么，情感如何促进这个过程呢？情感在很大程度上是生理反应，如呼吸和心率变化、肌肉紧绷和身体化学反应。尽管这些都不需要我们事先思考，但是这一系列反应发生在身体和思想的基础上。[②] 注意力、观点、动机和思想都随着生理的变化而变化。情感能引起思想和行动的变化，这些变化会帮助人在面对不断变化的环境时适时地做出反应。一个人可以觉察到这些内在的变化，像感

---

① 正如勒杜克斯（LeDoux，1996：19）所说：“情感是事物使我们产生的，而非我们自愿产生的。”我们不仅觉得常被情感“压倒”，还能感受到伪装情感的困难，这两点就证实了以上的观点。我们能采取的最好办法就是利用思想和记忆想象一个情景，这个情景对我们有情感性的意义，想象是一个“似乎”的过程，它能产生情感性反应，尽管这些都远远比不上直接经验的收获（Damasio，1994；Millar & Millar，1996）。但是，这些都没有暗示我们可以控制情感和情感的影响。高级认知功能的一个进步性好处是，人们可以通过再次评价环境和更大力度的控制反应，来培养控制情感的能力（Damasio，1994；LeDoux，1989，1994a；See also Barrett & Salovey，2002）。尽管如此，试图“过度”地控制我们的情感也会产生不好的结果（Izard，1991）。

② 从读者的角度考虑，我采用了思想和身体之间的普通语言区别。更准确的说法是笛卡儿的二元论（笛卡儿将世界分为“广延实体”和“思维实体”），但是，神经科学方面的进步质疑这一说法。思想反应（注意力的变化、观点的变化等）也是生理的变化（Damasio，1994；Gazzaniga，1992；Panksepp，1998）。

觉一样明显，又或者永远意识不到这些变化，即使他已经调整了行为去应对这些变化。

通过自身的情感系统，我们会及时应对来自周围环境的大量感官信息。政治心理学的研究已经使许多政治科学家熟悉了一个概念，即信息加工。情感的研究扩宽了我们关于信息加工的观点。感官数据通过某些刺激向大脑发送信号，使人可以同时对信息进行认知加工和情感加工。数据直接传送到大脑的情感中心，同时间接地传送到那些负责“高级”认知的区域。这两条路径使得大脑很快地判断刺激的重要性，然后在进一步分析的基础上，改变一开始的反应（Cornelius，1996；LeDoux，1996）。这条“临时应急”的路径做好了准备以接受其他稍慢的认知信息（LeDoux & Phelps，2000）。当某些事物引发情感时，会影响认知路径处理信息的方式。因为情感系统能较快地处理信息，而注意力和推理则忙于处理关于环境的重要特征。若没有甘居幕后的情感处理系统，我们将会不断地被干扰，不停地处理信息以及权衡所面临的选择（Damasio，1994）。[①]

激情和恐惧：作为监控成功和威胁的系统

在大脑中，没有一个单独系统会负责处理所有的情感。心理学家已经发现，不同的情感处理作为“特殊目的”系统，会对人和其他动物通常遇到的情况产生反应（Damasio，1994；Gray，1987，1994；LeDoux，1996；Ochsner & Barrett，2001；Panksepp，1998，
2000；cf. Buck，2000）。尽管系统的顺序和标志不同，但是大家一 57
致认为，有两个基本系统在日常生活的决策和行为中发挥着重要作用。第一个系统包括察觉周围环境以及对待成功的反应，可能会引发激情或喜悦的情绪。这个系统引导人去实行有回报的追求。第二

① 人类的适应性决策过程需要情感和推理同时运作。人类推理的发展优势，以及其理论和系统分析的能力，是建立在情感系统的先期发展优势上的。情感系统能够反馈关于目标和危险的接近度（Damasio，2000）。

个系统包括察觉和应对威胁的反应，这时就会出现恐惧和焦虑的情绪。这个系统重新引导人的行为，使人能实时地应对潜在的危险。这些正面情绪和负面情绪并不对立，它们是面对一个特定暗示时的不同反应。① 尽管神经心理学家和社会心理学家在情感理论的很多方面有分歧，但在两个基本情绪的因果方面，他们有很多一致的观点。

激情系统监测个人目标的实现及其所认同的集体目标的进展。②

① 这个描述更像是传统的接近—逃避观点。实际上，格雷（1994）把这两个情感系统分别称为“行为抑制”系统和“行为接近”系统。关键的不同在于，神经心理学的观点是，这两个独立的系统有着不同的功能：恐惧和激情并不是相对立的。这个观点更接近感情的结构性模式的观点，后者假设大多数或所有的情感都处于一个二价维度空间里，二价分别为正向价和负向价（Cacioppo & Bernston，1994；Cacioppo，Gardner & Bernston，1997；Watson，Clark & Tellegen，1988）。然而，神经心理学的理论倾向处于结构性模式和离散情感理论之间。许多人认为至少有两个系统，而且除了那些产生恐慌和激情的系统之外，还另有其他系统（Damasio，1994；LeDoux，1996；Panksepp，1998）。重点关注恐惧和激情并不意味着其他情感不重要，或者所有情感都可以通过这两个系统得到诠释。恐慌是研究者在研究情感化状态中理解得最透彻的一个情感（LeDoux，1995），并且心理学家已经在正面情感的研究方面减少了很多精力（Fredrickson & Branigan，2001）。

② 在激情系统里，有大量词语是关于情感和感受的。格雷（1994）称两者为“希望”和“高兴”。潘克沙普（Panksepp，1998）不同于其他人，称其为“热切”和“希望”。艾格洛夫等人（Egloff et al.，2003）喜欢用“高兴”、“热情”和“兴奋”。拉扎勒斯（1991）列出了超过 24 个同义词。我怀疑，是因为人的思想在解释“高兴”情感状态时有细微的不同，才产生这些名称的多样化，还有一些是因为日常用语在描述某些难以准确描述的现象方面存在不准确性。但有一点是至关重要的，即这些名称的多样化标志着人们已经对这个潜在系统的功能取得了广泛共识。也就是说，要找到恰当的名称来形容已经发现的进展，而不是为解释那些已经命名的东西而去重新审视研究（see LeDoux，1995）。

兴趣是否不同于热情系统中的情感，以及把兴趣归为一种情感是否合适，这些都存在很大的争议。问题就在于，一方面，我们把“感兴趣”的感受和兴奋、享受和渴望联系在一起；另一方面，它又和警惕、好奇和专心连在一起。艾格洛夫等人（2003）表明，从经验来看，兴奋和激情不同于警惕和专心。我对激情系统的讨论结合了其他学者认同的有关情感的兴趣方面（see Frederickson & Branigan，2001；Izard，1991；Panksepp，1998），但重要的是要同唤醒和注意区别开来，因为唤醒和注意会受到激情系统和其他情感系统的影响（Bradley & Lang，2000）。

当我们认为一个环境对追求有积极意义，那么在处理来自这个环境的信息时，就会体验到激情（或希望、高兴、喜悦等），也就是说，我们取得新的证据证明自己“正朝着我们的目标进步”（Lazarus，1991：267）。激情刺激了我们要实现的目标，它既是“心灵激励”，又是生理唤醒（Panksepp，1998）。这些反应支撑甚至增强了我们的积极性，鼓励我们追求目标，实施现有计划，以实现目标（Lazarus，1991；Oatley & Jenkins，1996；Roseman，2001）。我们在一生中，会根据例行模式或习惯采取行动。神经心理学家认为，通过了解哪些例行模式管用、哪些不管用，激情系统促进了对某些处世方法的偏好，并且鼓励人们使用它们（Damasio，1994；Gray，1987；Panksepp，1998）。同样地，研究人员发现的实质性证据表明，当人们处于幸福或积极的心情状态时，就依靠启发和信息的“外围加工”（Bless，2000，2001；Eagly & Chaiken，1993；Fiedler，2001；Hertel et al.，2000；Martin & Clore，2001；Schwarz，2000）。如果信号表明我们没有实现目标，我们就会伤心或失望，实现既有追求的动力会减少。我们会失去信心，很难继续追求。

恐惧系统则监测环境变化，以便发现威胁信号。当大脑受到潜在威胁的暗示时，我们就会体验到恐惧（或焦虑、担忧、紧张等）。这是“防御性行为系统”，目的是在有利的条件下最大限度地增加“在危险境况中活下来的可能”（LeDoux，1996：128）。威胁程度和解决威胁的可能性不确定，这极大地导致了焦虑情绪的产生，并让人由高度警惕转变为适应性反应。恐惧使我们摆脱了例行的方式（Gray，1987，1994），引导我们注意环境的重要部分和任何可能帮助我们脱离险境的信息（Mogg & Bradley，1998；Öhman，2000；Oatley & Jenkins，1996；Roseman，2001）。这激励我们考虑其他行动，尤其是当我们试图决定接下来该做什么时 58
（Izard，1991）。同样，研究者发现，恐惧或负面的心情状况会使大脑对环境进行系统性评估，并对信息进行集中处理（Öhman，2000）。[①] 没有威胁的暗示，我们会感到平静，行为也会受到例行模式的约束。

尽管恐惧会激起短时间内的高度警惕，但是在其他行为变化上，恐惧的作用是很复杂的。当与习惯行为相关时，恐惧一般会抑制行动（Gray，1987）。但是即便在这样的情况下，恐惧还是会引发高度的戒备，以进一步采取行动（Gray，1994）。研究者们已经明白，恐惧会使一个人同时用不同的方式采取行动，包括僵持和躲藏、逃到安全的地方，或与之对抗，这些行动取决于环境的允许条件。当威胁临近，这些行为都是典型的，尽管大多数人不经常经历“战斗或逃离”的全部活动。但是，许多研究者都认为，当面对不那么紧迫的威胁时，温和的恐惧包含相同的神经处理，以及否定、逃避、预防或对抗等行为（LeDoux，1996；Panksepp，1998）。拉扎勒斯（Lazarus）观察到，焦虑经常被认为是“人类事务中首要的、通常是特有的主要激励力量”（1991：234）。[②]

---

① 参见以上引用的积极心情研究。但是，请注意，这个研究项目表明，增加的系统性处理不仅发生在焦虑状态下，还发生在伤心或绝望心情状态下，后者更多地和激情系统的低活动状态一致。总的来看，很多关于“心情和信息处理”或“心情和社会判断”的研究著作，重点关注正面和负面感情，却没有区分正面和负面情感。这是事实，即便当他们用一系列离散情感词语来衡量“心情”时，也一样。

② 在能足够激发战斗—逃离系统的情况下，政治广告和竞选政治很少吸引恐惧。尽管恐惧的不同程度牵扯到同样程度变化的注意、信息处理和行动准备，但是在某种意义上，面对超过一定严重程度的威胁所产生的各种反应，在本质上还是不同的。尽管适度的焦虑或恐慌会导致多种采取行动的方式［舒勒（1994a）提出了这样的观点，我们的情感系统为脱钩的刺激和反应提供了发展的优势］，但是面对逼近的威胁，强烈的恐怖或害怕会直接导致“原始的”反应，如退缩、逃跑或猛打。我们无法知道人们引发此类反应的最低限制在哪儿，一部分原因在于研究受到实践和道德的限制（Eagly & Chaiken，1993）。格雷（1994）把战斗—逃离反应归为脱离于其他恐惧反应的一个独立系统，而潘克沙普（1998）和勒杜克斯（1996）则把不同类型的恐惧反应当做一个单独系统的部分构成。拉扎勒斯（1991：235）认为，把“惊恐”和焦虑当做“同一基础机制”的不同形式，以及把它们当做“总体上不同的情感”，都是很好的。很明显，不论最好的研究方法是什么，竞选广告的研究都更重视关于温和恐惧的反应。

关于恐惧，更棘手的问题在于，人们是否会积极地采取一些建设性行为。例如，当“关键时刻”来临时，焦虑有时会通过转移我们的注意力来引导我们“躲避”危险；而在其他时候，焦虑会使我们做好准备，迎接前面的挑战，从而逃脱险境。那么，人们是怎样选择躲避还是面对的呢？拉扎勒斯（1991）认为，了解和确定事实有助于人们采取具体行动，从而应对焦虑。但是在这个问题上，关于恐惧心理的大多数研究都没有得出成果。

我们也可以从研究恐惧诉求的某些领域找到一些答案，尽管这些领域分散而且令人吃惊地不太相关。五十多年来，研究者们一直对威胁或恐惧传播进行实证研究，主要关注健康和安全运动（Beck & Frankel，1981；Hovland，Janis & Kelley，1953；Janis & Feshbach，1953；Mulilis & Lippa，1990；Rippetoe & Rogers，1987；Sutton，1982；Sutton & Hallet，1989）。① 很多研究表明，恐惧诉求能说服人们采取建议性的行为，预防所谈论的危险（Witte & Allen，2000）。研究人员也发现，恐惧诉求能否引起态度和行为发生预想改变，取决于应对方法的预想效用（Rogers， 59
1975，1983；Witte & Allen，2000；cf. Bandura，1977）。换言之，当人们判断所能采取的或被建议的行为是有效的（回应效能），以及认为自己有能力采取行动（自我效能）时，人们才更可能面对恐

① 尽管有很明显的合理性，关于恐惧诉求的文献仍不能成为一个理想的模式来研究竞选广告中的情感诉求。首先，研究只关注恐惧诉求，因此也就没有讨论积极情感诉求。其次，尽管很多实证研究确实提供了很多信息，但研究者仍不能提出一个有证据支持的理论（Eegly & Chaiken，1993；Witte & Allen，2000）。最后，竞选广告是不同于公共健康和安全竞选的传播形式，后者一直是学者们研究的重点。安全竞选经常要求人们改掉坏习惯或做新的（或许是有些困难的）活动来预防危险，但是竞选广告则要求人们在两个或更多的方法中做出选择，以便应对社会中的各种危险。就竞选广告而言，最重要的是两个任务：一是当做出“正确”选择的人们已经做好准备采取行动时，对其进行说服（也就是说，这些人定期投票，问题是投给谁）；二是有些人会认为某候选人尽管在集体行动方面存在问题，但仍是最值得投票的，竞选广告要对这些人进行鼓动（也就是说，他们的投票不会发生改变，所以无论他们投不投票，他们都会坚持这样的结果）。

惧，应对危险。当恐惧很强大，而预想效能却很低时，个体很可能采取防御性措施，如拒绝或逃避（Witte，1992，1998）。

激情系统和恐惧系统能管理人类的很多行为。不少心理学家认为，当人们和环境进行互动时，这些情感会帮助人们以适应性的方式做出反应（Damasio，1994；Lazarus，1991）。我们可以这样描述两个系统的运行情况，第一个系统把关于成功的反馈转变成相应的热情和动机，以继续下一步任务，而第二个系统只有在威胁可能会引起变化的情况下，才干扰注意力和思考。这两个系统相结合时，不需要过多的注意力和思考，我们就可以监视周围环境。当所面对的信息和潜在选择超过了人脑负荷时，激情和恐惧系统会监视环境中的成功和威胁信号，我们才能用适宜的效率完成自己的事情。当然，两个系统运行的条件是人们注意力集中，运用高级认知功能，具有追求目标的动机。

政治领域中的情感

之前所谈到的激情和恐惧或多或少会符合我们的亲身经历。但是面对丛林中的一头熊是一回事，而在自家客厅中看政治广告中的熊，则又是另一个回事。我们是否应该认为人们在这两种情况下的反应会相似？事实也的确如此，至少当我们认为这头熊在这两种情况下，无论是具体的还是抽象的，都是一种潜在危险时，我们的反应会相似。尽管看到一头真实的熊，我们会快速做出反应，但是研究表明，在面对微妙的信号时，我们也会做出同样的反应，即便这些反应不是那么夸张。回想一下，情感中温和的部分（如恐惧）会在我们意识不到的情况下发生。尽管民主政治经常引发最温和的焦虑，而且不可能引发大多数人的狂热激情，但是这些情感是很真实的，会产生同样的普遍反应。的确，自从本书开始写作以来，有越来越多的证据表明，以上所提到的情感观点对研究公民的观点，以
60 及它们对政治家的评估是非常有帮助的。在讨论政治传播中的象征

性威胁如何触发情感之前，我们先来探讨关于情感的观点是如何被用于研究政治行为的。

一直以来，研究者们对研究公民的情感反应颇感兴趣，也借鉴了很多研究方法，包括评价理论（Abelson et al.，1982；Conover & Feldman，1986；Kinder，1994；Roseman，Abelson & Ewing，1986）、感情或心情的维度理论（Huddy & Gunnthorsdottir，2000；Isbell & Ottati，2002；Ottati & Wyer，1993；Rahn，2000；Rahn，Kroeger & Kite，1996），以及神经心理学理论等（Marcus & MacKuen，1993，2001；Marcus et al.，1996；Masters，2001；Masters & Way，1996；Way & Masters，1996a，1996b）。[①] 这些不断发展的研究已经充分说明，情感是政治态度的决定性因素。

马库斯、纽曼和麦奎恩（Marcus，Neuman & MacKuen，2000）在这方面的研究取得了极大的进展，他们建立了一个全方位模式去解释政治行为中情感的作用。他们通过借鉴格雷（Gray，1987）的神经心理学理论和沃森等人（Watson，Clark & Tellegen，1998）的维度模式，把激情和恐惧作为其情感理解力理论的中心。该理论提出了这样的假设，激情和恐惧这两个基本情感系统同时运行产生了感性的评价，而这样的感性评价反过来构成了公民的选择和行为。当有新的信息暗示个人计划可以实现，或个人期望（的成功）不能实现时，倾向系统会产生热情/满意或者绝望/沮丧。当新的信息暗示照常处理个人事务是不安全/安全的时候，监测系统会产生沮丧/紧张或者放松/冷静。马库斯等人认为，这些系统会影响个体的政治判断。在倾向系统影响下，一个人根据自己长期的政治习惯（如党派关系、偏见、社会身份）采取行动。当受到潜在威胁的影响时，监测系统会打断个体对习惯的依赖，引发更多的注意力

① 关于这个不断发展的研究的其他不同观点，参见 Glaser & Salovey，1998；Isbell & Ottati，2002 以及 Marcus，2000。

和对选择的理性思考。

马库斯等人主要借鉴了美国全国选举研究机构（National Election Studies，NES）两年一次的调查，从中发现了大量证据来证明他们的理论，即对总统候选人的感受和选举行为之间的关系。从总体上看，激情和焦虑似乎都与对竞选的兴趣有关，选民会注意谁赢了选举，会关注报刊上的选举新闻。但是，抽样数据显示，激情标志着兴趣和关心的增加，而焦虑则标志着媒体注意力的增加。焦虑的公民会想出很多喜欢或不喜欢候选人的理由，也会了解候选人在社会问题上的立场。同研究者的预想一致，调查发现，激情和参与
61 相关、焦虑和注意力及学识相关。尽管激情和焦虑都能增加选民的选举参与，但是相比激情，焦虑意味着更高水平的选举参与。马库斯等人认为其原因就在于，监测系统发送了“更紧急的信号”（p. 90）；但根据倾向系统发挥的激励作用，特别是考虑到激情是政治动员的基础（pp. 52－53）时，对激情的研究发现相对欠缺说服力，这好像出乎研究者的意料。

选民对候选人的感觉和政治判断之间的关系可能更能证明这个理论。倾向系统的反应会让选民对候选人做出直观的评估，比如，在1996年共和党初选时，选民对帕特·布坎南（Pat Buchanan）的高度热情使得布坎南的支持率超过了鲍勃·多尔（Bob Dole）。监测系统的反应则改变了这种评估的基础，间接地影响了结果。焦虑的选民很可能背叛自己曾经支持的党派，投票给对手党派的候选人，但是当选民乐于接受对手党派候选人的政策时，焦虑会最大限度地推动变换阵营的可能。这就证明，监测系统不仅能够减少对习惯的依赖，还能在现有信息的基础上，增加重新考虑并做出选择的可能性。总之，焦虑改变了投票决策中特殊因素的重要性，弱化了党派作用，增强了社会议题立场和个人魅力的作用。最后，对于那些正面评价美国在1991年海湾战争中的表现的美国人而言，如果他们一直对战争感到焦虑，就很可能改变观点，支持干预政策；同样，如果他们对战争一直焦虑的话，也只能改变观点，支

持老布什总统。①

以对情感理解力的早期阐述为出发点（Marcus & MacKuen，1993），其他两项研究认为，焦虑对政治行为的影响是有条件的。一项针对魁北克讲法语学生的调查显示，只有那些认为法语地位能成功保留的人，才会对法语的未来感到焦虑，从而对这个问题的认识得以增强（Nadeau，Niemi & Amato，1995）。② 在这项研究中，虽然这种衡量方法不能区分反应效能和自我效能，但调查结果符合这一说法，即恐惧的鼓动效果取决于效能。第二项研究更清楚地证明了焦虑和自我效能之间的互动，或是政治学家所说的政治效能，即个人理解和有效参与政治的感觉。在重新审视马库斯和麦奎恩（1993）1980 年的 NES 样本数据后，研究者发现，焦虑的确能增加对竞选的兴趣，但是只针对那些在政治自我效能方面表现良好的人（Rudolph，Gangl & Stevens，2000）。同时，他们确信，激情对竞 62
选兴趣的积极影响并没有受到效能感觉的影响。

总之，大量的证据表明，激情和恐惧以情感心理学理论所推测的方式，影响政治评价和行为。激情根据个体的目标和倾向促进政治参与。相反，恐惧则质疑个体的现有决定，关注新的信息，并且重新思考和选择。它增加了变换政治阵营的可能性。从这个方面看，我们开始明白情感如何使公民过双重生活，即有时遵从政治习惯，而其他时候则在众多选择中进行政治判断。倾向、理性思考和情感反应以合理的方式结合，马库斯等人（2000）称这种结合为“情感理解力”。

在总结他们的书时，马库斯等人声称，人们必须改变对选举

---

① 这个由马库斯、纽曼和麦奎恩（2000：104－108）做出的说明，是以凯德和丹布罗西奥（see D'Ambrosio，2000）的调查为基础的。

② 纳多、涅米和阿马托（1995）同样认为，通过增强对对这个问题重要性的认知，焦虑的影响是间接的。尽管这个观点看似正确，但是只是个断言，没有在研究中得到证实。通过利用其他研究中的此类研究数据，对于这些因果论断，我们只能片面地相信。对这个问题重要性的认知和知识获取实际上有可能引发焦虑，而非反过来。

“因果动因”的看法，因为竞选传播影响着公民的“情感理解力”。但是，正如一些批评家所说（Isbell & Ottatii，2002；Joslyn，2001），到今天为止，几乎所有关于情感和政治的研究，包括情感理解力理论的学术著作，都依靠调查数据和相关说明。因此，情感可以是引起某种行为的原因，或者仅仅是这类行为的另一个结果。一般来说，我们无法证明选举传播可以引发这些情感并最终改变行为。为了验证竞选广告能触动选民的情感理解力，我们必须准确地查明，竞选广告是如何暗示激情和恐惧的。

情感暗示

本章最重要的目标是，解释清楚电视信息是如何运用画面和音乐来引发观众的情感，进而影响观众的政治行为的。为了解释清楚情感在政治传播中的影响，我们要考虑以下几点：（1）特定的音乐、声音、画面，或其他现象是如何从一组感官数据变成情感暗示的；（2）为什么我们会对大众媒介的暗示做出反应，无论这些暗示是象征性的，还是从成功或威胁的环境中抽象出来的；（3）为什么情感诉求是有效果的，即使人们不是很关注音乐、画面，甚至广告本身；（4）在政治环境中，尤其在政治广告中经常用到的情感暗示里，哪一类暗示可以引发激情和恐惧。

63 **分辨善、恶、丑**

情感是面对周围环境暗示时所做出的反应，每一条信息或感官数据都可以被称为情感暗示。当大脑中的情感系统评价某个事物和具体情况的关联性时，这些评价会有两个组成部分，它们在概念上有所差别。从某种意义上，监测系统会提出：

> 这和我的目标/计划相关吗？
> 如果相关，是通过何种方式相关的？

从情感维度来看，我们可以分别从效价和唤醒度两方面找到答案。在我看来，很多情感系统会同时提出这些问题（LeDoux，1996；Panksepp，1998）。对于第一个问题，如果没有一个系统的答案是“相关”，那就不会有情感产生。当激情系统判定某信息与正在进行的个人计划相关时，同时也会评价这个信息是否预示着成功或失败，随之产生热情或失望。当恐惧系统判定某信息和个人利益相关时，也会判断这是否暗示了情况的危险或安全。因此个人就会变得焦虑或放松。其他系统评价其他的相关性，如果受到刺激，也会引发其他情感。但是，情感系统是如何做出这些评价的呢？

情感评价依赖于外界刺激和环境之间的联系，并且人们知道并理解这种联系。大脑分辨感官数据，得到成功或失败的信号（激情系统）以及环境危险或安全的暗示（恐惧系统）。勒杜克斯（1996：127）认为，有些刺激是“天然的”，通过先天进化产生特定的反应，但是大多数的情感线索是“后天形成的”，只有通过个人经验才能引发特定的反应。同样地，达马西奥（Damasio，1994）认为，面对特定的刺激时，人们倾向于采取“基本情感”中的一个去应对。但是大多数的情感反应，*“一方面是由不同类型的事物和情境之间的系统性联系所引发的，另一方面是由初始情感所引发的”*（pp. 131－134，强调文字为原文所有）。[①] 我们的大脑用关联的方式记录这些联系。在我们的一生中，我们会根据新环境自动产生和更新这些联系（也就是说，不是刻意地或有意识地去做）。这些联系

---

① 达马西奥（1994）也描述了感情性联系引发偏好选择的方式。这些偏好引导正常的人类决策，使大脑迅速地整理，从而做出无意识的选择，或者进一步对某些选择进行审查。他形容这些感情性联系为“躯体标志”，因为它们是“通过连接特定的刺激与特定的身体状况而形成的”（p. 177）。达马西奥这样形容这些标志的本质：“当负性的躯体标志被列为一个特定的未来结果，那结合就成为了一个警钟。当正性的躯体标志被列为特定的未来结果时，它就变成了刺激的标志”。（p. 174）这种情感性的分类机制使我们凭着本能刺激选择一个方法，而不是其他方法，没有反复思考每个选择及其利弊、机会成本等。若没有情感，社会生活中的最简单的决定也将会深陷认知理性权衡的泥潭中。相反，情感加工系统筛选新的信息和潜在的选择，依赖于一个不断更新的数据库，在取得联系之前就追求有利的，克服有害的，并察觉危险。我们对暗示做出的情感反应能使我们迅速地推理，但不足之处在于，我们对痛苦或喜悦的预示反应太过简单和盲目。

使我们的大脑把新的感官信息转为引发情感反应的暗示。①

64 任何事物都有情感意义，并且对每个人来说，大量的事物最终确实如此（Damasio，2000；Zajonc，1998）。情感暗示可以是色彩、声音、气味、身体感觉、运动方式、人类或其他生物、物体、场所、标记或字词。大自然赋予每个人基本的情感机制，而经验则提供了很多细节。“你的经验与别人的不同，但这也仅是你自己的。尽管很大程度上，情境和情感的关系对个人来说并无不同，但独特的个人体验确定了每个人经历某个特殊情境和情感的过程。”（Damasio，1994：136－137）因此，对一个特定的刺激，会有很多不同反应，也会有很多相同之处。情感暗示很可能在整个社区内共享，也可能在某类人中共享，这类人在某种程度上，对一些刺激有着相同的体验（Ellsworth，1994b；Frijda，1994b；Lazarus，1994b；Scherer，1994b）。比如，国旗能使全世界的人产生强烈的情感。只要我们分辨出哪些人强烈地认同这面国旗代表的国家，而哪些人强烈地认为那是“敌对的”（也就是对抗的）国家，我们很容易地就能推测出哪些人会对某一面国旗产生自豪感而哪些人不喜欢这面国旗，或者还有一些人持中立态度。再比如，很多人见到一只小狗会做出很高兴的反应，而有些人则会有恶心的反应。最后，全世界的男性和女性都有一个本能的反应，那就是觉得婴儿的尖叫声令人不舒服，使人心烦，从而有一股要阻止婴儿哭泣的冲动。不论这是基于物种（如“所有”的祖先）、文化还是后来形成的分类（如爱狗者）。对特定刺激的不同情感反应来说，经验是至关重要的。

---

① 在所有的线索都被大家了解之前，探索性行为对建立联系来说，是非常必要的（比如，孩子们接触热火炉顶部或当他们接近火炉时会受到呵斥，这样孩子们就了解了）。那些不知道的或新出现的事物是一类模糊的现象。这些现象不仅会引发很可贵的好奇，因为好奇能促进理解，找到成功的可能途径；还会引发恐惧，因为这些现象所代表的潜在危险，有着不确定的结果。

自发性和想象力：“安全好过留有遗憾”

人们不仅对具体的刺激做出反应，而且对这些刺激的抽象或象征表现做出反应。商业广告和政治广告的制作者在广告中添加旗帜、小狗、哭泣的婴儿以及其他元素来刺激人们的情感，尽管他们并不是推销这些东西及相关的产品和服务。当然，本书的中心观点就是，这些抽象或具体的表示作为情感暗示能影响政治广告的受众，本书的最终目标是用实证调查验证这个观点。我想大多数读者已经相信，政治广告中的这类电视画面和音效能引发情感，因为这符合他们常待在客厅看电视或在影院看电影的经历。尽管到目前为止，实证研究仍然很少。但是在构建一个理论时，我的目标是详细 65
地解释为什么广告表现出的某种刺激会和真实情景一样引发情感。为什么我们面对画面中的鲨鱼时，会感到害怕；面对虚拟的错误时，会感到生气；面对捏造的成绩时，会感到激动；而面对虚构的死亡时，会感到伤心？

部分原因在于自发性（cf. Bargh & Chartrand，1999），也就是刺激被自动感知、情感被自动引发，这些都早于认知能力的启动。认知能力使我们能在特殊情境中分析和“再次评价”各种信息。回想一下，基础情感系统的目的就是产生迅速的、本能的反应，从而促使我们对环境的重要变化做出适应性反应（LeDoux，1996）。我们的大脑能产生一些联系，如鲨鱼＝威胁（或者大的暗灰色的鳍＝威胁）。所以当我们遇到一个潜在的掠夺者时，会以可能挽救性命的速度做出反应。谨慎的错误（比如，努力寻求安全，结果发现那是一只海豚身上的鳍）总好过以牺牲为代价来追求精准（Öhman，2000）。因此，人们不会将“真实鲨鱼”和“鲨鱼的生动照片”形成显著联系。如果是这样的话，为什么人们在客厅或电影院观看电影大白鲨时不会尖叫呢？尽管不排除有人会做出类似的反应，但如果在评价过程短时间内启动且替代情感反应，人们就不会有反应。正如之前所说的那样，某种情感可能会突然形成，但不会突然结束；相反，只有引发情感的刺激消失，生理变化才会慢慢地退去（Panksepp，1998）。即便那些人和朋友一起“以笑声来压抑”自己的害怕，心跳加快、肌肉紧张，这些焦虑的感觉也不会马上消失。[①]我们想象自己身临其境且认同角色的能力，会增强情感反应，将我们认知的焦点缩小到屏幕上的动作，而不是扩大视觉体验的情境范围（Gaut，1999）。

即使是我们头脑中的抽象表现也会引发情感。当我们想象、记忆或思考某些物体或情境时，我们的头脑中就会浮现这些场景。这样一来，认知过程能引发情感反应或让我们感觉自己似乎正在经历某种情感反应（Damasio，1994）。痛苦的情感记忆和关于这种“痛苦”的生动想象，会有很多不利影响，比如，当孩子甚至成人看了恐怖电影后，就不再接近大海或不愿待在黑暗中，因为他们害怕太靠近了会遭遇潜伏在那里的东西。不过我们还应该看到它积极的一面。即使情感经常自动产生，但是认知和情感之间的互动使我们有意识地思考各种感受的来源，总结不同类型的刺激，让情境变得有
66 意义，并可以同他人交流自己的经验（Damasio，1994；LeDoux，2000）。我们可以在头脑中一遍遍地播放情境，从而使我们的行为变得更灵活，更具备应对能力。

自发性和声像暗含的诉求

自发性保证了我们的大脑随时注意周边环境的变化，即使“我们”——我们的意识本身——并没有这样做。我们得到环境的暗示并做出情感反应，这要早于我们意识到暗示的存在，并且我们经常没有意识到自己正在回应它们。在为特殊场合做准备时，人们常利用音乐、花朵、装饰或衣服的特殊颜色、灯光的变化和

① 潘克沙普（1998）认为，情感的特点就是，很容易（至少在理论上是）找到“开始”（起点），却很难找到“结束”（终点）。有证据证明，一些正面情感的重要适应性功能，如娱乐情感，可以加快从负面情感（如担忧、愤怒或伤心）中“恢复”过来（Fredrikson & Branigan，2001）。

其他技巧来“营造气氛”。这些细节一般不是为了刻意吸引注意力，而是为了以细微的方式影响心情，从而强调活动气氛。的确，当这些不被注意的细节准备好以后，主人和活动设计者都会认为是巨大的成功。

电视的真正影响力部分在于它利用视觉和听觉暗示达到同样的效果。正如韦斯特（2001）所观察到的那样，大多数电视广告中的音乐和画面的功能也是营造气氛。尽管批评家和大众一时会被潜意识暗示（Sears & Kosterman，1994）的影响所迷住，并且潜意识不属于意识观点，但电视和电影的最有效的暗示是易察觉的。① 画面和音乐就是让我们看和听，但不引起我们注意。这样，它们就有机会实施影响，而不让我们知道它们正在“产生这样的影响”。不论我们是否注意到了这些暗示，声音和画面的结合增强了传播和唤醒特定情感的可能性（G. Smith，1999；J. Smith，1999）。

语言信息又是怎样产生影响的呢？单独的字或短语，无论是书面的还是口语化的，都蕴涵着某种象征和情感联系。喜欢的名字、种族诽谤，以及标志着历史事件的词语，如“大屠杀”或“9·11”，都是例子。但是，构成议论、描述和对话的长篇文字信息需要更复杂的认知加工。我们的大脑根据先前了解到的语言规则和相关的原文线索，对一系列的词语进行解码。只有在这样的情况下，我们才能理解这些词语的意思。一旦被理解，这些语言信息就能经常引起情感反应。这条通向情感反应的“主干路”反应过程很缓

① 事实上，能证明潜意识广告直接影响公民选择的证据很少（Sears & Kosterman 1994）。尽管存在很多错误观念，但关于2000年总统大选的《瞎扯》（RATS）广告的争论可以证明这一点（See Sid Perkins，“Dirty RATS: Campaign Ad May Have Swayed Voters Subliminally，” *Science News 163*，February 22，2003：117-117）。另外，大量的证据证明，潜意识视觉暗示可以作用于主要的感情回应，影响决策模式（Krosnick et al.，1992；Way & Masters，1996a，1996b；Zajonc，1998，2000）。如果广告制作者故意在RATS广告中使用潜意识情感暗示，那么他们使用老鼠的图片肯定比只用老鼠这个词能得到更好的效果（尽管这个选择没有给合理的推诿留余地）。

慢，不过按照正常的时间标准计算，这种反应其实是很快的（LeDoux & Phelps，2000）。就广告效果而言，语言信息引发的情感
67 无法超越我们的意识，并且在很大程度上受到政治认知中普遍存在的各种片面信息的影响（Iyengar & McGuire，1993；Sniderman，Tetlock & Brody，1991）。如果情感诉求的目的是影响观众对广告信息的接受程度，那么广告商不能指望用相同的信息去引发所预想的情感。情感诉求隐含在声音和背景画面中，观众在处理广告语言信息的时候或者在观众还没有意识到的时候，情感就已经产生了。[①]

政治顾问的暗示存储

第二章简单提到了政治广告中引发情感的几种暗示类型。现在，我们从心理机制的角度考察这些暗示。那些与成功或危险相联系的画面、声音和文字会分别引发激情或恐惧。因为政治竞选旨在影响广大受众，所以它们必须借助情感暗示使其与人们普遍熟悉的经历相呼应。就电视广告而言，依赖于那些共同的情感联系尤其重要，因为它们能影响更大层面的公众。

正如之前所说，竞选必须利用电视广告和其他的传播方式，当以特定群体为目标时，可利用更特殊的暗示（如操劳的母亲、退役军人或得克萨斯州人）。这种定位明确的政治信息算不上新鲜（West，2001），但是，广告的视觉和音乐“包装”应该反映这种定位，就像语言信息一样。一组特定的暗示可以引发一个群体的情感反应，而另一群体则可能没有反应；相同的暗示可能会引发不同群体的不同反应。比如，在洛杉矶，一群人喊着“没有公正就没有和

① 关于种族暗示在政治传播中的影响，近期的研究表明，含蓄的种族诉求比明显的种族诉求更有效，因为前者提供种族的陈腐见解或偏见，却没有引发关于现代种族平等标准的思考（Mendelberg，2001；Valentino，Hutchings & White，2002）。因此，尽管利用种族启动和情感诉求并不一定涉及相同的心理过程，但是两者都认为，在政治传播中“少做就是多做”。

平”，这样的画面和声音会让白人担心种族不和与城市骚乱，却会激起黑人的挫败与愤怒。

就大部分广告的目的而言，政治顾问可以借助广泛的暗示来引发激情或恐惧。对于激情，他们可以在广告中加入这样的背景：如画的景色、熟悉的天际、磅礴的日出、美丽的社区、宏伟的建筑、国家纪念碑和各色旗帜。而人物场景则是人们的微笑、孩子玩耍、家庭团聚、可爱的动物、能干并且感到满足的工人、新购置的汽车和房子、恩爱夫妻、制服男女、浪漫婚礼和欢乐巡演等。对于恐惧，政治顾问可以用阴暗荒凉的景色、污染的环境、破败的建筑、黑暗的街道小巷、暴风雨天气、监狱和战争。人物场景则包括邪恶 68
的表情、害怕的儿童、孤独、危险的动物、战乱的受害者、暴行和犯罪、失业者、恐怖主义分子或敌对国家、可能发生的袭击和死亡等。

心理学家已经用大量的证据证明，以上令人高兴或痛苦的画面能激发所期望的情感（Bradley et al.，2001；Bradley，Cuthbert & Lang，1996；Bradley & Lang，1999；Lang，Newhagen & Reeves，1996；Patrick & Lavoro，1997）。正如第二章所说，政治学家已经证明，领导人的情感表达会影响人们对电视新闻的反应（Sullivan & Masters，1988），可爱或可恶的动物照片能够影响人们如何应对利益集团的传单（Huddy & Gunnthorsdottir，2000）。颜色不同，所联系的感情也不同：像黑色或灰色等暗色系会引发消极情感；亮色系，尤其是蓝色、绿色和红色，会引发积极情感；而“中立”色系，如褐色和白色，会让人觉得平静和安定（Hemphill，1996；Valdez & Mehrabian，1994）。尽管有关声音对情感的影响研究不多，但有实验表明，令人心动或心烦的声音（如笑声、欢呼声、婴儿的哭声或者枪声）和图片一样有影响力（Bachorowski & Owren，2001；Bradley & Lang，2000）。最后，人们已经深刻认识到，音乐具有交流和唤醒情感的能力（Juslin & Sloboda，2001）。用小调演奏的不和谐音乐能增加焦虑，而用大调合成的美妙音乐能增加热情（Juslin，2000，2001；J. Smith，1999）。

政治顾问通常并不依赖一种画面或一种音乐。很多时候，他们的广告包含多元的暗示，为的是达到同样的情感效果。画面、音乐、声效和色彩不仅要符合广告信息，还要让视听信号契合一致。这就为情感诉求提供了空间，也使人更加确信，有着不同经历的观众会对同一情感做出反应。这些冗繁的暗示能够使政治顾问们“更有预见性地赢取走进”受众的情感（G. Smith，1999）。

竞选广告中的情感诉求

关于情感诉求对公民动机和选择的影响，我们在前面的研究提出一系列假设。可以利用以上提到的关于情感暗示的看法，预测政治广告中音乐和画面引发的激情或恐惧诉求的效果。就研究的目的而言，情感诉求可以定义为，以引发受众情感反应为目的的任何传
69 播。首先，我会重申关于情感诉求影响观众的一些普遍观点，然后列举一些假设，这些假设都是以情感理解力理论和本章中提到的情感观点为基础的。

情感诉求影响的传统解释

当我们试图厘清关于情感诉求影响的传统观点时，多少处于两难境地。一方面，很多研究者认为，政治广告的目的就是通过激发选民的情感来影响行为；另一方面，没有统一的理论对这些情感影响进行解释。大多数的社会科学结论都基于一个假设，即某种联系如果没有经过科学证实，就是不存在的。这是一个无意义的假设。既然这样，我们还是假设一下，不论情感诉求是否能够引发情感反应，都不应认为其对选举行为影响重大。因为情感本身就是附带现象，或至多有特殊效果。但是，普遍的观点认为，情感确实重要，以上的假设并不让人满意。

因此，我在普遍观点（第二章中所提到）的基础上提出了假

设，并且试图把假设建立在心理学理论或研究的基础上。[①] 首先，有人认为，正面或负面诉求通过为候选人“建立信誉”或“诋毁”竞争对手来发挥影响。情感转移假设表明，政治广告把那些由音乐和画面产生的正面或负面情感转移到候选人或竞争对手身上。观众将某个情境和具体事物联系起来，通过自身经验的影响，这些情景和事物就变为情感暗示，而观众也以同样的方式，把广告引发的正面或负面情感和候选人联系在一起。[②] 情感转移假设利用了传统的接近和逃离观点，强调效价是情感作用的关键维度。这个观点极大地影响了关于广告的传统观点。

其次，有人强调，情感诉求在吸引观众注意力并让其记住广告内容方面发挥了重要作用。换句话说，画面和音乐的主要目的是让广告有趣。这种“娱乐价值”假说认为，唤起情感的画面和音乐能够增强观众的情感经历共鸣，从而增加观众接受广告信息的可能。在此观点中，情感诉求之所以有影响力，不是因为它们引发了特定的情感，而是视听暗示让广告变得更有趣。这种说法强调了传统情

---

① 如考虑得再广泛些，我们会发现，在实践者和观察家的看法中，还有其他的假设。第一个假设，与其说是探求情感诉求如何发挥作用，不如说是讨论哪种诉求是最有效的。许多人认为，负面情感诉求比正面诉求更有效。恐惧第一性假说认为，与激情诉求相比，恐惧诉求更能成功地说服和动员选民。与这个观点相一致的是，学者认为，当个人形成自己的态度时，会以不平衡的方式吸收正面和负面信息（Cacioppo & Bernston，1994；Holbrook et al.，2001）。他们发现，人们一开始会对新事物产生积极印象（“积极偏移”），但随后不断改变意见时，则偏向负面信息（“消极偏见”）。卡西奥普等人（Cacioppo et al.，1997）认为，正面选举广告让选民自己做选择，因为“双方候选人都和趋近鼓励性力量紧密相关”，但是负面广告“与正面广告相比，更能影响选举评价和行为”（p. 21）。一项长期的研究强调了恐惧诉求在健康传播中的效果，这也证实了恐惧第一性假说。

另一个假说是关于情感诉求产生影响的方式的。一些人认为，情感诉求通过与观众的现有感受取得共鸣来发挥影响力。这种共鸣假说预测，恐惧诉求对内心有类似恐惧的人能产生影响，而激情诉求对一定程度上支持类似热情的人能产生影响。鲁斯曼、埃布尔森和尤因（1986）发现，人们对那些与其感受相一致的情感语言反应更强烈，尽管他们也发现了忧心忡忡的人面对希望诉求和恐惧诉求时，更易对前者做出反应。

② 尽管谈论双方候选人的广告以正面或负面情感为目标，但感情转移假说不能说明双方广告对比的影响。

感理论中的第二维度：唤醒度。我们也可以从心理学的角度理解此说，即特定的刺激之所以更能吸引注意力，是因为其内在的活力。唤醒度的研究也证实，在广告中，感性或充满活力的画面能让观众
70 变得更专注（Geiger & Reeves，1991；Lang，1991）。然而，研究出现了混合的结果，难以确信有关活力的说法（Fiske & Taylor，1991；Frey & Eagly，1993；Eyengar & Kinder，1987）。①

暗示激情、恐惧和情感理解力

特定类型的暗示能够引发恐惧和激情，我们可以基于这个观点准确地举出若干关于情感诉求的假说。最重要的是，我们视这些假说为情感理解力理论（Marcus，Neuman & MacKuen，2000）在政治传播领域的扩展应用。② 在广告中将音乐和画面与成功或理想相结合，这类广告应能够引发更高一级的激情。相反，在广告中加入使人联想到威胁的音乐和画面，就能够引发更高一级的恐惧。

第一类假说涉及人们参加选举的动机，不管他们是心理上投入和关切的旁观者，还是身体力行的政治活动参与者：

> **动机假说：** 激情诉求可以增加人们对选举的兴趣，增强人们参与相关政治活动的欲望。恐惧诉求既能增强参与活动的欲望，又能使人萌生退意。

在这一点上，我与情感理解力理论的支持者有所不同，如果不考虑这个理论本身，至少与他们证明的特点不同（Marcus，Neuman & MacKuen，2000）。我假设，激情诉求在鼓动参与方面

---

① 有一点值得注意，活力观点不可能与情感分离，因为学者在定义活力时暗示了情感（Nisbett & Ross，1980）。我们在理解情感方面的进步，很可能会增强我们的能力，进而解释受众对什么感兴趣。

② 这个假说和马库斯等人所提出的理论大体一致。但是，你不必赞同马库斯等人所提出的关于情感理解力的简洁模式，这个模式从激情和恐惧这两个情感系统（只是这两个系统）的互动中得出；相反，你可以相信还有其他的情感系统存在，或认为这两个系统以不同的方式结合，且仍可以在本章中就激情和恐惧诉求的效果进行预测。

有更强、更广的影响力，而恐惧诉求的影响力尽管有时很大，但却有局限性。恐惧诉求能促使人们采取行动以应对潜在危险，但预测实际行动则很困难。人们面对威胁时，可以选择远离威胁或采取行动消除威胁。正如之前所说，关于公共卫生竞选的研究表明，这些不同的反应取决于个体对自我应对能力的看法。类似的研究表明，恐惧诉求的影响会随着反应效能的降低而减弱，或受到以下观点的影响而减弱，即明智的行动可以应对威胁。在竞选广告中，这些都以鼓励选民支持或反对某候选人的形式表现出来（Kern，1989）。[①]所以，尽管恐惧诉求在鼓励政治参与方面的影响不太明确，但我们还是可以根据个体的不同来进行推论预测：

恐惧和能力推论：恐惧诉求最有可能激励那些精明能干的 71
公民的参与欲望。与之相对的是，恐惧诉求也最可能打消那些自认为能力不够的公民的参与欲望。

第二个假说是鼓励人们关注选举。不论广告是否能够影响更多的人去参与选举，起码这些广告能激发人们了解候选人和议题的欲望。在这个观点上，关于恐惧诉求最明确的假说是：

警惕假说：恐惧诉求能促使人们注意相关信息。

尽管投入更多的精力搜索信息并不一定就会促进理解、改变印象，但我们还是认为，努力收集信息和心理回应是正相关的关系。[②]毫无疑问，情感能影响学习和记忆，但是研究重点针对的是惨痛的

---

① 由于反应效能在选举广告中不存在争议，所以我就不再验证这个假说了。但是，近来议题支持广告兴起，这类广告禁止明确地鼓励投票（West，2001）。也许将来，与那些鼓励政治家表达不赞同（同某些议题广告一样）或什么都不鼓励的政治恐惧广告相比，会有更多的人要求验证那些鼓励投票（支持或反对某候选人）的政治恐惧广告的有效性。

② 知识或记忆的注意力和信息研究的影响，特别是经过反复验证后，很可能取决于个人是否参与了提高即时认知的活动，或以记忆为基础的认知的活动（Hastie & Park，1986）。

情感而非日常情感（LeDoux，1996）。[1]

第三个假说涉及偏好的形成、对候选人的评价和政治选择。激情和恐惧系统能促进不同模式的信息加工和判断。激情能增强当前活动的价值，而恐惧则标志着要重新考虑现有的选择：

> **信心假说：** 激情诉求能增强个体对其“日常决定”的信心，而恐惧诉求则增加了个体对此决定的不确定性。

更进一步说，这两种情感以不同的方式来做出决定：

> **判断假说：** 激情诉求应能巩固初始偏好，并使选民在政治选择中更坚持这样的偏好和倾向。恐惧诉求则正相反，会使选民减少对初始偏好和政治倾向的依赖，转而更依赖新信息和对现状的评估。

决策过程中的一个关键差别在于现有偏好和倾向的作用。我们认为，广告主要从两个方面影响观众的评价：广告中情感诉求的类
72 型，以及这种诉求和观众偏好之间的互动。支持者和反对者会有不同的反应。我们可以根据前面的假说，得出两个推论：

> **两极分化推论：** 通过激活预设立场，激情诉求可以分化选民——吸引原来拥护候选人的选民，继续和广告赞助者摇旗呐喊；将那些持反对态度的选民分化排斥到对手的阵营中。
>
> **说服推论：** 恐惧诉求能增加这种可能，即使个体改变想法以便和环境信息保持一致，这样也就增加了同样的可能，即个体容易被广告中的信息所说服。

最后一个假说是关于情感诉求影响的个体差异的。人们普遍认

---

[1] 但是，根据前一个假设，我们可以对了解（获取知识）形成期望。一方面，投入精力和渴望获得某一种特定信息很可能加深对目标的了解。另一方面，人们可以通过对政治感兴趣并参与其中，进而更了解政治（Fiorina，1990）。这些观察使我们能得出以下有关了解的推论：激情和恐惧诉求可以加深人们对广告中提及的候选人和议题的了解（也可以通过积极参与或关注间接获得了解）。

为，政治家可以利用情感诉求来影响那些教育程度低、兴趣索然、信息匮乏的选民。而精明的选民掌握知识、武装自己，能够看穿这些操控伎俩。甚至一些政治学家也认为，感情牌最能打动那些头脑简单的选民（Sniderman，Brody & Tetlock，1991；Sullivan & Masters，1988；cf. Rahn et al.，1990）。尽管这是关于政治思考的常识，但似乎与本章的情感心理理论不大一致。如果情感由“相关探测器”所引发，那么政治环境中的情感暗示就会对那些与政治联系最紧密的人产生最大的影响。我认为，是时候重新考虑关于这个问题的传统观点了：

> **相关性假说：**情感诉求更可能影响那些与政治关系更为紧密的人，比如那些对政治更感兴趣或更了解政治的人。

总之，激情（倾向）系统的激活能鼓励人们追求现有的政治目标，增加其对政治习惯的依赖，激发其参与选举的兴趣。恐惧（监测）系统的激活能使人们集中注意力，努力寻找相关信息，对现有的目标产生疑虑，强化思考当前的信息，增加被说服的可能。这些推测涉及选举对选民行为影响的一些核心方面：兴趣和参与、关注和了解、对候选人的评价和选择。

第四章　情感与竞选广告的动员力

73 竞选必须动员那些不是很感兴趣的人……在试图摒弃政治中的激情和刺激前，我们应当确保其最根本的血脉还在。美国的竞选活动，乃至美国的民主未来所面临的挑战就是如何把铜管乐队和兴奋带入一个电子竞选的时代。

——塞缪尔·波普金（Samuel Popkin）（学者，1992）

公众对政治的关注度变幻无常，关于这一点，有很好的记录（Delli Carpini & Keeter，1996；Ferejohn & Kuklinski，1990；Kinder，1998）。就公共事务而言，一般的美国公民不太参与，也不太了解。这种漠不关心或许是民主发展过程中的一种理性表现（Downs，1957）。沃尔特·李普曼（1992）甚至告诫我们，满怀激情地期待公民踊跃参与是一种错误的想法。然而这些观点并不能解释当下的美国大选，特别是各地竞选、提名竞争和中期选举中紧张激烈的基层民众参与（Dalton & Wattenberg，1993；Patterson，2002；Powell，1986；Rosenstone & Hansen，1993；Teixeira，1992）。尽管竞选活动时常掀起人们涨落无常的政治兴趣，但如果参选人想要激发人们更强烈的兴趣和公众参与，他们的任务是异常艰巨的。

对候选人来说，鼓励（或是不鼓励）民众参选最为重要（Aldrich，1993）。为了赢得选举，候选人需要选民。这些符合资格的选民必须找到投票箱，并选择投这个候选人一票。因此，选举活动的最主要目的是动员和说服（Arterton，1992）。这两者相辅相成，但也有所不同。例如，有些人每次选举都投票，但每次他们都有可能改变想法，投给别的党派候选人。还有一些人对某一党派绝
74 对忠诚，但仍需要说服他们在选举日那天参与投票。为了和大多数

的政治学研究一致，我将在本章和下一章对动员和说服分别进行探讨。

我们十分了解，个人性格和环境因素会促进政治参与。数十年的研究表明，诸多的长期和短期因素会使公民倾向于参与政治活动。一个人的政治活动水平很大程度上来自他所拥有的资源、能力和积极程度（Verba，Schlozman & Brady，1995），而这些又和社会环境息息相关。人们的政治参与程度同收入、教育（Wolfinger & Rosenstone，1980）、宗教（Leege & Kellstedt，1993）、种族（Dawson，1994）、性别和职业（Bruns，Schlozman & Verba，2001）以及对公民责任的社会化认知（Verba & Nie，1972）有关。[①]

基于之前的研究，我们可以较为准确地预测出选举日当天哪些人会出现，哪些人不会。然而我们对于候选人如何在选举之前的几个星期和几个月里鼓励（或是不鼓励）选民参加选举却知之甚少。候选人尝试各种办法激发潜在支持者的兴趣，鼓励他们在选举日那天投自己一票。在美国历史的早期阶段，动员选民参与对选举好坏和投票人数的高低有着至关重要的作用。相比之下，当今的动员任务就变得更加艰难了（Aldrich，1995；Rosenstone & Hansen，1993）。不断的改革降低了候选人动员民众的能力和诉求，尤其是动员那些不愿意参与的选民（Schudson，1998）。有些观察者认为，在敌对新闻主义和电视“竞选广告战”的年代里，公民变得更不愿意参与政治和投票（Patterson，2002；Putnam，2000）。而今天，鼓励民众在心理上参与政治已让候选人感到艰难，更不必说鼓励民众实际参与了（Doppelt & Shearer，1999；Eliasoph，1998）。

除此之外，有些竞选企图压制竞争对手的得票数。这并不是什

① 短期内一些机缘巧合的事件可能促使人们去投票，比如，下雨天搭朋友的顺风车，刚好这个朋友正打算去投票。这种情况下，投票的成本较低，而且会受到周围人的影响（Aldrich，1993）。

么新招数，在过去的十几年里，经常会有人投诉，一些竞选活动使用包括广告在内的手段促使选民不去投票。抛开其中严重的伦理和法律问题不谈，这种方法是否比传统的动员更能帮助候选者胜出呢？虽然这种方法在那些对政治漠不关心的人群中很有市场，但消极动员的方法不一定能保证所支持的候选人一帆风顺。一般的民众对两种方法都不感兴趣，其行动更多地取决于自己的习惯。如果通过大众传媒进行政治活动，政治宣传仍旧不能触及一部分民众，那么竞选活动或许应该专注于动员已经倾向于参与的那部分民众。有些学者将其称为“激活战略”（Schier，1999）。如果
75 说，在大规模的政党竞选和团队政治年代，公众的积极参与靠的是个人接触和诱导（Aldrich，1995），那么在当今由大众传播主导竞选的年代，候选人又靠什么来鼓励公众参与呢？靠电视广告——他们的主要工具——能达到这个目的吗？如果可以，这种感召能够触及哪些人呢？

早期的研究重点探讨政治广告的信息质量和说服力（Patterson & McClure，1976），近些年讨论的热点则是政治广告的语气如何影响投票人数。特别是关于负面的政治广告如何影响选民，学者们提出了各种理论和证据证明这类广告对选民有无作用以及作用的好坏（Ansolabehere et al.，1994；Ansolabehere & Iyengar，1995，Finkel & Ceer，1998；Goldstein & Freedman，2002a，Lau et al.，1999）。这种探讨尚无结论，进一步地了解这个问题需要明确何为“正面”或“负面”的政治广告，以及具体环境因素对不同风格的广告产生的影响。目前，对竞选广告动员力的研究仅仅针对广告的语气。本章并不针对负面广告进行讨论，但希望通过对情感作用的研究来进一步阐释并消除这个分歧。

在本章中，我将验证竞选广告是否能够通过激发观众的情感来鼓励公众参与选举。情感理解力理论认为这是可以做到的。我的假设是：运用与成功和“美好生活”相关的暗示，企图激发激情的政治广告，比引起恐惧的政治广告更能激发公众兴趣并促进参与。恐

惧有激发行动的潜力，但也被认为会使人举棋不定或退缩。之前的研究指出，对恐惧的回应因人而异。例如，最有可能积极应对恐惧的人往往对有威胁的领域有所了解，抱有信心。因此我假设，企图引发恐惧的政治广告，运用与危险和冲突等相关的内容，主要是为了促使那些了解政治的人参与。最后，情感诉求可能会有意想不到的结果。通过激发政治激情，人们对当选官员、政治体制更加信任，甚至会增强当选官员推动变革的信心，而引发恐惧则会使这样的信心减弱。

测试实验：激情和恐惧诉求的效果

学者们广泛运用大量方法来研究媒体效果（Iyengar & Simon 76
2000；Kinder，2003）。某一种方法是否有效取决于我们想要回答的问题。在这本书中，我的主要问题是政治家们能否通过竞选广告中的情感激发来影响公民的政治行为。实验是验证这种因果关系最好的方法（Kinder & Palfrey，1993；Lupia，2002）。研究者在实验中通过对环境进行严格控制，对实验对象随机进行测试，从而排除了潜在的干扰，以得出更为扎实的因果推断。

实验尤其适合政治传播中的情感研究（Glaser & Salovey，1998；Isbell & Ottati，2002）。一般认为的情感并非是一个人所具有的性格，而是他对外在刺激的一种临时回应，并由这种刺激决定回应的性质。鉴于情感是一种意识不到的短期回应，情感对态度的效果是“即时的”（就像发现信息即是在处理信息，see Lodge，McGraw & Stroh，1989）。一旦情感减弱，就很难辨识情感的作用。因此要尽可能在情感被激发时进行观察。

场景：让参与者进行真正的选择

我在一次州选举期间进行了一组实验。虽然设想出来的环境能让研究者较为自由地设置实验的参数（Lau & Redlawsk，1997；

Lupia & McCubbins, 1998)，但我想要为实验对象提供有意义的选择，从而忠实地再现公众做决定的过程（Ansolabehere & Iyengar, 1996）。在这种情况下，候选人先前的倾向与性格的相互作用会限制新信息的效果。当被问及是否会在即将到来的选举中投票以及投谁的票时，实验对象更有可能认真对待问题并给出真诚的回答。[1]

将实验和一个正在进行的真实选举结合，对情感研究颇为有益。我们曾提到，恐惧和激情是个体对外界刺激的回应，这种回应和环境有关，并且对自身有一定的意义。实验对象认为一个虚拟的候选人或许能够引起他们的担忧或令他们振奋，但他们却不一定能体会到这种感情。而即将到来的真实选举和在真实的候选人之中做出选择，更能确保政治广告具有激发真实情感的潜力。[2]

我在 1998 年民主党马萨诸塞州州长初选期间进行了实验。[3] 有很多候选人想要获得提名，但两位很有名的政客在竞选变得激烈之
77 前就退出了。国会议员约瑟夫·肯尼迪（Joseph Kennedy）在一系列个人和家庭丑闻曝光后于 1997 年退出了竞选。个性张扬的波士顿市前市长雷·弗林（Ray Flynn）于 1998 年春天改为参加竞争激

---

① 当面临真实选择时，实验对象似乎不乐意迁就研究者所想的（如他们不愿意承认实验预期的影响）。而当这种选择虚拟、抽象或遥远的时候，实验对象非常明显地意识到自己是在参与一次实验，于是他们在做出选择的时候不受真实情感的束缚。

② 然而，虚拟和臆想的条件也可以产生情感反应，想想我们看电影时的反应就知道了。但面对虚拟的候选人和竞选广告时，要想实验对象做出情感回应，那么实验应该设计得更有趣一些。

③ 手上的资源只允许我们聚焦两党中的一个。我选了民主党，因为马萨诸塞州的政党系统非常有特点，在册的民主党人士大大超过了共和党人士，数量多出三分之一。曾任马萨诸塞州州长的比尔·韦尔德（Bill Weld）鼓舞选民投票选择温和的共和党候选人，虽然这个人建立州共和党组织时没有花一分钱。1997 年韦尔德卸任后，接过州长位置的保罗·塞尔卢希（Paul Cellucci）温和但缺乏个人魅力，他随之参加了下一届选举。初选和大选中，他以微弱优势战胜了州财政部长——保守的约瑟夫·马龙（Joseph Malone）。所以共和党的初选为本研究提供了背景和数据。我们还需要更多的资源，并招募更多共和党人士。在预选中，民主党有近三分之一的选民人数优势。

烈的第八区国会选举。尽管如此，时任司法部部长的斯科特·哈什巴格（Scott Harshbarger）在上述候选人退选之前一直处于领先地位。肯尼迪和弗林的离开不一定会影响到初选的结果，但或许会减弱公众和媒体对选举的兴趣。这次选举主要是哈什巴格与该州前参议员帕特丽夏·麦戈文（Patricia McGovern）之间的较量。哈什巴格以决定性优势赢得了初选，据报道，选民参选率也超过了 26%。初选时的主要话题是税务、预算盈余和教育。到当年盛夏时，教育已经成为核心话题，这主要是因为该州有超过半数的教师没能通过该州新的能力测试。

毕竟这只是初选，后面的全国大选会更加激烈，该州的竞选活动缺少吸引眼球的东西。[①] 竞选人之间的口头交锋由于在政策上差异甚微而受到限制。政治广告的宣传也相当平静。共和党候选人在当年夏天通过一系列的负面竞选广告拿下了初选，第八区国会选举的 10 个候选人角逐，也充斥于波士顿的电波之中。民主党在初选期间，只有哈什巴格在暑期大量播放政治广告，广告主要针对他在当年秋天会遇到的对手。麦戈文只在竞选的最后几周内播放了两组不同的广告。之前许多选民对候选人没有太多看法，民调显示竞选期间也没有什么变化。

鉴于此，1998 年的州初选为观察竞选活动效果提供了良好的环境。如果候选人能够影响选民的话，那么他们发挥影响的情况应该是，当时的选举没有人在任，没有不可战胜的领先者，也没有强烈的使命感。然而当时该州经济繁荣、犯罪率下降，而且候选人没有种族偏见，这使得激发强烈情感的条件不够成熟。因此，与大力运用党派纷争和种族仇恨等情感的广告宣传相比，这次选举对竞选广告激发激情、恐惧和其他情感的能力提供了相当有挑战性的测试

① 《波士顿环球报》在 9 月 27 日回顾了初选结果，并称这次选战“沉闷至极”。共和党在州长预选中战绩逊色，现任州长舒舒服服地赢了选举。而参与民主党候选人预选的选民有 5%未在州长预选中投票，这可是级别最高的投票。

案例。①

样本：招募真正的选民

为了给参与者提供有意义的选择，我决定不依靠大学生，而是
78 寻求更为丰富的选民样本。我设置的准入要求同马萨诸塞州对选民的要求相同：实验对象应当是居住在该州、年满 18 岁的美国公民。但是参与者可以在朋友、配偶或是孩子的陪伴下参加实验。

在几位助理的帮助下，我在 7 月初到 9 月 15 日这段时间进行了实验，这是当年州初选的最后 10 个星期。我们在马萨诸塞州东部的 11 个社区开设了 13 个研究点（参见附录 A）。研究点一周七天全天开放，我们通过各种方法招募实验对象。有些人从社区报纸读到我们的通知或是从地方广播电台听到了消息，另外一些人在邻近研究点的公共场所或是在当地商铺的玻璃窗上看到我们张贴的告示。在午餐和下班等繁忙时段，我们向路人分发传单。有不少参与者预约了时间，但绝大多数人还是直接参与进来的。这些传单、告示和通知邀请人们参加一项名为“新闻和公共舆论”的研究，但没有提到竞选广告。

整个夏天我们共招募了 286 名合格的实验对象。② 尽管这些实验对象并不是随机的样本，但他们和选区的选民在很多方面都非常相似并且具有广泛的人口代表性。为了满足多样性，我在很

---

① 我们可能会问情感如何产生潜在的说服力。如果我们控制环境因素，从而鼓励实验对象专心观看广告，那么这种情况下产生的说服力比普通环境下要强。然而由于我们起初试图掩盖实验的真实目的，许多实验对象是和亲友一起观看广告的，而且观看的时候不受任何监控，所以注意力难免有些分散。此外，广告是在播放其他内容中插入的，所以实际观看广告的时间很少，接触到的广告信息也很少。鉴于实验时间较短（平均每人 40 分钟左右），所以实验对象很可能前后给出一样的答案，这样显得他们不易受影响。这种倾向限制了我们研究态度的改变，也使得验证情感说服力的证据比较保守。尽管有上述差异和倾向，但各组实验之间的差别不受影响。

② 参与实验的人数共有 307 位，尽管我们进行了严格的筛选，仍有 21 位实验对象的数据是无效的。一些人不够实验资格，还有一些人因为不专心或者英语水平较差而无法完成问卷。

多不同的地方开设了研究点，其中包括像韦尔兹利这样的市郊高档住宅区。当地 74%的居民持有大学文凭，平均家庭收入为 79 100 美元；也有像洛厄尔这样以劳工阶级为主的地区，只有 35%的居民受过大学教育，平均收入为 29 400 美元。实验对象来自 55 个城镇和城市，他们同典型的马萨诸塞州居民相比，收入略低一些，但受教育程度更高一些。①

样本在性别、人种构成和成人年龄中位数上同马萨诸塞州的人口十分接近（参见附录 A)。从另一个层面看，样本在该州人口中具有广泛的代表性。尽管他们当中很多人外出工作，但近三分之一的参与者已经退休、失业在家、身有残疾、在校读书或是操持家务。工作的人当中，从事行业情况为：行政工作占 13%，销售和服务占 12%，教育占 6%，商业占 6%，法律和义工工作占 7%，剩下的为各种技术或非技术性工作。有四分之一的实验对象有未满 18 岁的子女。实验对象以本地人为主，绝大多数人在该州居住 25 年，另有 20%的人在这里居住不超过 5 年。

最后，样本也反映出马萨诸塞州广为人知的一边倒式的政治构成。按照 NES 标准的政党认同方法测算，样本中有 46%的人为民主党党员，有 9%的人为共和党党员，有 45%的人为独立或第三党人员。我们可以将这个比例同注册选民的党派登记进行比较：有 38%的登记者为民主党党员，13%为共和党党员，另外的 49%没有政党登记。尽管党派登记并非和实验对象自称的党派认同完全一样，但其相似性说明样本和实际人口在 79

① 实验样本中参与者平均收入为 33 500 美元，但实际上马萨诸塞州居民平均收入有 38 500 美元；有 56%的参与者持有大学文凭，而实际上 35%的马萨诸塞州成年人持有大学文凭。由此可见实验中的参与者受教育程度要比实际居民的好很多。基本人口数据均来自 1990 年美国人口普查以及后续的人口调查或马萨诸塞州数据中心。实验对象平均家庭收入在 20 000 至 39 999 美元之间。运用插值公式，在回应对象中占三分之二。

党派分布上相差不远。①

过程：在观看新闻时意外接触政治广告

参与实验包括三个阶段。当一位实验对象到达作为本研究地点的公共图书馆、会议厅、教堂或其他地方时，我的助理或我本人会欢迎他，并确认他满足招募的要求。实验对象签署一份同意书，我们向其保证其所有答案都会保密。之后将实验对象带到一个房间，在桌子前坐下，为他准备一份问卷。实验对象在问卷的第一页能够看到，“媒体、政治和公众研究”的目的是了解不同人收看电视新闻的信息收获。在填写这份“前测试”问卷时，实验对象会回答关于其背景、新闻阅读和获取方式、政治常识、议题立场和倾向、对政客的态度、党派认同和经济看法方面的问题。但只有很少一部分问题询问关于这次选举的事情。②

实验对象示意完成问卷后，我们将其带入另外一个房间，邀请他在电视机旁的椅子或是沙发上就座。我们随机选择一盘磁带放入录像机③，并告诉实验对象录像里是当年夏天早些时候的当地新闻节目，工作人员会在录像结束 12 至 15 分钟后回来。之后我们按下播放键就离开了。实验对象一个人或者在有他人陪伴的情况下观看录像。④ 实验对象会听到关于州警察退休年龄的争论、性侵犯者被

① 政党登记率数据来自 1998 年选民注册数据。虽然实验聚焦于民主党候选人预选，但我们并没有排除共和党人士。按照党派来划分会影响我们手头可用的资源。由于马萨诸塞州党派成分很特殊，所以取足够的民主党人士和部分独立派人士不会影响结果。此外，共和党人士的回应也有用，因为他们对反对党的预选结果很感兴趣，甚至会参与交叉投票。由于广告和共和党没多大关系，这就使得实验结果有点保守，但影响不大。

② 这样做是为了减少实验对象对广告刺激的敏感程度。实验前的问卷，询问实验对象在下一次选举中投票的意愿，会投票给哪位候选人。

③ 在实验之前，我们对将要播放给实验对象的视频进行随机编号，第一位走进来的实验对象看第一个视频，第二位看第二个，以此类推。每天播放的视频就按照随机编号后的视频列表进行。

④ 我删去了这个视频中的天气预报和体育新闻，以让实验对象将注意力集中在硬新闻上。由于不具时效性，我还删去了一则关于路易斯·伍德华德案（the case of Louise Woodward）的新闻（这是一起根据马萨诸塞州法律审判的刑事案件，此案的被告在波士顿受雇照看孩子，后被指控谋杀了一个由她看护的小孩）。留下的视频片段加起来大约有 12 分钟。

释放以及现任州长对性侵犯者被释放的回应、一位扬言要在毕业典礼上引爆自制炸弹的高中生的被捕、演员伍迪·哈勒尔森（Woody Harrelson）因拳打狗仔队摄影师而吃官司。在插播广告时段，实验对象会看到波士顿市场、麦斯威尔咖啡和丰田汽车的广告。在绝大多数情况下，实验对象也会看到支持斯科特·哈什巴特或帕特丽夏·麦戈文的政治广告夹在咖啡和汽车广告之间。之后还会看到波士顿禁止饭馆吸烟的新闻报道、美国海军决定放弃“宪法”号巡洋 80
舰出航的计划，以及在后续节目中会详细报道的小学奖学金项目的预报。

看完录像后，我们把实验对象带回第一个房间，请他填写另外一张问卷。这份“后测试”问卷首先让实验对象用自己的话回忆他所看到的新闻故事，指出他想要进一步了解的议题并思考当下和未来国家的走向。实验对象之后回答他对各种电视新闻的兴趣、这些节目的知名度和对一系列公众人物的看法，还有对各种机构的信任、政治观点、参加选举的计划以及对参选人的评估等。这一切都完成后，我对他的参与表示感谢，付给他现金，告诉他这项研究的真实目的，然后引导他离开。[①] 实验对象一般用 40 到 60 分钟参与这项研究。[②]

我尽可能地让实验过程反映民众平常在生活中接触政治广告的方式。和其他广告一样，政治广告是人们打开电视收看新闻、体育赛事或是其他节目时的附带品。通过让实验对象将注意力集中在新闻上，我们对广告只字不提，从而模拟出接触政治广告的偶然性。这样的实验设计增加了真实感，不仅防止了实验对象对广告的不自然关注，还防止了广告中的信息同一系列相关和不相关的信息一同传递出来。此外，实验对象看到了支持或是攻击那

---

① 起初我给每位实验对象 10 美元补偿，后来为了招募更多的人，我将报酬提高至 15～20 美元。

② 实验个体差异主要来自每位实验对象回答问卷所花费的时间。一位细心的老年人创下了纪录，她用了两个半小时回答问卷。

些正在竞选州内公职的真实竞选人的政治广告。作为合格选民，他们在实验中回答的问题都涉及在未来几个星期甚至是几天后所面临的真实选择。

最后，实验对象尽管不在自己家里，但却是在舒适的房间里，在没有研究员监视的情况下收看电视的。在录像播放的过程中，他们可以看书、写东西、谈话甚至睡觉。抛开好坏不说，他们是自由自在的，朋友、家人还有同事坐在一起收看电视并在新闻和广告期间交谈。[①] 家长在看电视时还要照顾玩玩具、画画或是在屋里跑来跑去的孩子。至少有一名老先生在录像播放过程中打盹儿。这也说明那些实验对象没有去刻意地集中注意力。在搜集数据的漫长夏天中，一天下午，在洛厄尔，一名老年女士和一位 30 岁左右的失业女士分别到达，但被安排在一起看电视。之后那位年轻一点的女士匆忙完成了第二份问卷，拿着钱走了。过了一会儿，那位老年女士表情凝重地走到研究员身旁。她已经答到问卷最后一页，发现许多
81 有关电视广告的问题。她轻声说："我不知道你们要我做什么，但是另外那个女人看电视时把广告给快进跳过了。"这使我们无意间在实验中发现了类似于中途去趟洗手间或是厨房的情况。

刺激：通过竞选广告中的画面和音乐暗示来操控情感

为了测试特定情感诉求的影响，我专门为这项研究制作了一些竞选广告，并选择性地播放给实验对象看。每一位实验对象只能看其中一则广告，或者一则都不看，因而实验情况的差异就在于新闻节目中插播广告的不同。在设计这些广告（或称作实验刺激）时，我的目的是控制这些广告激发选民某种情感的程度（如恐惧或者激情）。如何做到这点呢？之前的研究发现无法证明"激情的"（相对于"理性的"）政治言论之所以产生影响是否因为使用了富于情感

① 每个实验房间都有窗户，我和助理可以不时地透过窗户检查实验对象观看视频的情况。

的语言以及更高质量的言论（Bauer & Cox，1963；Hartmann，1936；Roseman，Abelson & Ewing，1986）。因此，在这项研究中，我寻求对广告中的情感因素进行控制，不改变广告中的信息内容或言语观点。为了做到这点，我将同样的独白内容与两套不同的音视频搭配，其中一套可能激发我要研究的情感，另外一套则不具备激发情感的能力。通过比较只在非语言特征上有差别的广告，我们能够避免前人研究上的不足。尽管语言信息也具备激发情感的能力，但如果我们把独白作为基准，就会低估情感的总体影响。[①] 这种方法还有另外一个好处：它反映了现实中政治顾问用音乐和画面来加强政治广告的情感影响（参见第二章）。

尽管实验同时进行，但我们应当把它们视为两个不同的但有关联的测试，从而在得出结论时能够有清晰的相关比照。第一个实验测试的是激发激情所产生的影响，第二个实验测试的是激发恐惧所产生的影响。为使广告的信息和音视频相搭配，每个实验都配有不同的基准独白。激发激情的信号只有和正面信息的独白搭配才合理，同样，激发恐惧的信号要同负面的信息搭配到一起。[②] 因此，两个实验中的广告在信息的实质内容和语气上得以区分。而在每
个实验中，重要的是控制画面和音乐所激发的情感。激发激情的 82

① 该研究通过观察竞选广告中非语言信息操控情感的能力，并与广告脚本保持一致，旨在检验情感诉求的影响。这种方法的缺点在于，它假设观众只对画面的音乐产生回应，而忽略了信息本身。当然，对信息产生情感回应非常有可能。消极信息会带来焦虑，积极信息会引发激情。但是，我们无法将观众对信息的认知回应和情感回应区分开来。广告的脚本信息也会产生情感诉求，如果我们把脚本也加入到实验中，那么原本的实验设计就大大低估了广告中的情感诉求。我们是要研究广告中暗示的恐惧和激情怎样影响人们处理政治信息，最好的方法就是在保证广告信息和脚本一致的基础上，看看人们怎么回应广告中不同的情感暗示。

② 例如，如果一则广告采用威胁性的画面和刺耳的音乐，那么它很难给观众传递这样的信息，即一切都在顺利进行中。研究者为了提供更完整和有逻辑的实验数据，也会将这样的广告作为实验样本。尽管我们这样做了，但是从实验结果得出推论是很难的。如果广告没能对实验对象产生影响，那我们是否可以推断这是广告的叙述风格和画面共同作用的结果，或者我们仅仅将没受到影响的实验对象当做个案来对待？

实验所比较的两个广告中，叙述者称教育上的进展和安全的环境有益于儿童。其中一则广告包含充满希望的画面和音乐，以加强其激发激情的可能。另外一则广告的画面不那么具有渲染性，很难提升信息本身的情感影响。激发恐惧的实验所比较的两个广告中，叙述者称犯罪案件和失败的学校教育使儿童受到威胁。其中一则广告包含威胁性的画面和音乐，以放大激发恐惧情感的能力。而另外一则广告的画面不那么具有感召力，不太能加强信息的情感力量。

尽管实验各不相同，但我们希望比较恐惧和激情信号如何改变相应文本的有效性。为了使这种比较更可信，在设计上我让两组实验中的广告在其他方面尽可能相似。这些广告的叙述结构相同。叙述者首先对当前的情况进行积极或消极的介绍，之后将广告所支持的候选人的优势同其对手的弱点进行对比。因此，这项研究中的所有广告有各种“比较点”，其中既有攻击，也有自我推崇。尽管文本都提到了犯罪、毒品和儿童，但对犯罪或教育的强调程度有所不同。出于公正和平衡的考虑，两位竞选者分别被描述为其中一半广告的赞助者。相同文本的广告将哈什巴格和麦戈文展示为赞助者或是竞争对手。这使我们能够更彻底地研究广告影响和初始偏向之间的关系。当对一种情感信号进行操控时，无论候选人是谁或强调什么样的议题，都使用同样的音乐和画面。

我用非常先进的数字编辑实验室来制作广告[①]，因而其制作水

① 设计视频时，我得到了助手维克多·门迪奥拉（Victor Mendiola）的无私帮助。我们运用数码编辑设备制作了实验中的新闻和竞选广告，并将广告插在新闻节目之间。所有这些编辑工作都是在哈佛大学完成的，用的是苹果多媒体电脑和 Adobe 动画制作软件 5.0 版本。制作广告时，视频、音频和叙述都是单独进行的。多亏了多媒体软件，我们可以将广告插入新闻节目中。而且广告中的很多画面也是从电视节目中截取出来的，我还从大卫·威利斯（David Willis）那里得到一些其他画面，他那时正在加州大学洛杉矶分校进行媒介实验。

准可与地方和全国竞选时播放的广告相媲美。① 获奖记者马文·卡尔布（Marvin Kalb）为这些广告配了音。② 图 4—1 展示了激发激情的广告中的画面及相应的解说字幕。③ 在情感影响较弱的广告中，我们会看到一系列画面的淡出和渐入。这些画面包括从上空俯瞰一座新英格兰小镇、一所砖墙学校的空旷操场、儿童踢足球、马萨诸塞州议会大厦、一辆正在行驶的校车、一座砖砌的公共建筑，最后镜头再回到州议会大厦。广告中的人很少，他们的面部表情也比较模糊。色彩很单调，像是阴天的感觉。整个广告没有音乐，只有解说者的声音。

如果观看更具感召力的、激发激情的那则广告，我们一样会听到完全相同的解说，但是该广告中的解说是用音乐以及截然不同的 84

① 最终，这些新闻和竞选广告的成品看起来非常专业和真实。广告或许比不上麦迪逊大街（美国广告业）的水平，但和 1998 年马萨诸塞州的选举广告倒是有一拼。我们用了专业的叙述和编辑，使广告和一般的州竞选广告保持一致的水准。值得一提的是，实验最后我们问了参与者对广告的看法，只有两位参与者（不到 1%）认为这些广告不是真的。一位哈佛大学行政人员认为她看到的广告有点做作，还有一位男性律师认为他看到的广告并不真实。

② 为了使广告看起来可信，感情色彩强烈的文字、图片和音乐并没有加进去。我有幸请到马文·卡尔布作为解说员，他的声音和播音员差不多。马文·卡尔布为 CBS 和 NBC 新闻做了 30 年的首席外交事务记者。他也主持过新闻分析节目《面对媒体》（Meet the Press）。在做本研究时，他是哈佛大学肯尼迪政府学院琼·肖伦斯特媒介、政治与公共政策中心的主任，拥有该中心的爱德华·R·默罗（Edward R. Murrow）教授头衔。（默罗是美国在二战时派驻欧洲的最著名的战地记者。——译者注）

③ 图 4—1 和图 4—2 展示了强调“犯罪”的广告脚本，积极的脚本信息这样强调教育：“我们的社区又有好消息了，年轻人们将有一个美好的未来，因为社区将投资更多学校，校园不再拥挤，毒品和枪支也将销声匿迹。马萨诸塞州的孩子成绩越来越好，他们比以前更优秀。斯科特·哈什巴格或帕特丽夏·麦戈文致力于让校园变得更安全，他雇用更多的老师。在教育问题上，帕特丽夏·麦戈文或斯科特·哈什巴格什么都没做。斯科特·哈什巴格或帕特丽夏·麦戈文获得了很多教育家的赞扬。我们的孩子们需要他这样的州长。”相比之下，消极的脚本信息是这样说的：“危险就在我们的社区，就在我们的孩子周围，校园拥挤不堪，毒品和枪支泛滥，孩子们的成绩越来越差，他们已经落后了。斯科特·哈什巴格或帕特丽夏·麦戈文计划雇用上百名新教师来保证学校的安全，而帕特丽夏·麦戈文或斯科特·哈什巴格却完全没有任何计划改善这种状况。教育家们也对他提出了批评。我们的孩子不需要这样的州长，请给斯科特·哈什巴格或帕特丽夏·麦戈文投票。”

画面结合起来的（见图 4—1 右侧）。广告从游乐场的孩子们开始，

83

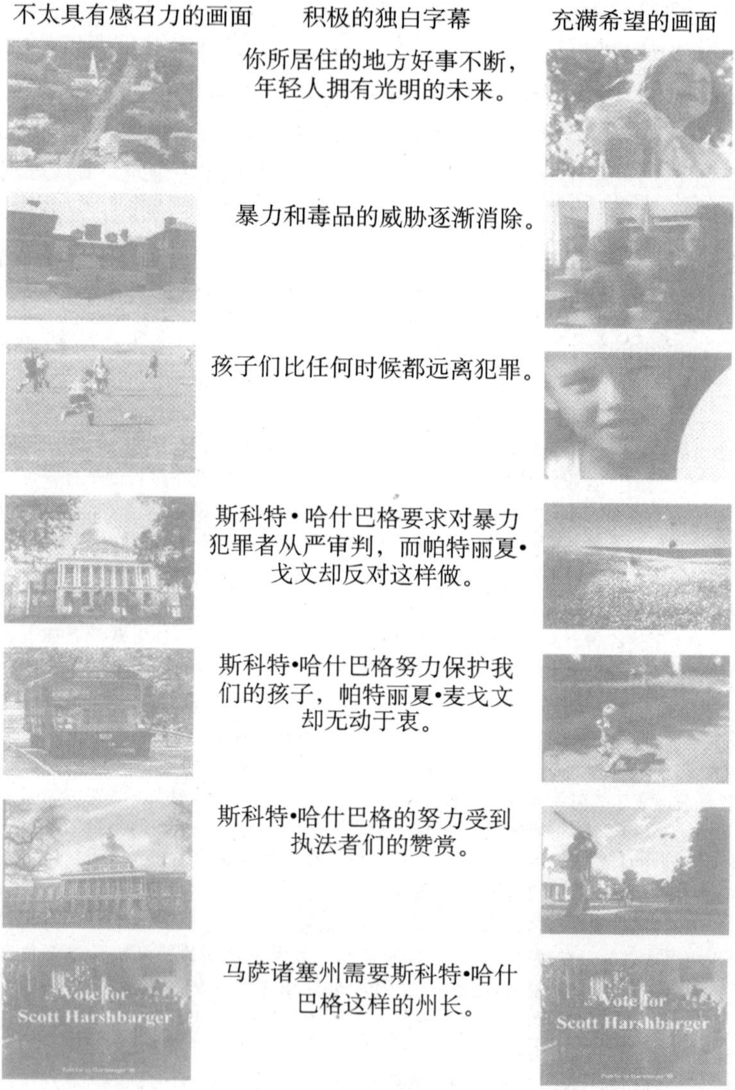

图 4—1　激发激情的实验中竞选广告的字幕和画面

注：最后一排左右两幅图片的文字都是“请投斯科特・哈什巴格一票”。——译者注

他们玩滑梯、荡秋千、四处攀爬，镜头给了很多笑脸的特写。之后我们会看到孩子们从一所学校中跑出来，学校门口写着“无毒品校园”，还有另外一群孩子在教室中向国旗宣誓。在最后一段中，一个微笑着的小女孩在阳光明媚的绿草地上放飞三只色彩鲜艳的气球，这些气球飘过整洁的社区，那里的孩子们在院子里打棒球。这些情景颜色光鲜，通过调整镜头，画面看起来柔和温暖。我们会听到波士顿波普乐队表演的、深情款款的交响乐《新英格兰赞歌》。

图 4—2 显示的是激发恐惧实验中我们所看到和听到的一个样本。其中不具备感召力的版本所用的画面跟上一个实验中的相同。在更具感召力的广告中，一开始警察拔出枪，在警笛鸣叫声中押着戴手铐的罪犯。屏幕迅速切换，我们会看到桌子上有毒品，牢房的门被狠狠地关上，医护人员将一副担架抬入急救车。之后，我们会看到一位妇女打开她的房门，被隐藏着的入侵者从后面拽进屋子里。随后，有孩子在学校附近出售毒品，一个男孩意外地出现在空荡的校园里。镜头聚焦于一个点燃的烟斗，然后放大至整个荒凉的街道。最后我们看到转轮手枪发射字弹的特写，警车在城区街道中加速行驶，在独白即将结束时有石子在掉落。这些以黑白为主的影像模糊朦胧。从广告一开始，高音、刺耳的配乐就贯穿整个独白。[①]

实验操控检查：广告是否暗示出了想要的情感？

这些实验广告中的音乐和画面同政治顾问们经常使用的十分相似。第六章中一则最近的竞选广告将证实：同样的手法运用在真正的广告中，观者会认为其作用就是激发激情或者恐惧。实际上，我是从商品广告和其他选举广告中搜集到这些画面的。例如，许多儿童和毒品的镜头来自鲍勃·多尔 1996 年总统选举的广告。课堂的镜头来自老布什 1992 年第二次参选的广告。我从彼得·威尔森

① 如果这也可以叫做“音乐”的话，它是不和谐的交响乐，名为“科普特之光”(*Coptic Light*)，由莫顿·费尔德曼 (Morton Feldman) 作曲，柏林交响乐团演奏。

85

不太具有感召力的画面　　消极的独白字幕　　令人恐惧的画面

这些正发生在你居住的地方，
年轻的一代面临着威胁。

暴力和毒品会毁掉他们的前途。

越来越多的孩子成为犯罪的
受害者。

斯科特•哈什巴格支持从严惩
治暴力犯罪者，而帕特丽夏•麦
戈文却反对这样做。

斯科特•哈什巴格知道如何保
护我们的孩子，而帕特丽夏•麦
戈文却手足无措。

麦戈文的表现遭到执法者的
批评。

马萨诸塞州不能交给帕特丽
夏•麦戈文这样的人管理，请
投斯科特•哈什巴格一票。

图 4—2　激发恐惧的实验中竞选广告的字幕和画面

注：最后一排左右两幅图片的文字都是“请投斯科特・哈什巴格一票”。——译者注

(Peter Wilson) 参加加利福尼亚州长竞选的广告中截取了一些犯罪的镜头，又从该州的一个地方选举的广告中截取了欢乐的游乐场的画面。

但这些广告是否引发了相应的情感呢？我的研究并未在（研究对象）观看时对情感回应进行测量，因为这样做会丧失我努力追求 86
的真实，还会掩饰研究目的。[①] 但是，为了确保能够有效检查对情感的操控，我们在研究中运用了回忆提示的方法：在完成“后测试”后，我们会问实验对象是否看到了一则广告。如果看到了，这则广告让他们感到紧张、激动和希望的程度是怎样的。这些问题无法准确地衡量情感回应（例如，由广告产生的，并导致态度和行为改变的实际情感），因为提出这些问题的时候实验对象已经回答了一些有关态度和行为的问题，而我们又假定这些回答未受到情感的影响。但是，这些回忆提示的问题能够告诉我们实验对象是否体会到这些广告在情感上的突出性。[②]

图 4—3 显示每种情感在不同的广告中的中间值。只观察激发恐惧的实验能够发现，威胁性的音乐和画面加强了对消极信息的恐惧和紧张回应（$t=1.91$，$p<0.030$）。而只观察激发激情的实验能够发现，欢乐的画面和音乐增强了对积极信息的兴奋和满怀希望的情感回应（$t=1.34$，$p<0.093$）。将两组实验的回应相互比较，激发恐惧的广告唤起了最高程度的紧张（$F=4.82$，$p<0.003$），而激发激情的广告唤起了最高程度的希望（$F=5.61$，$p<0.001$）和激动（$F=2.69$，$p<0.048$）。再将每则广告直接比较，激发恐惧和激

① 在实验中，我们让实验对象自我陈述其情感或感觉来记录变化。这样做存在两个问题：一是情感发生改变有时是无意识的，这样自我陈述就不准确（Damasio，2000）；二是去注意某种情感状态就会使得接下来的评估产生改变（Schwarz & Clore，1983）。生理学的方法（如皮肤反应测试、测量心律、观察面部表情等）可以捕捉到那些无意识的情感反应（Larsen & Frederickson，1999），但却显得不真实。两种方法都限制了预期的效果。

② 关于情感问题的回应，我只得到部分实验对象的回答，286 位实验对象中只有 186 位的回答通过了实验操控检查，成为最终样本。

情的广告在唤起紧张（$t=3.62$，$p<0.001$）、希望（$t=3.32$，$p<0.001$）和激动（$t=2.71$，$p<0.004$）等情感时水平各不相同。简而言之，这些广告似乎唤起了相应的情感，增加了我们对实验自身效度的信心（例如，这些广告的差别同我们想通过实验比较获得的推论是一致的）。

87

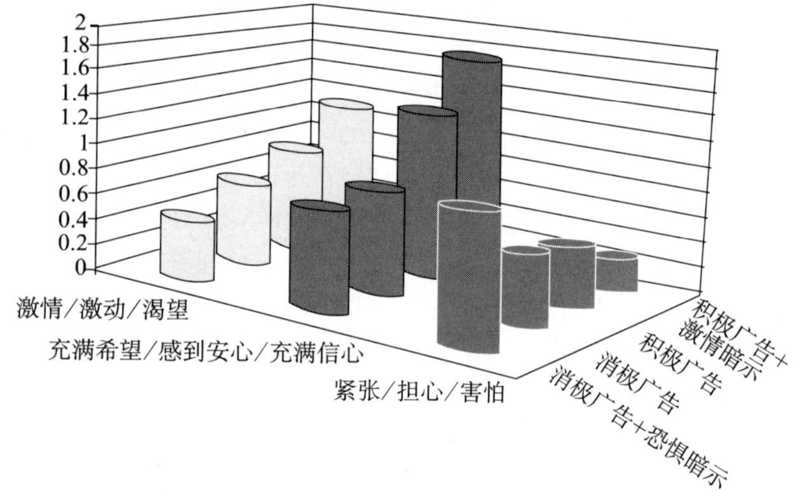

图 4—3　实验对象自述的对竞选广告的情感反应

注：各数值为 5 分制（从 0 分到 4 分）的平均回应值。在完成对该项研究的参与后，实验对象在引导下，说出其情感上的反应。该图标中所示的个数值是基于那些正确回忆起所看的竞选广告，并努力回想他们对广告的反应的实验对象。$N=185$。

情感诉求如何影响参与欲望

本部分会考察广告中的情感诉求在如下两方面的效果。首先，它们在多大程度上能够让人们在心理上关注选举；其次，它们如何影响人们对选举的参与。我们知道美国人想让自己看上去是“良好公民”，这种渴望让他们在谈及自己参与政治时都夸大其词。然而我们研究的目的并非是顾及参与的实际水平，而是跟踪短时间内在参与动机上的改变。高估自身政治参与的社会渴望所带来的影响在各类实验中应当是不变的。此外，我们还可以充分发挥实验前的手段，将一个人一开始的参与倾向当作一个基准，从而更准确地观察个人层面上的改变。

第一步：直接的实验比较 88

让我们首先比较一下不同实验小组在积极程度上的差异。我从竞选兴趣开始说起。参与者平均而言，都是在“一般”和“非常”有兴趣之间关注当年的竞选的（在 7 分制的测量中分值为 3.4）。图 4—4 显示的是针对不同广告的兴趣平均水平。和我所预测的一样，相比那些观看了积极但缺乏感召力的广告的人而言，观看了引发激情广告的人称对竞选更有兴趣（$t=2.45$，$p<0.008$）。[①] 把振奋人心的音乐和光鲜的画面结合在一起的广告似乎比那些仅有积极信息的广告更能有效地将观众带入竞选中去。相反，激发恐惧的因素显然对增强竞选兴趣没有效果。即便是加入了紧张的音乐和严肃的画面，观众在观看了消极内容的广告后，回应也并没有变化。

让公众感兴趣是非常重要的。竞选通常希望鼓励更积极的参与，例如，为选举进行志愿服务。我们知道仅有一小部分美国人将他们的时间和精力贡献给选举（Verba，Schlozman & Brady，1995）。参与者们普遍称他们“不可能”或是“极不可能”为候选人进行志愿服务。仅有 15%的人称他们会进行志愿服务，而其他 10%的人说他们参与的可能性为“一半”。这些数据按照实验情况分别在图 4—5a 和图 4—5b 中体现出来。在观看了富有激情的广告后，参与者的志愿服务参与意愿提高了近 10 个百分点。这种大幅

① 我用单尾检验来衡量数据的重要性。对于情感暗示的影响，过去的理论已经做了很强的铺垫。双尾检验适用于多变量控制的实验，而我用单尾检验避免混淆，也防止我们的标准前后不一致。每个实验数据我都附上标准误差、效比及等效数据，以便于读者自己判断实验是否提供了证据证明实验中的情感反应。

度的增长反映了竞选兴趣的提升，尽管在这种情况下，数据不具有很大意义。恐惧暗示的广告让参与竞选的动机提高了 6 个百分点，这个数字和另外那个不太具有感召力的广告比起来意义更小（$t=1.03$，$p<0.153$）。

对政治家来说，最重要的是选举日那天的事情。我们接下来谈谈广告的情感诉求如何影响初选和大选中的投票意图。公民将投票看做一项义务，认为自己和大选紧密相关，11 月的“选举日”更是强化了许多公民投票的习惯。党内初选的投票水平很低，但投票率的变化很大，这说明竞选活动和竞争起到了更为重要的作用。初选让候选人和他们的竞选活动争取更多空间来提高投票人数。实验对象们称他们有意参加初选和大选。我只把那些称“绝
90 对会投票”人当做真正有可能投票的人，从而防止过分夸大。照此测量，有 37%的人可能在初选中投票，有 48%的人可能会参加大选投票。[①] 同样，实验对象在接触到激发激情的音乐和画面后，积极参与的水平会提高（见图 4—5a）。在激情感召下，有 44%的实验对象有可能在初选中投票；与之形成对照的是，在平均的积极水平下，有 34%的人会在初选中投票。就单个广告而言，参加选举的意愿有如此大的提高相当了得，但由于变化太大，使得这种差异令人难以接受（$t=1.00$，$p<0.161$）。大选时的投票意愿增长 5%也是如此。在有恐惧暗示的实验中，表 4—5b 显示在初选中投票的人数增长了 4 个百分点，而在大选中投票的人数降低了 3 个百分点。这些变化意义都不大。

至此，我们已经发现兴趣、投票意愿和志愿服务的意愿有相似的规律。当激情体现在一则积极的广告信息中时，参与的积极
91 性——无论是心理还是实际的——都有适度到实质性的提升。但是四种情况中，只有一种变化明显的数据让我们对其效果有信心。考

---

① 有 63%的实验对象表示有可能参与初选投票，有 73%的实验对象会参与大选投票。而实际的结果分别为 26%（*Boston Globe*，Semptember 27，1998，Ai）和 55%（*Boston Globe*，November 4，1998，Bio）。

89

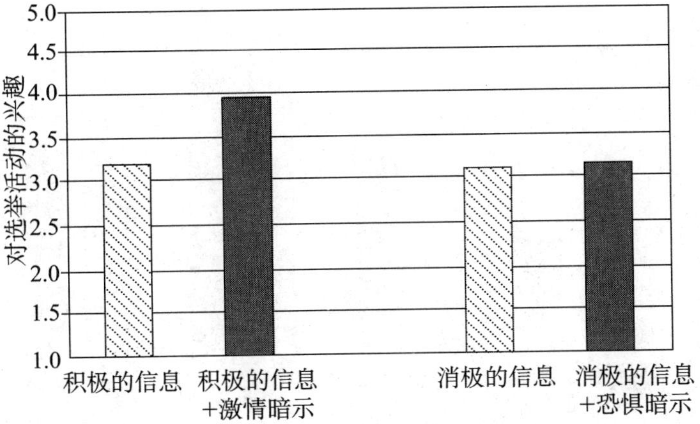

图 4—4　激情暗示引发的对竞选活动的兴趣

注：柱状图显示的是观看不同广告所显示的对竞选活动的兴趣。对选举活动的兴趣按 1 到 7 分的标度进行测量。

90

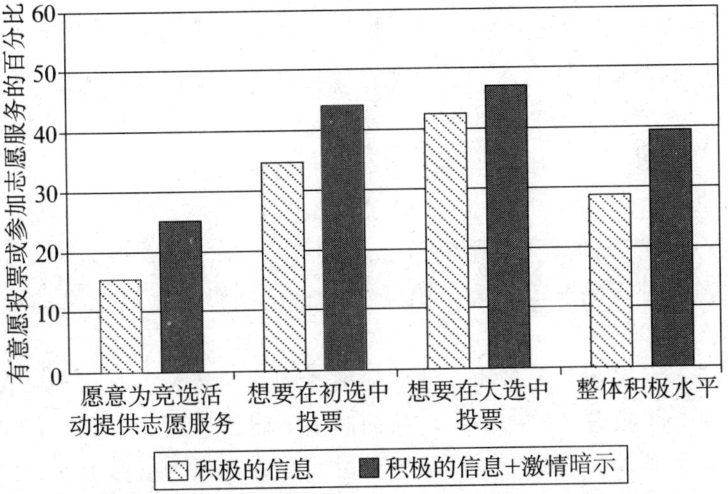

图 4—5a　激情暗示对参与竞选和选举积极性的影响

注：柱状图显示的是实验对象在观看不同广告后，愿意为竞选活动提供志愿服务的百分比、愿意在初选和大选中投票的百分比以及整体积极水平。整体积极水平是将投票的意愿、志愿服务的意愿和对竞选活动的兴趣（加权平均）结合在一起的附加值，范围从 0 到 100。

91

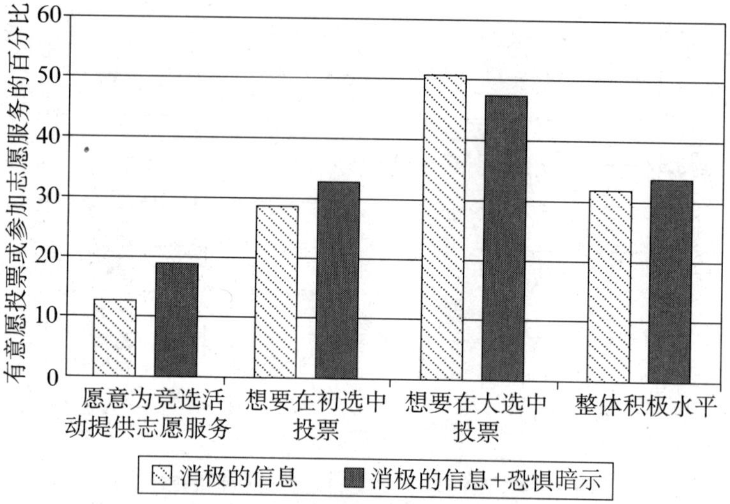

图 4—5b　恐惧暗示对参与竞选和选举积极性的影响

注：柱状图显示的是实验对象在观看不同广告后，愿意为竞选活动提供志愿服务的百分比、愿意在初选和大选中投票的百分比以及整体积极水平。整体积极水平系将投票的意愿、志愿服务的意愿和对竞选活动的兴趣（加权平均）结合在一起的附加值，范围从 0 到 100。

虑到整个实验设计，我们有必要核实这种在积极程度上的普遍上升是否值得关注。为此，我把四项参与度的测量值结合成一个整体度量表，即图 4—5a 和图 4—5b 中最后一对柱状图。由于这个新的度量只是原有项的单纯叠加，其实质的结果并不令人吃惊：我们没有看到恐惧暗示的效果，却看到激情暗示让参与度有了相当大的提高。在这种情况下，激情对积极水平的整体影响是有意义的（$t=1.84$，$p<0.034$）。

对于大多数公民来说，他们最根本的政治行为就是投票。民主规范赋予了投票特殊的地位，从而产生了履行这项“义务”的社会压力，否则社会就会更强调政治自由而忽略责任。很多人声称自己会投票（但实际上不会），并称他们的政治参与是出于公民责任。
92 有些组织通过呼吁公民意识或强调个人利益，促使没有注册的潜在选民进行注册。我们已经看到证据证明，广告中的情感诉求能够激发兴趣以及投票的意愿，我们还想知道这些情感诉求是否能够加深这样的观念，即投票很重要。尽管这种观念和投票意图有明确关系（$r=0.39\sim0.51$，取决于所使用的衡量投票方法），但“人们有义务参与”这样的观念并不意味着人们就会去采取行动。对这种责任感的衡量，要看实验对象是否同意“凡是有选举，人们就应该投票”的观点。有83%的实验对象同意这种观点，其中半数人强烈认可，说明进步派的观点在当下仍受到广泛认可。

广告中的情感诉求能够影响“人们应该去投票”这种观点，但其实际结果和我们所看到的不尽相同。观看激情广告的实验对象对上面提到的观点认同度最高，在5分制中得分为4.45，但这与那些观看积极却不那么具有感召力的广告的实验对象（4.35）相差无几，因此意义不大。然而我们首次看到了恐惧带来影响的确凿证据。在激发恐惧的音乐和画面加入到消极广告中后，对“投票很重要”这一观点的认可从4.04增加到4.38（$t=1.79$，$p<0.038$）。

作为最后对情感动员力的检验，我开始关注竞选广告中的“攻坚战”，即鼓励没有注册的选民进行选举注册。在多数州广泛实行的选举注册要求，被认为是美国选举的障碍之一（Powell，1986；Teixeira，1992）。许多没有注册的公民完全可以被认为是一向不参与投票的人。与那些已经注册的选民相比，动员这批人要下更大的功夫，不光要敦促他们注册，还要求尽可能说服他们。这些人可是选区中最不可能投票的人。很少有人认为这是电视广告能够达成的一项任务，而应该由政党、联盟以及各种利益组织花大力气进行面对面的沟通，动员选民注册。

自然，绝大多数实验对象称自己已经注册，只有23%的人称自己没有注册。当问到那些承认没有注册的人，他们在选举之前注册的可能性有多大时，他们的回答分布在7点标度中，从“完全不会注册”到“完全会注册”。和他们非同一般的诚实相对应，有51%的人称自己不太可能会为1998年的这场选举投票，另外有22%的人说注册的可能性为50%。尽管如此，由于积极程度和结构障碍的差异，我倾向于把任何效果都当作认知或是感觉上的改变（即认为

应该将注册一事付诸行动），而不是一个对未来行为可信的预
93 测——尽管加强这种感觉是促使其最终注册的第一步，之后再进一步地鼓励或施压。

竞选广告是否能够影响下一步的参与呢？我们现在还没有信心这么说。在每个广告实验中，当相应的情感诉求加入到基准独白中，实验对象投票和注册的意愿都有普遍增长（增长在7点标度上约为0.2到0.3），但这种改变的意义不大。由于实验对象中只有67名没有注册，所以任何改变都需要至少5倍以上才具有数据上的意义，或许实验中得出的其他发现能增加我们的信心。本章后面的一些证据，将帮助阐明情感诉求和动员未注册公民之间的关系。

第二步：多元估计

初步研究证据显示出一个一致的规律，即激情诉求更能够促进参与，但这其中有些效果相较于个体变化来说不够大，无法得到让人信服的发现。我之前提到，我们可以将选民既有的参与倾向考虑在内，从而更准确地评估情感诉求的影响。换言之，我们可以预测情感诉求对积极程度的影响，同时控制实验对象在测试前回答问卷。将个体在观看广告前的投票倾向作为定量，我们可以把“实验对象自身”分析（如观察个体改变）整合为“实验对象之间”的分析，研究不同组别之间的差异。

在进行分析之前简要说明一下，直至现在，有些人（可称他们为“实验纯粹主义者”）可能会问：“你想拿多变量要什么花招？”另外一些人，包括很多政治学家，也可能会说：“他终于得到真正的结果了。”前者也许发现，经过有控制的调整和随机分配的实验，可以进行直接比较而放弃多变量分析，包括处理潜在的复杂因素和选择。的确，实验结果可以通过直截了当、易于理解的方式呈现出来，无须担心共线性和内生性——这些让多变量预估更加复杂。何必要绕这一大圈呢？另外一部分人习惯了回归分析，不习惯实验方

法，或许会担心简单分析无法触及深层次的内容。[①] 出于其随机性，随机分配不一定总会在不同的实验组中平均分配各因素。任何一项 94 研究中都有会些因素分布不平均。除此之外，其他人也许希望通过考虑其他引起变化的因素来增强预估效果的准确度，尤其是当我们很了解个体层面产生变化的原因时。

在本章中，我将展示这两种实验的证据。我在获得测试前的衡量数据并进行了仔细研究后，发现有些素质因素（如教育）在各个组别中是不等的。两套结果的一致性只能让我们相信正在发生的事情，尽管这样有些繁冗。如果不一致，读者们能够选择他们更信任的那种分析。就我而言，我倾向于在不同的分析中寻找那些最一致、最清晰的关联。研究者一向都了解他们数据的一致性，而读者也应该了解。下面我们就来看一组多变量结果。

我再次关注之前提到的六个主要因变量——对选举活动的兴趣、参与初选和大选投票的意愿、为竞选活动提供志愿服务的意愿、对“投票很重要”这一观点的认可、为投票进行注册的意愿。[②] 在进行多变量分析时。我对整个样本进行了单一估计，因为这在数据上更有说服力，也因为我们假定素质变量和因变量的关系在不同实验组中是相同的。[③] 这个公式中包含针对每个实验操控的二进制分离（变量），或称为虚变量，包括实验对象是否接触到恐惧暗示，是否接触到激情诉求。[④] 我以测试前问卷中的衡量普遍投票意愿的

① 更简化的回归分析，见 Achen，2002。

② 每个实验，我都采用适合于依附变量的数据模型，即最小平方回归分析（兴趣、信念和注册率）、有序概率模型，对投票意愿进行最大可能性估量。

③ 如果我们想检验广告是否可以引发某种倾向，我们就不会做这样的假设，至少不是对所有的因素都这么假设。学者们已经研究了信息灌输如何影响人们的评价和选择（Iyengar & Kinder，1987；Kinder，2003）。下一章我们将进行这方面的讨论。

④ 当积极的脚本信息和消极的脚本信息产生对称的影响时（比如，积极信息产生积极影响，消极信息产生消极影响），我们才单一控制实验基准或条件。如果这种影响是相似的，比如，积极消息的影响数值为 0.55 而消极信息的影响为 0.34，那么这是由观看广告变量所控制的。我反复研究了实验模型，不管是否包括脚本变量，情感暗示的结果都不受影响。

7点标度，作为实验对象最初态度的主要指标。① 其他的素质因素包括教育、收入、性别、宗教、职业和年龄。② 我也对实验对象参与实验的两个方面进行了控制，其一是和实验对象一起观看电视的人数，其二是距离初选的时间（星期数）。最后，因为实验要激发情感，所以我对实验对象的初始情感也进行了控制，这主要是通过他们实验之前参与的一个简单测试完成的。对这些数据的描述在附录A中，而估计的完整结果在附录B中。

表4—1显示的是激情和恐惧暗示对衡量政治参与的预估影响。总体来说，结果进一步强化了平均组别差异的规律。激情诉求往往更能鼓励人们对选举的参与，这也体现在很多测量内容上。而恐惧刺激所带来的动员力量较为有限。最为明显的效果仍然在对竞选活
95 动的兴趣上。③ 激情诉求很明显地激发了人们对选举活动的兴趣，使心理上的参与度在整个测量值中平均增加了近10%。④ 而恐惧暗

---

① 由于实验时间较短，我尽量不使用重复的测度。一名实验对象很可能改变实验后的回答，因为他意识到大家都会这样回答；或者为了取悦研究者（一旦他知道实验的主题和目的），他也会给出前后一致的答案。于是我们设计了实验前后相似但不同的测量项目，这样就可以减少上述因素的干扰。

② 我发现，退休的老年人更倾向于参与政治投票，这已经成为他们的习惯。生命周期因素也在起作用（见 Verba, Schlozman & Brady, 1995），今天的年轻人和老年人不仅有年龄代沟，政治参与也很不同，这些都有系统记录（Miller & Shanks, 1995; Putnam, 2000）。填写职业可以看出实验对象是否为公职人员，填写宗教信仰可以看出实验对象是否为新教徒。

③ 实验前的问卷询问实验对象对政治的关注程度。五个度的实验标尺能比较合理地衡量政治兴趣，于是我将此作为衡量竞选兴趣的第二个基准。不过结果并没有太大差异。但如果我们忽略这一变量控制，激情会引发竞选兴趣的飙升，其本身的影响增长约达50%，从0.64上升到了0.93，这就进一步强化了其数据意义。

④ 在全部结果中，我们也发现竞选实际上是为了让选民更多关注政治。从实验的第一周到最后一周，实验对象对选举的兴趣增长了0.75度或衡量标尺的八分之一（$p<0.009$）。这也引发了一些有趣的选举动态问题。情感诉求是在选举初期对选民产生影响呢，还是在最后激烈的角逐中利用选民的激动和兴奋来影响他们？如果我们将实验分为两个“五周”，激情暗示和竞选兴趣在选举之前的联系就更为紧密。但实验对象人数太少，我们还不能得出全面的结论。不过未来的研究可以关注选期内不同时段选民对情感诉求的回应以及改变。

示对兴趣变化则没有影响。

95

表 4—1 情感暗示对竞选活动的兴趣、参与积极性以及对投票重要性认可的影响效果

因变量	激情暗示	恐惧暗示
对竞选活动的兴趣	0.64***	−0.03
	(0.21)	(0.20)
为竞选活动提供志愿服务的意愿	0.60**	0.45*
	(0.25)	(0.24)
在初选中投票的意愿	1.39**	0.35
	(0.53)	(0.48)
在大选中投票的意愿	0.87*	−0.12
	(0.53)	(0.48)
同意人们应当投票的说法	0.17	0.33*
	(0.18)	(0.17)
为投票进行注册的意愿	1.12*	0.07
(限于尚未注册的实验对象)	(0.64)	(0.59)

注：度数为系数（括号内为标准误差）。每行都是一个单独的估计。本表显示：在对广告观看和个体态度的控制下，情感诉求对兴趣、参与积极性、选举重要性认可的轻微影响。完整结果包括控制变量，参见表 B—1 和表 B—2。$N=286$，不包括有注册意愿的选民，对他们来说，$N=65$。

*** $p<0.001$ ** $p<0.01$ * $p<0.05$

在进行志愿服务的意愿上，两种情感诉求所带来的提升比之前的平均差异水平更为明显。激情诉求有助于吸引志愿者。我们可以把表 4—1 中的数据结果理解为更有意义的启示，例如，参与的可能性。[①] 当实验对象看到积极的广告内容后，预计其参与志愿服务的可能性会增长 12 个百分点。而实验对象称其会考虑（50%可能性）的可能性增长超过 6 个百分点。恐惧刺激同样促进了投入时间进行志愿活动的意愿，但效果不如激情诉求那么明显。恐惧刺激使

① 本书内所有预期的可能和数值都由蒙特卡罗模拟法（Monte Carlo Simulation）得出（See Tomz, Wittenberg & King, 2001）。

参加志愿活动的意愿增加了 8 个百分点，而考虑参与的可能性增长了 5 个百分点。

情感诉求对投票意愿的影响同之前的研究结果类似。恐惧刺激没有效果，激情诉求效果很明显，它使在初选中可能投票的意愿增
96 加了 25 个百分点。虽然它对在大选中投票的意愿影响弱些，但增长仍然有 20 个百分点。① 针对选举注册，我们同样看到了更大、更清晰的影响。由于没有注册的实验对象数量较少，我用一个简化了的模型进行估计，模型中只包含广告变量、测试前的投票态度以及对政治效能的衡量。② 激情诉求使注册的愿望在 6 点标度中增加了整整一个点。激情广告对积极程度的影响也很广泛，涉及许多指标，甚至对初选以及大选的积极程度也有影响。

之前我们就发现，恐惧暗示对实验对象认同“投票很重要”有巨大的影响。多变量分析也确定恐惧广告能够加强对这一观点的认可，在 5 点标度上提升了 0.33。跟其他效果相比，这是一个非常平缓的增长，但是要知道这样的看法已经被广泛接受，所以提高的空间也不大。事实上，一般的实验对象与最大限度的认同只差 0.75，所以恐惧广告的效果相当于将这个差距缩短了一倍。

在继续开始之前，让我们回顾一下竞选广告的动员力。首先也是最为重要的是，激情诉求显示出的心理学家和情感理解力理论所预计的动员力量。我们通过各种分析证实了效果的存在，但当我们控制实验对象的初始态度时，效果就更强一些。竞选广告中温馨的画面和音乐加强了广告所传递的信息：一个安全、不断改善的社区和一个充满希望与自信的候选人，激发了观众——无论是观察者还是参与者的认同。激情的效果较为明显，恐惧同样也具备动员的潜力，尽管影响不是十分广泛。冷峻的画面和紧张的音乐强化了社区

① 在解释各种数据时，我们必须清楚我们是在很短的时间内测量动机和意愿。即便如此，也不阻碍我们发现动机方面的重大变化，尤其是激情所引发的动机变化。

② “政治功效”的衡量通过回答是否同意以下观点，把同意的程度分成五个等级：“像我这样的人对政府的作为没什么可说的。”

受到威胁的印象，促使人们更加愿意为竞选投入时间，并加强了他们对投票重要性的认可。

了解和关心：谁在回应情感诉求？

在情感诉求影响积极性的重要假设得到证实后，我现在开始关注这样一种可能，即是不是所有的公民都对这些诉求有着同样的回应。我尤其想知道政治“专家”们的回应是否会与政治“新手”们有所不同（Fiske，Kinder & Larter，1983）。在思考不同的人对情感诉求的回应时，我们可以在很多地方找到差异。但至少三个很有说服力的原因促使我们去研究政治成熟度是否会左右竞选广告中的情感影响。

第一个原因是一直以来就有的将公民按照他们的学识和政治观 97
点分类的传统。早期的竞选活动研究按照对政治的兴趣、能力和意识将美国公民进行了分类（Lazarsfeld，Berelson & Gaudet，1944）。而这种做法在菲利普·康维斯（Philip Converse，1964）的研究中广为使用。康维斯在政治学领域内展开了一场持久的辩论，主要讨论大众舆论是否基于充分信息而形成，是否有思想或具有意识形态色彩。他得出的结论是，这些标准只适用于美国社会很窄的一个层面。对于本书的许多读者来说，过去 40 年来的强化和修正并不陌生。在这场辩论中，无论支持哪一方，其形成的传统就是出于分析的需要将美国公民按照政治成熟度进行区分。此外，也有大量的研究显示政治成熟度决定政治认知，即人们对政治的看法，特别是他们对政治信息的处理方式（Lau & Sears，1986；Lodge & McGraw，1995；Zaller，1992）。

第二个原因是，它在传统上是关于情感诉求观点的核心组成部分（参见第二章）。很多记者、咨询人士以及普通民众认为，情感诉求能够左右的主要是那些缺乏教育、知识或智慧的人。这种观点主要源于人们长期以来的一种认识，即理性能更好地指导人的行为，情感次之。而这种划分现在也受到了挑战（Damasio，1994；Marcus，2002）。很多学者虽然不支持这种极端的观点，但他们在进行政治决策研究时，还是认为不太成熟的公民在做决定时更可能出于情感的考虑（Redlawsk & Lau，2003；Sniderman，Brody & Tetlock，1991）。

第三个原因是之前在第三章从心理学角度对情感的讨论，这使我们期待有些人对情感的回应会跟他人不同。一方面，人类和动物对恐惧的各种回应促使学者得出有关恐惧与能力的推论。有些人面对威胁会果断行事，而另一些人会不知所措或逃避。研究公共卫生中恐惧诉求的学者称，效能在决定回应方面具有重大作用（Witte，1998）。他们的观点是：在某一方面具有专长和信心的人，能够更有建设性地应对引发紧张情绪的信息，并有可能在面对恐惧时选择退却。另一方面，尽管心理学中的情感理论在恐惧方面做了大量研究，但涉及个体因素如何影响恐惧刺激所产生的回应很少，而更多的是强调情感在传达外界刺激和处境时对个体产生的重要作用。相关
98 性假设就是基于这种观点形成的，也就是说，竞选广告中的情感诉求对那些认为政治和自身最为相关的人影响最大。我认为这些人包括那些对政治最投入并最为了解的人。

这些研究虽然给我们提供了继续探究政治成熟度的动力，但也让我们产生了各种南辕北辙的期待。这些分析到目前为止都基于这样一种假设，即情感的效果是普遍的。从广义上看，或许人们把心理学研究理解为：情感作为人类心理学的一个基础部分，应该能够将所有公民束缚在其掌控之内。我把“情感能够影响所有人”这一观点视为一种无效假设。大量关于公众舆论的研究都试图证明，政治成熟度不一的人受到情感的影响多少都会有些不同。参考康维斯（1962，1964，1990）的研究，我们可以进一步认定，那些不为政治信息所“触及”的人也不太可能会受到政治情感的影响。同样，那些下了很大功夫了解政治的人在情感上的投入也是最大的，因而对情感诉求的回应也最强。这与相关性假设不谋而合，情感是某个

物体以及具体事件对一个人的意义及联系。在其他领域研究恐惧诉求的学者也进行了类似的预测，并得出这样的结论：恐惧诉求对不同人产生作用的方向也不同。根据“恐惧和能力”假设，紧张会将已经订好的计划打乱，从而降低采取果断行动的可能。但是能力强一些的人最有可能找到问题的解决办法，并会受到驱动采取相应的行动。最后，有些研究明确认为，政治成熟度会影响个体对情感的依赖。这样的研究让我们向相反的方向进行预测（Sniderman，Brody & Tetlock，1991）：政治上成熟的公众对情感诉求的回应相对弱些。这种预测同本书第二章提到的传统看法相同，即那些对某一方面不是非常了解的人最容易受到情感“操纵”，“理性思考”对他们来说完全是一种浪费，而要把这些“群众”争取过来，就要在情感上吸引他们。

在了解了上述这些假设之后，我们就可以回到之前提到的关系当中，探究政治老手和新手们在回应情感暗示上的差异。我们可以从不同角度去认识政治成熟度（Luskin，1987）。在本研究中，我将其视为一种政治意识：一个成熟的公民了解政坛中发生的事情，了解政治的运作方式，并能够正确看待政治信息。这种定义可以判断不同人群受情感操控的程度。为简洁起见，我通过对政治知识的
衡量，把实验对象区分为比较成熟和不太成熟两组。分组的依据是 99
实验对象对三个国家政治问题的回应。[1] 我把回答错误的实验对象定为政治新手或政治上不太成熟的人（占整个样本的55%），而正确回答一至三个问题的人被定为政治老手或政治上较为成熟的人

① 问卷中的问题包括：让实验对象说出马萨诸塞州议院发言人的名字，说出当选州参议员的人数，指出民主党提名的州初选候选人是谁。有37%的实验对象正确说出了发言人的名字，有7%的实验对象给出了确切的州参议院人数，有30%的实验对象说对了候选人的名字。尽管这些比例很低，但地方政治事务比普通政治知识要难得多。答对一项就说明实验对象至少对州政治有些了解。实验对象也被要求回答一些全国性的政治问题，结果表明，只有对全国政治事务有所了解的人，才能答对地方政治事务的问题。

（占整个样本的 45%）。[1]

在验证这些假设时，我重复了中位数测试中的差异和多变量分析，使读者能够获得尽可能多的信息。在中位数测试中，我把样本拆分，对每个单独的样本进行测试，并观察重大差异出现的位置。在多变量分析中，我进行了之前的估值，但又包括了针对成熟度的虚变量，以及这个变量和不同广告的交互项（例如，政治成熟度×激情暗示）。[2]

我们能在多变量分析中看到什么？如果无效假设成立（例如，情感诉求对任何人都有效），那么基准的情感暗示变量会有效果，而交互项没有。如果只是政治老手有回应，那么交互项应该能够在预测的方向显示出效果，而基准项没有。如果只是政治新手有回应，那么基准项应该有效果，交互项在相反的方向应有同等的效果（实际上将基准效果抵消）。

表 4—2 和 4—3 分别显示了激情和恐惧暗示的结果。每个表的左半边是原来整个样本中中位数测试的差异，以及新的拆分样本分析中中位数测试的差异。每个表的右半边显示的是原多变量分析中情感暗示的预估效果，以及情感暗示与政治成熟度交互项的新分析中的预估效果。我把原来的结果加进来，帮助判断什么算做巨大的影响。我们期待这其中有标准误差出现，把整个样本拆分成对政治有所了解和不那么了解的两组。因此，在判断两组是否对某一组情感暗示都有同样的回应时，我主要以影响程度为依据，该影响程度与之前完整样本的效果相关。

当我们思考激情广告的影响时（见表 4—2），研究结果分别支

---

① 大多研究者并不将“政治成熟度”看作人们拥有或者缺乏的技能，而是将这种成熟度按不同等级划分。康维斯（1964）采用了更严格的标准，按他的测算，不到十分之一的美国选民可以达到真正的“政治成熟”。

② 还有一个重做多变量预估的方法，那就是将样本分为两组，分别进行原始模型测试。我用这个方法检验了实验结果，主要结果没有改变。不过这两种方法并不相同，分组单独测试中，政治成熟度可能改变其他变量的相关性，包括控制先前倾向和人口数据等。

持两个假设。相关性假设获得较为普遍的支持：对政治较为了解的人对激情广告的回应要比那些不怎么了解的人强。对于志愿服务的意愿、在初选中投票的意愿以及注册的意愿，激情暗示的动员作用取决于较高的政治知识水平。对初选投票意愿的影响，仍旧只是在多变量分析中清晰地呈现，但对志愿服务、为投票而注册的影响在 102
两项分析中也都很明显。就进行志愿服务的意愿而言，对其影响在某种程度上有些极端，即激情暗示对最不了解政治的人产生了消极的影响，但这方面的证据目前还相当匮乏。

表 4—2　不同的政治成熟度对激情暗示的回应水平 100

因变量	中位数测试中的差异（被拆分的样本）			多变量测试（交互效果）		
	整个样本中的差异	对政治不太了解的实验对象的差异	对政治比较了解的实验对象的差异	在原来模式中的效果	情感暗示的基准效果	情感暗示对有见识的实验对象的边际效果
对竞选活动的兴趣	0.78** (0.32)	0.50^ (0.34)	0.51 (0.47)	0.64*** (0.21)	0.58* (0.29)	0.10 (0.41)
为竞选提供志愿服务的意愿	0.19^ (0.14)	−0.21^ (0.15)	0.55** (0.24)	0.60** (0.25)	−0.33 (0.41)	1.57*** (0.52)
在初选中投票的意愿	0.09 (0.09)	−0.05 (0.10)	0.11 (0.14)	1.39** (0.53)	0.50 (0.78)	1.54^ (1.02)
在大选中投票的意愿	0.05 (0.09)	−0.01 (0.11)	−0.04 (0.13)	0.87* (0.53)	0.81 (0.74)	−0.23 (1.07)
对投票重要性的认可	0.11 (0.18)	0.05 (0.28)	0.01 (0.20)	0.17 (0.28)	0.21 (0.24)	−0.13 (0.35)
为投票而注册的意愿	0.18 (0.82)	−0.75 (0.88)	3.17* (1.41)	1.12* (0.64)	0.45 (0.72)	2.31^ (1.49)

注：左侧的读数是在不同广告中情感诉求的中位数（以及标准误差）差异，实验样本分别是：(1) 整个样本；(2) 对政治不太了解的实验对象；(3) 对政治比较了解的实验对象（激情效果＝激情刺激广告中位数－积极广告中位数）。右侧的读数是多变量预估系数，内容分别是：(1) 情感暗示在原模型中的影响；(2) 情感暗示在交互模型中的基准效果；(3) 情感暗示和政治成熟度交互的效果（例如，较为丰富的政治知识）。这些模型同表 4—1 中呈现的基本一样，不同之处是包括了一个关于政治知识的虚变量以及政治知识与不同广告之间的交互项。

*** $p<0.001$　** $p<0.01$　* $p<0.05$　^ $p<0.10$

101 **表 4—3　　不同的政治成熟度对恐惧暗示的回应水平**

	中位数测试中的差异（被拆分的样本）			多变量测试（交互效果）		
因变量	整个样本中的差异	对政治不太了解的实验对象的差异	对政治比较了解的实验对象的差异	在原来模式中的效果	情感暗示的基准效果	情感暗示对有见识的实验对象的边际效果
对竞选活动的兴趣	0.03 (0.28)	−0.42 (0.38)	0.64* (0.39)	−0.03 (0.20)	−0.04 (0.27)	0.02 (0.41)
为竞选提供志愿服务的意愿	0.13 (0.12)	0.01 (0.16)	0.28^ (0.19)	0.45* (0.24)	0.35 (0.32)	0.28 (0.48)
在初选中投票的意愿	0.04 (0.09)	−0.18* (0.10)	0.34** (0.13)	0.35 (0.48)	−0.37 (0.76)	1.25 (1.03)
在大选中投票的意愿	−0.03 (0.09)	−0.29** (0.11)	0.31** (0.12)	−0.12 (0.48)	−1.06^ (0.63)	2.22* (1.05)
对投票重要性的认可	0.34* (0.19)	0.02 (0.26)	0.77** (0.27)	0.33* (0.17)	0.13 (0.22)	0.47^ (0.34)
为投票而注册的意愿	0.34 (0.76)	−0.29 (0.80)	3.67^ (1.88)	0.07 (0.59)	−0.42 (0.67)	3.03* (1.51)

注：左侧的读数是在不同广告中情感诉求的中位数（以及标准误差）差异，实验样本分别是：(1) 整个样本；(2) 对政治不太了解的实验对象；(3) 对政治比较了解的实验对象（恐惧效果＝恐惧刺激广告中位数－消极广告中位数）。右侧的读数是多变量预估系数，内容分别是：(1) 情感暗示在原模型中的影响；(2) 情感暗示在交互模型中的基准效果；(3) 情感暗示和政治成熟度交互的效果（例如，较为丰富的政治知识）。这些模型同表 4—1 中呈现的基本一样，不同之处是包括了一个关于政治知识的虚变量以及政治知识与不同广告之间的交互项。

*** $p<0.001$　　** $p<0.01$　　* $p<0.05$　　^ $p<0.10$

该模式在这两个案例中看起来有很大的差异。人们普遍认为，情感暗示能够激发竞选兴趣和参与大选投票的意愿，特别是对激发竞选兴趣，效果极为明显。情感暗示对政治老手和政治新手的影响在整个样本中都得到了相同的体现：在中位数差异测试中的效果分别是 0.50 和 0.51，在多变量分析中分别是 0.58 和 0.68。① 在大选

① 在多变量分析中，情感诉求对对政治比较了解的人产生的整体影响结果由基准影响和交互影响相加得来（如：0.58＋0.10＝0.68）。

投票意愿这一项中也出现了相同的效果，尽管关于激情暗示和大选投票的整体关系只出现在多变量分析中。这些发现支持了“对情感诉求的回应不依赖于受众的政治成熟度”这个无效假设。最后，没有证据指出激情诉求会影响人们对投票重要性的认同。

恐惧广告证实了相关性假设（见表 4—3）。在本章一开始的中位数差异测试中，除增加了对投票重要性的认同以外，还没有很多证据能证明恐惧诉求的动员力量。但在拆分样本的测试中发现恐惧诉求能广泛动员那些对政治较为了解的公民。那些对政治较为了解的实验对象几乎在每项政治参与的衡量数值上都有所增长。多变量分析的结果中也出现了增长，在近一半的项目上都有较为明显的增长证据。有些证据甚至能够指出，在投票意愿方面，恐惧可促使政治新手退出大选，而激发政治老手采取行动。

关于恐惧诉求的发现，其效力和明显程度在不同的政治参与衡量项中也不尽相同。证据表明，恐惧暗示能激发政治上比较成熟的人们的投票意愿、注册意愿及对选举重要性的认同。这些证据在两种分析模式中较为确凿。就大选投票意愿而言，恐惧威胁对不太了解政治的公民的负面影响，在中位数差异测试和多变量分析中都有体现。从平均值差测试结果的差异可得出，恐惧对更有见识的实验
对象在竞选兴趣和初选投票意愿方面有积极影响，但这种影响的证 103
据在多变量分析中不是很明显（在投票意愿方面）或是不存在。最后，原来的多变量分析显示，恐惧暗示增强了志愿服务的意愿。但是，两项新的测试就谁受到的影响更大得出了不同结果。在拆分样本的测试中，对政治更为了解的人对引发恐惧的广告的回应是积极的。在多变量交互测试中，其效果更为普遍，或者说是“附加性的”，也就是说两组实验对象都有回应，但政治老手的回应比新手更为强烈。但是由于证据尚不够明确，因此不足以让我们就实验对象在提供志愿服务的意愿方面所做出的不同回应得出充分的结论。

总体来说，本研究明确指出，政治成熟度确实会影响人们对情感诉求的回应。此外，其呈现出来的主要特征，是使精通政治事务

的公众表现得更为敏感。在11项测试中，有8项测试情感诉求的动员效果，这种效果仅仅存在于对政治较为了解的人中。简言之，大量的证据支持相关性假设。在剩下的3项中，动员效果具有普遍和附加性，激发了所有实验对象（无论是对政治比较了解的还是不太了解的）的参与。有些测试项也显示，对于政治新手，情感诉求形成了一种反动员效果。但相比于我们从前研究的恐惧与能力假设，这和我们所期待的假设相反，激情和恐惧诉求都造成了退却。相悖于通常观点的是，这项调查没能发现证据证明，对政治不太了解的公众最容易受到情感诉求的影响。①

综上所述，菲利普·康维斯在政治信息和认知研究上所留下的遗产，可以进一步延展到政治情感领域。他认为政治知识“充裕”的人对公共事务具有较为可靠的心理关联，而那些政治知识“贫乏”的人一般不具有这样的关联能力。我们研究所得出的结果显示，时常关注政治的人能够受情感诉求影响，而那些不是很关注的人就难以被触及。当代心理学的观点也支持这种看法，心理学强调情感是某个物体或某种情境对个体的意义。这么看来，了解和关心似乎是齐头并进的。

情感诉求有没有副作用?

到此为止，我已经测试了情感诉求对政治竞选产生的一些影响。与理论预估相同，激情诉求可以广泛地激发参与，而恐惧诉求
104 的动员力则较为有限。但情感诉求对政治参与会不会产生一些其他意想不到的影响？或许在唤起这些情感的同时，政治家们无意中也影响到选民对自身、对他人以及对公职人员的信任。但是含有负面

① 该研究并不与之前关于政治成熟度和情感的关系研究相冲突，但指出应当重新思考过去研究中的一些结论。研究发现政治新手们更依赖情感和内心的感觉，但这并不代表政治老手就可以不受或少受情感的影响。政治交流引发情感回应，继而影响政治考虑和行为，这应当与个人基于不同因素做出政治选择的倾向区分开来（一些是认知层面的，一些是情感层面的）。总之，科学家们应当超越过去的研究，不再把情感作为一种态度去研究。

信息的广告，对竞争对手的攻击、情感“操控”等，这些类似的伎俩在竞选“空战”中无处不在，人们担心这些方式会对公众和民主产生负面的影响（Ansolabehere & Iyengar，1995；Jamieson，1996；Kamber，1997）。这种关切来源于对大众传播效果的担忧。人们普遍认为，大众传播是造成一些不良后果的罪魁祸首（Sabato，1991；Patterson & Putnam，1995；Bennett，1996；Lichter & Noyes，1996；Cappella & Jamieson，1997；Fallows，Dautrich & Hartley，1999）。在本章的最后一个实证部分，我将对情感诉求的效果是否会扩展到功效、怀疑以及信任方面进行研究。

与政治参与和选举兴趣不同，关于激情和恐惧诉求对公民态度的影响，我们没有清晰的理论预估。以前关于情感理解力的研究没有涉及这个问题（Marcus，Neuman & MacKuen，2000）。但是，如果激情能够加强一个人对自身追求的执着和信心，我们可以假设那些唤起激情的广告能够提高对“政治作为”的认可（如政治功效）。这是较为简单的情感转移，它让我们试图去探究，激情和恐惧诉求不仅对候选人，而且对广义上的政府和政治家们，能否产生积极或者消极的影响。这种预测完全不是来自理论，而是来源于上面提到的传统看法和普遍抱怨，即政客们进行情感操控，特别是利用恐惧诉求，导致越来越强的不信任、怀疑和对政治的冷漠。

学者将政治功效分为两类：一种是内在的，即一个人感觉自己有能力做出贡献；另一种是外在的，即自己感觉政府或领导层能够对自己想要做的贡献给予回应。通过参与者对以下两种看法的认同程度，我们可以衡量出他们所理解的政治功效：内在功效，“有些时候政治和政府似乎太复杂了，像我这样的人根本搞不清楚”；外在功效：“像我这样的人对政府的作为根本没有发言权”。所得出的证据支持情感理解力理论的假设：当广告唤起激情时，公民感到更有能力应对政治（$t=2.11$，$p<0.019$）；而当竞选广告让公众感到恐惧时，效果就不明显。图4—6a和4—6b中的证据无法支持另外一个假设。与情感转移概念相悖的是，这两种情感诉求都没有改变人们可以对政府的行

为说“不”的观念。无论是以恐惧威胁还是普通的情感诉求，都不会产生对政治漠不关心的态度，或无力应对政治事务的想法。

105

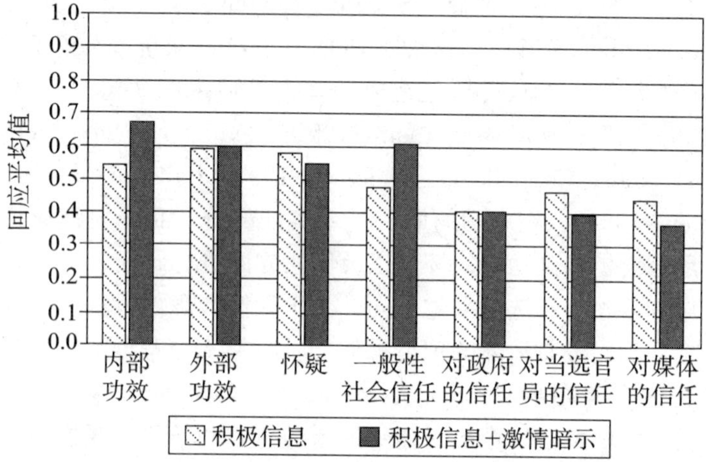

图 4—6a　激情暗示的影响：政治功效、怀疑和信任

注：柱状图显示对不同广告的回应平均值。所有变量值都在 0 到 1 之间。

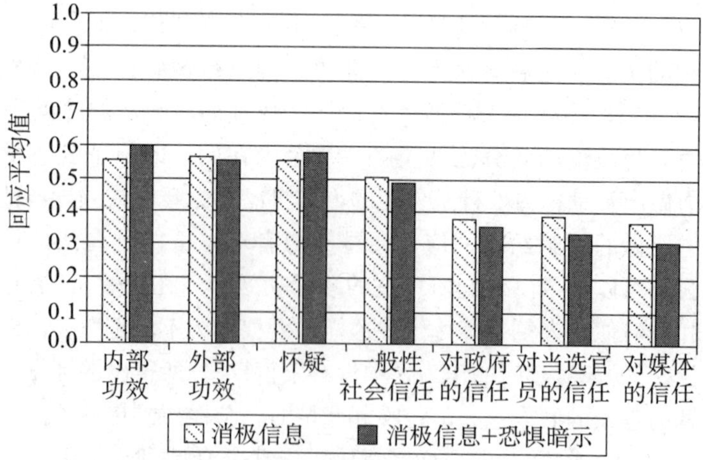

图 4—6b　恐惧暗示的影响：政治功效、怀疑和信任

注：柱状图显示对不同广告的回应平均值。所有变量值都在 0 到 1 之间。

情感诉求是否会让选民产生对候选人的怀疑？人们认为政客是为公还是谋私？我通过了解实验对象的看法来衡量他们对候选人的怀疑，其中包括他们如何看待政客和政党是否真正在乎他们的意见，如何看待负面竞选手段背后的动机，以及广义上的公共服务。激情和恐惧诉求都没有影响实验对象对政客的怀疑态度，因此不能佐证传统观点和情感转移的看法。如果我们对该度量的各个成分逐一分析，也会发现相同的结果。唯一例外的证据是，激情诉求减弱了人们类似的怀疑，即政府官员是否会在意“像我这样的人的想法”（$t=1.48$，$p<0.071$）。这一证据与情感转移的看法相一致。 106

实验对象回答了一系列问题，涉及对他人、政府、当选官员以及媒体的信任。我们再一次看到了支持情感转移理论的证据，那些看到激情广告的人对社会的信任程度更高（$t=1.38$，$p<0.084$）。与之相对，传统观念并未得到证实。证据显示，激情诉求降低了实验对象对媒体的信任（$t=1.73$，$p<0.04$），以及对当选官员更有可能的信任（$t=1.55$，$p<0.06$）。虽然两种观点都反映，恐惧诉求降低了实验对象对媒体的信任，但意义不大（$t=1.28$，$p<0.10$）。结果还显示，实验对象对政府的信任没有因为恐惧诉求而受到影响。最终，这两种假设在与信任相关的测试中没有获得超过半数的支持。

关于情感诉求副作用的证据既不扎实又自相矛盾。对于其中的一个理论预估，我找到了支撑证据：引发激情的广告增强了公民自身对政治事务的理解能力。而对更为广泛的情感转移理论或传统看法，我所得到的结论有的予以支持、有的与之相矛盾，数据意义也大小不一。总的来说，在没有决定性的证据出现之前，我们应该怀疑情感诉求对公民态度的影响。从本研究中我只能断定，不管情感诉求产生的影响是好是坏，它对公民态度的影响都是有限的。

演奏三十秒铜管乐为竞选造势？

我在本章中探讨了竞选广告的情感诉求，特别是它对政治兴趣

和政治参与的激发。实验证据显示，观看广告确实对公民的政治积极性有巨大的影响。和第三章中的预测一样，情感起到了至关重要
107 的作用。下面我对本章做简要总结，对主要的研究发现进行简单的梳理。

神经心理学关于情感的观点明确了激情和恐惧在指导行为上的不同作用，但二者都对动机有着潜在的影响效果。成功信号能够激发激情，而激情又能促使人们坚持现有的追求，并采取相应行动。危险信号引发恐惧，恐惧会使人们中断当前的活动并将注意力集中到所面临的威胁上。因此，恐惧或许能够激发人们采取行动来应对威胁，或在不知所措时逃避或退却。实验中竞选广告情感的证据证明了这些预测。

伴以孩子们光彩动人的画面和激情澎湃的交响乐，激情广告显示出了广泛的动员力量。在实验对象表达出较强的兴趣和参与意愿的六种情况中，激情暗示在四种情况下具有较强的激发效果，在一种情况中具有建议效果。这些被政治顾问们称为“让人感觉良好的广告”，大大增强了人们对竞选活动的兴趣、提供志愿服务的意愿、在初选和大选中投票的意愿。在一些情况中，这些广告主要“激活”那些正在关注政治的人；在另外一些情况中，广告也具有普遍的动员力量。

恐惧广告充斥着暴力、黑暗场景和紧张刺耳的音乐，也具有激发参与的潜力。恐惧暗示的动员效果相比之下较为有限，仅仅能够激发那些对政治了解的人。虽然恐惧对公民政治参与的主要方面影响较弱，但却能够激发人们更为显著的行为，即人们更愿意增加投入政治活动的时间，并注册登记。恐惧广告对两种很难再改善的情况也有促进作用，它们分别是在大选中投票的意愿和对投票重要性的认识。

这些情感诉求的短期效果不容忽视，与实验对象的社会背景和政治取向产生的影响不相上下。我们可以满怀信心地回答本章一开始提出的问题：参选人能够运用电视广告来达到政治动员的目的。

情感暗示，特别是激情诉求赋予竞选人强大的力量，激发更多的民众参与到竞选当中去。

那么竞选广告中的情感诉求是否算得上是电子竞选时代新的铜管乐队呢？或许是的。以往，《幸福时光再现》（Happy Days Are Here Again）[1] 的激情演绎和遍地海报的日子可能好景不再，取而代之的是我们发现自己更爱哼唱小调，更愿意在起居室中想象“美国之晨”的繁荣景象。但是当想到我们告别的不仅是老式的乐队， *108*
同时也失去了地方集会中的社会联系时，这些动人的竞选广告有可能会成为聊以自慰的替代，尽管不那么强烈。当激情被人群分享时，情感的半衰期就会延长（Hatfield，Cacioppo & Rapson，1994）。当电子竞选涌进千家万户时，当人们开始习惯于在懒汉椅上接受信息时，通过集体行动解决问题的方式就变得不再那么容易了。

尽管本章的证据不能消除对投票率高低的忧虑，但我们的发现对政治动员的过程有指导意义。这些证据告诉我们政党和竞选者过去为何要运用铜管乐队，还告诉我们往昔政党政治造势的辉煌，以及当今媒体政治的甚嚣尘上。对政治进一步了解之后，我们可以从政治的情感层面入手。事实上，我们所涉及的都是先前的政治理论鲜有问津的，从中我们发现了政治行为中明显的动员部分（see Verba，Schlozman & Brady，1995；Fiorina，1999）。

本章中的证据也指出当前负面广告的潜在源头，并且提供了阐明的思路。研究将积极和消极的情感同积极和消极的信息区分开来。效果取决于广告是否是“消极的”，因为它攻击了对手、强调了当权者的失败、进行了进行了对现状的负面描述，或是对个体和社区的威胁提出了警示。前面展示的恐惧广告确实具有增强参与的潜力。事实上，根据情感理论的预测，动员不力更有可能是失败和

---

① 这是富兰克林·罗斯福在1932年竞选总统时借用的一首流行歌曲，后来成为民主党非正式的竞选主题曲。——译者注

失望的暗示所导致，而不是由于激发恐惧所引起的。

最后，实验揭示了一些因果关系以及这些关系的潜在影响，但还需要其他方法和其他类型的数据，或是长时间的研究来了解情感诉求的持续性和边际效果。很明显，广告可以在短时期内对积极性产生好的或坏的影响，竞选者也会播放广告竞选片（不是单一的广告）来维持这些效果。要完全了解一个真正竞选广告的实际效果，单靠这样的因果暗示是不够的。但当我们对所观察的事物之间的联系在宏观上没有多少设想时，上述因果暗示能帮助我们更好地考察这些效果。这里所得出的结果以实验特有的方式证实，引发激情和恐惧的尝试，能够在政治传播中动员公众。下面让我们放下政治动员的话题，来探讨情感诉求在改变人们想法时的作用。

第五章　情感与竞选广告的说服力

当演讲激发出听众的情感时，他们或许就会被说服。我们 109
在高兴和友好时做出的判断可能是积极的，但当我们感到痛苦和敌意时，做出的判断则会截然不同……一个激情澎湃的演讲者即便满嘴空话也能让听众为之动容。

——亚里士多德（公元前 340 年）

一直以来，政治学家不能确定美国选民接受政治游说的程度。在第四章我们已经讨论过，关于政治参与的共识其实并不存在，对公共事务知之甚少的选民很容易受到政治观点的左右，但对政治缺乏兴趣的人，政治游说很少会影响到他们。即使选民关注政治，他们也主要依赖党派倾向和习惯的标准来选择候选人，而不会太关注竞选的实质内容。如果竞选活动就是为说服和动员选民而设计的（Arterton，1992），而其说服和动员的效果又受到质疑的话，那么为什么要耗费这么多的资源，特别是对落选者来说？学者们已经搜集了大量证据了解选民是如何做决定的，但对于政治家们如何改变选民的想法，他们却知之甚少。本章，我们就来看看候选人是如何运用情感来说服民众的。

选民怎样选择候选人？政治学者们对公众的观点和选择做了大量研究。早期的研究担心，通过大众媒介的宣传会让很多人上当受骗。但研究后发现，竞选活动的主要作用是激活更深层的忠诚（Berelson Lazarsfeld & McPhee，1954；Lazarsfeld，Berelson & Gaudet，1944）。政治学者们认为选民所具备的各种倾向因素中最
重要的是党派认同（Campbell et al.，1960；Converse，1969； 110
Green Palmquist & Shickler，2002；Miller & Shanks，1995）。之后，有学者解释，竞选中基于理性思考的选择改变和投票的不确定

性，取决于当时的经济情况和政府的政绩（Fiorina，1981；Erikson，MacKuen & Stimson，2002；Key，1966）。学者们研究了选举所采用的不同方法，使我们更加了解选民政治选择的决定因素。人们的政治判断取决于意识形态、价值观和族群偏见等因素（Kinder，1998；Sniderman，Brody & Tetlock，1991）。群体认同会影响判断（Conover，1984；Dawson，1994），对候选人的政治立场（Aldrich，Sullivan & Borgida，1989；Brody & Page，1972；Page & Shapiro，1992）以及个性（Kinder，1986；Rahn et al.，1990）的评判也会左右人们的判断。

这些因素不会在短时间内发生改变，但是在竞选如火如荼地展开前会影响选民的选择倾向。这样一来，竞选活动的作用何在？有些人认为，竞选只是增强人们对现任公职人员和社会经济状况的了解，并帮助选民再次熟悉他们已熟悉的选择范围（Gelman & King，1993；Zaller，2000）。换句话说，竞选活动的重要性在于帮助选民最终确定选择对象。而选民怎么选，设计实验的学者们早就知道了（Campbell & Garand，2000；Lewis-Beck & Rice 1992）。[①] 在学者们做的实验中，选民在竞选季开始前已经心里有数了，只需提醒他们意识到那些最重要的事情。候选人仅是持有特定立场、性格和职务的选择对象，人们根据这些来做出判断。这些研究并没有说明候选人在竞选期间如何能够改变选民的想法。他们能否依靠竞选活动，特别是电视广告，来说服民众支持自己呢？

关于竞选活动以及政治传播的效果，研究者们面对着严峻的困难，因为他们使用的材料不太理想，从大量凌乱的材料中找出微妙的信号异常艰难。尽管如此，有些学者还是在这方面做出了可喜的探索。很多较有影响的研究记录了大众传媒信息在宏观层面的效果（Alvarez，1997；Bartels，1988，1993；Popkin，1994；Zaller，

① 对政治顾问来说，他们知道选民在何时会做出何种反应（Bartels & Zaller，2001；Campbell，2001；Holbrook，2001；Norpoth，2001；Wlezien，2001）。

1992)。尽管他们不清楚候选人靠什么影响选民，但是这些研究显示了不同的政治环境中信息的内容和数量如何影响人们的看法与选择。他们还发现了证据，证明辩论、党派大会以及巡回演讲对选民产生了持久的影响（Herr，2002；Holbrook，1996）。政治传播学的实验找到了确凿证据来证明，政治广告能够影响选民的投票选择（Ansolabehere & Iyengar，1995），尽管后来关于负面广告的研究又产生了一些质疑，即它们影响的时间和频率是怎样的（Lau et 111
al.，1999）。在资料收集方面的最新进展，让我们有可能将竞选广告的效果分割出来进行研究（Goldstein & Freedman，2002a，2002b）。

此外，本书第三章中提到的关于情感的新一轮研究指出，对信息的处理与信息本身同样重要。这些研究认为，政治传播中的情感和民众的回应，能够改变他们处理新信息、形成政治态度以及做出政治选择的方式（Huddy & Gunnthorsdottir，2000；Kinder & D'Ambrosio，2000；Lodge & Taber，2000；Marcus，Neuman & MacKuen，2000；Way & Masters，1996b）。这些研究有望平衡理性选择和党派倾向选择之间的冲突，并解释各种方式的政治竞选及其重要性。马库斯等人（2000）认为投票的多样性和竞选的风格取决于情感理解力，或者当时的政治环境所激发的激情或者紧张的程度。他们发现冷静对待总统候选人的公众更有可能按照党派习惯来做出选择，而那些较为紧张的民众更有可能关注新的信息，抛弃旧有的党派倾向，并按照对议题和候选人性格的评价来投票。

尽管这些研究很有前瞻性，但我们还是怀有疑问。选民产生紧张或激情的原因多种多样。这些研究到目前为止仅认为民众的回应是由候选人本身或是议题直接造成的；研究还指出，民众产生情感回应的同时，也发生了行为变化。举例来说，一个不反对堕胎的共和党人可能会让共和党选民放弃自己的党派忠诚，并对该候选人产生一些担心。问卷中搜集的数据关联无法证明紧张情绪发挥了作用。更糟的是，选民对候选人产生的紧张情绪可能由于行为改变而产生，即共和党选民因为自己背弃原党派而感到担心。同样，调查数据的相关性也无法解释人们的质疑，即认为情感仅仅是一种附带现象。

在本章中，我将测试，激情和紧张，是否就像情感理解力理论所预测的，以及问卷调查研究所指出的那样，能引起政治判断的改变。我还尝试通过候选人在广告中运用情感诉求来影响选民政治判断的程度，进一步明确情感在政治传播这一复杂过程中的地位。我将使用在上一章中介绍过的两个实验来评估情感诉求的说服力。研究投票行为的经典方法为我们提供了关于竞选活动的一些独到见
112 解。有一种看法认为竞选进一步加强了已经存在的党派忠诚，另一种看法认为竞选为选民提供了关于议题以及候选人品质方面的信息，以便他们做出理性选择。这些描述选民决定的相互竞争的观点是否管用，取决于竞选活动的情感基调。

情感诉求能让候选人更受欢迎吗？情感转移 vs. 情感理解力

在本书第三章中，我提出广告通过激发选民的激情或者紧张情绪，从而改变他们对候选人的印象。在某种程度上，这些广告涉及马库斯等人提出的情感理解力系统（2000）。理论上讲，情感诉求间接改变政治态度或选择，这是通过让个体依赖已有的倾向或是积极地处理现有的信息而达到的。然而普遍看法则认为，积极的广告会让花钱做广告的候选人更受喜爱，而消极的广告让对手不受欢迎（见第二章）。[①] 从这个角度看，由画面和音乐激起的情感“转移”

---

① 这些实验预期基于广告的认知内容。积极的广告对候选人的政策、立场、成就和个人品性进行正面陈述。毫无疑问，通过这样的广告，候选人给观众留下了好的印象和口碑。同样，消极广告也从政策、立场、成就和个人品性方面批评对手；看完这样的广告，观众自然就会对竞选对手产生不好的印象和评价。这种认知一致性和广告的性质有关，如“宣传”广告和“攻击”广告。但是这里不包括赞许和批评兼有的广告。

到了广告所展现的候选人身上。

为了证实这些假设，我首先寻找证据来证明实验对象对候选人的情感改变。实验对象们在测试前后的问卷中，给候选人和其他政治家进行打分，采用的是1～100分的情感测试值。通过观察对候选人情感评分的改变，我们可以确定实验对象在观看竞选广告后是否对候选人产生了更好或是更差的印象。同政治认知学的研究（Holbrook et al.，2001）相一致，实验对象对两位候选人普遍持有较为积极的感觉（哈什巴格，55分；麦戈文，54分）。一般认为，人们观看了激发激情的广告后，对投资广告的候选人产生了更多好感；而观看了激发恐惧的消极广告后，对广告所抨击的竞争对手的好感下降。图5—1显示了不同实验组对候选人好感的变化。

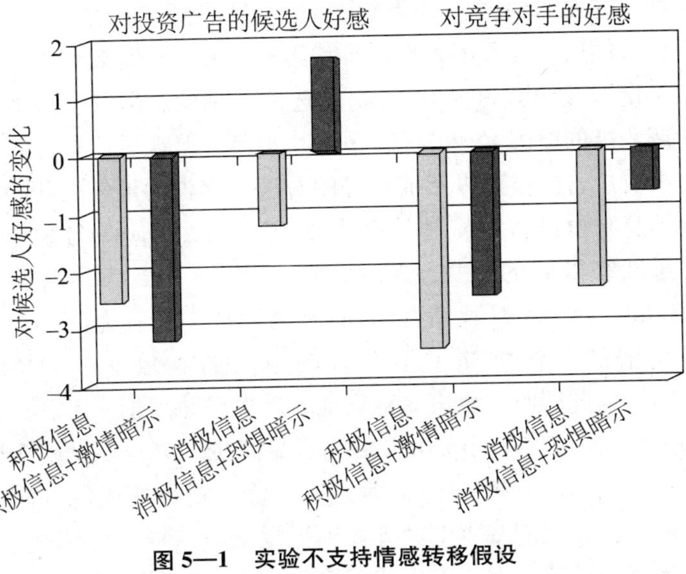

113

图5—1 实验不支持情感转移假设

注：该图表中的数值是实验对象在观看完各种广告后对于候选人情感评分变化的中间值。

然而这些证据并不支持普遍的看法。无论广告的基调和其使用的情感诉求是否相同，实验对象观看完广告后，对投资广告的候选人和其对手的好感评分都有所降低。[①] 实验对象在观看了不同组的广告后，给对手的评分下降幅度比候选人更大，这点我们没必要感到奇怪。即使这样，二者在评分上的差异也并不显著。恰恰与我们所期待的相反，激情诉求并没有让实验对象对投资广告的候选人更加有好感，恐惧诉求也没有影响实验对象对竞争对手的好感。事实上，实验对象在观看完带有恐惧威胁的广告后，给两位候选人的评分最好。只有在观看完带有恐惧威胁的广告后，实验对象对所提及
114 的候选人的好感有所提升，对其对手即投资该广告的候选人也稍有好感。总的来说，我们没有找到证据证明，情感诉求直接影响人们对每位候选人的情感（$t=1.14$，$p<0.136$）。

或许广告直接影响的不是人们对候选人的整体感觉，而是对候选人某一方面的认识。实验结束后的测试，要求实验对象列出喜欢或不喜欢候选人的原因，他们平均给出了 1.2 个喜欢候选人的理由或“考量”，以及 0.6 个不喜欢候选人的理由。尽管实验对象倾向于强调积极的原因（$t=6.77$，$p<0.001$），但观看广告并不能让人们对投资广告的候选人形成更好的看法。广告的语气（积极的和消极的信息）也没有系统地改变喜欢或不喜欢任何一名候选人的人数。虽然有微弱的证据证明激情广告增加了支持候选人的人数（$t=1.56$，$p<0.061$），但我们同时也发现了强有力的证据，证明激发激情的广告增加了不喜欢候选人的人数（$t=2.51$，$p<0.007$）。与此同时，也没有证据证明恐惧威胁增加了不喜欢竞选对手的人数（$t=0.01$，$p<0.503$），或是减少了喜欢竞选对手的人数（$t=0.66$，$p<0.256$）。总而言之，无论是对候选人的好感还是认识上的考虑，我们基本上没有找到证据支持这样的传统观点：“积极和消极的情感诉求会以情感转移的方式产生作用。”

下面我们来测试基于情感理解力理论提出的预测。从这个角度

① 鉴于比较积极广告和消极广告的内容，评论家认为观众因此产生的消极反应会促使他们不去参与选举（Ansolabehere & Iyengar，1995）。

来讲，人们对候选人的印象应该来自人们的情感、个人倾向以及这个人所掌握的信息和选择范围的结合。我们并不期待这样的结果，即广告激发的情感会导致人们改变对一个候选人的看法。激情诉求鼓励选民继续保持或强化他们对候选人本来就有的好感，那些从一开始就喜欢某一个候选人的选民会继续喜欢这个候选人。而恐惧诉求会让选民摆脱这些倾向，让他们关注新的信息并重新考虑该如何做出选择。其结果是，这些人有可能会根据他们所考虑的新信息对候选人的看法做出相应的改变。

这些假设涉及人们对不同候选人的比较评价（cf. Rahn et al.，1990）。当实验对象对投资广告的候选人更有好感时，比较评价呈正值；对广告中的竞争对手更有好感时，比较评价呈负值。对二者好感相同时，比较评价值为零。图 5—2a 显示出实验对象在观看完广告后比较评价值的变化情况。恐惧刺激增加了支持竞争对手的人数比重（$t=1.91$，$p<0.03$）。

116

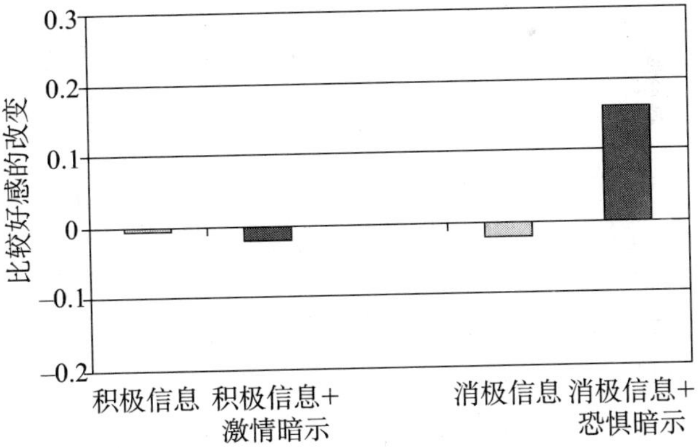

图 5—2a　情感理解力证据：带有恐惧威胁的广告让实验对象转而倾向于投资广告的候选人

注：柱状图显示实验对象对候选人的好感改变。该值为正时，实验对象更喜欢投资广告的候选人；该值为负时，实验对象更喜欢竞争对手。

115 根据情感理解力理论的推测，观众的倾向和广告是有关联的：带有恐惧威胁的广告使那些原本不相信候选人的人，更能够接受他在广告中所传递的信息。如果我们将该实验样本分成三组，即一开始支持候选人的，一开始就支持竞选对手的，以及一开始就对二者都表示漠然的。我们发现恐惧刺激主要对那些需要被说服的人产生了作用。那些一开始不支持或对候选人漠不关心的人，向该候选人倾斜的可能性上升了 0.08（$t=1.93$，$p<0.028$）；而那些一开始就支持候选人的人没有变化（$t=0.10$，$p<0.539$）。同样的效果也出现在比较考量上，它用来衡量投资广告的候选人和广告中竞争对手所获支持与否的差异。① 那些一开始不支持候选人或漠不关心的人，在看完广告后对候选人增加了半个单位的支持考量（$t=1.66$，$p<0.05$）。恐惧威胁让那些一开始支持候选人的人产生逆向改变，但这种变化幅度不大（$t=1.25$，$p<0.111$）。

激情诉求的效果则不同。图 5—2b 显示的是实验对象坚持他们初始喜好的可能（例如，按照他们的情感读数来看，实验对象不会改变自己最喜欢的候选人）。在激情诉求的作用下，保持初始喜好的可能增加了近 15 个百分点（$t=1.74$，$p<0.043$）。而对于支持者、反对者以及一开始就对所有候选人都漠然的人来说，在比较初始好感方面都没有变化。但对候选人的喜恶来说，因为我们在实验对象看完广告后进行提问，所以无从观察到他们的变化。然而，我们可以将支持和反对的人在看完不同的广告后的回应进行比较，寻找证据证明他们喜欢和不喜欢候选人主要基于初始情况下对候选人的感觉。当实验对象看到他们所喜欢的候选人出现在广告中时，激情诉求让喜欢该候选人的人数平均增加了 0.5（$t=1.45$，$p<0.078$）。当实验对象看到竞争对手出现时，不喜欢该候选人的人数平均增加了 0.5（$t=2.03$，$p<0.026$）。总的来说，对于那些一开始就喜欢某位候选人的人，激情诉

① 带着对候选人的某种情感和倾向，观众开始更关注对该候选人的评价。按照情感诉求理论，广告中的情感会在根本上改变选民的态度，而不仅限于积极广告产生好的评价，或消极广告产生不好的评价。这样的比较是基于选民对候选人和对手的初始评价。

求使他们对该候选人的积极考量平均增加了半个单位。其结果是，支持候选人的人数差距，由收看积极的竞选广告后的 1.6 扩大到了收看激情广告后的 2.6。虽然这种明显的效果说明激情广告使选民坚定了自己一开始的看法，导致选民两极分化，但由于情况并不多见，因此难以让我们对这种效果产生充分的信心。

117

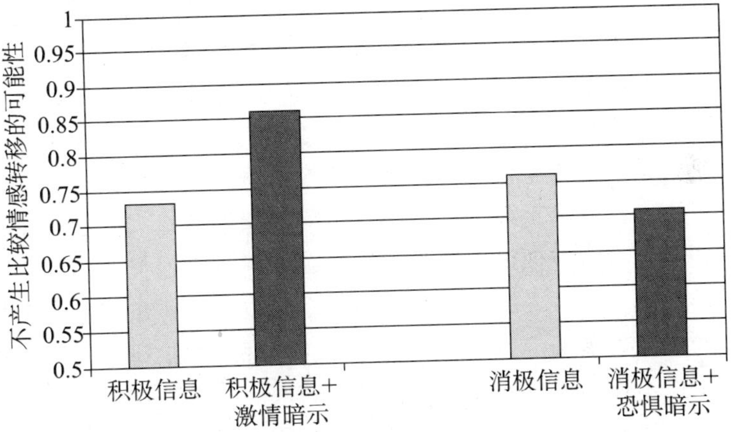

图 5—2b　情感理解力证据：带有激情诉求的广告防止实验对象在比较情感上产生转移

注：柱状图显示出不产生比较情感转移的可能性（例如，一位实验对象对两个候选人的相对喜爱程度在他观看广告之后并不产生变化）。

关于候选人印象方面的证据支持本书提出的理论。情感诉求通过引起独特的政治判断来影响人们对候选人的评价。我们目前已经发现证据，证明广告中的恐惧威胁能动摇选民，让他们在情感和看法上向投资广告的候选人转移。这种效果对那些“需要被说服”的人（他们一开始并不支持这个候选人）尤为明显。同时我们也发现激情诉求强化了已有的喜好并避免了选民产生心理和行为上的变化。 118

这些研究发现与神经心理学在情感方面的预测相一致，有助于我们抛弃传统的观点。积极和消极的情感诉求不能仅仅解释为认知上的直接转移，或改变人们对候选人的印象。这种广为流行并备受推崇的观点实际上是错误的。情感在竞选广告中以一种非常微妙的方式产生作用。它并非是强加给公众的，而是增强人们对已经中意的候选人的喜爱之情，或让人们尝试去接受新的候选人，通过这样在情感和理智上赢得选民的支持。

害怕性支持对喜爱性支持：情感与投票选择

尽管我们已有证据证明广告能够改变人们对某位候选人的印象，但竞选毕竟不仅仅是一场“谁更受欢迎的比赛”。候选人想要赢的是选票，而不是崇拜者。虽然改变一个人对某位候选人的看法是获得该人支持的重要一步，但这并不能保证这个人会给这位候选人投票，也有可能他谁的票都不投。民众并不总是投票给他们最喜欢的候选人。有些人把候选人的某一个缺点放大，足以让一位广受欢迎的候选人落选。也有些人对所有的候选人都举棋不定，到最后谁的票也不投。还有些人，特别是在初选的时候，会出于各种原因抛弃他们最喜欢的候选人（Bartels 1988）。[①]

在实验中，实验对象有机会在测试前后的问卷中表达他们的投票倾向，但问题的形式会有所不同。为了避免测试前的问卷过分暗示有关竞选的内容，该问卷并没有提供候选人的名单，而是让实验对象自己写出他们在州政府初选中愿意投的候选人。通过这种方式，我们让实验对象回想，而不仅仅是指出某个具体的候选人。这样，看似没有任何投票倾向的实验对象在样本中的比例就增加了。而测试后的问卷则模仿了选票的形式，为实验对象列出了候选人的名单。在这两个问卷中，实验对象只要回答“倾向于投票给该候选人”还是“强烈支
119 持该候选人”。实验前的测试使我们充分了解了实验对象一开始的投票倾向，但由于形式上的差异，我把实验前的测试当做之后所有分析

① 探究情感诉求是否影响选民的评价或者候选人能否当选，这非常有意思；但很可惜，我在研究中并没有涉及这些内容。

的一个预测，而不是我们观察个体变化的依据。

有 31%的实验对象在观看广告之后改变了他们的投票倾向，这说明在初选中，这些没有明显特点的选民比较灵活。对很多人来说，这项研究本身或测试前后问卷形式的改变都有可能产生这种转变。的确，在有所改变的人中，有三分之二的人一开始对两位候选人都表示漠然，但在实验后的测试问卷中表达了自己的投票倾向。有超过 80%的人，或由悬而未决转为有明确投票倾向，或从有明确投票倾向转变为悬而未决的状态。从支持一名候选人完全转变为支持其他人的人并不多。

与实验参照组的情况相比，实验对象在观看完广告后转变投票倾向的可能性并不低（二者的可能性分别为 33%和 31%）。但从图 5—3 中可以看出，观看不同广告的结果也不同。而最重要的是，激情和恐惧诉求的效果与我们的期待一样。转变投票倾向的可能性随着激情诉求的作用下降了 17 个百分点（$t=1.97$，$p<0.026$）。恐惧威胁则使这种转变的可能性增加了 11 个百分点（$t=1.24$，$p<0.108$），但由于数据的不确定性，这个结果不一定站得住脚。情感是否会影响人们主观的确定性呢？在询问了实验对象的投票倾向后，我们又马上让他们在实验后的测试中回答自己“现在”是否就能够明确投票选谁。结果是只有 23%的人表示已经能够明确在州政府初选中的选择。在每种情况下，表示已经明确选谁的实验对象所占比例大体相似，但观看激情广告后，表示自己已经明确选谁的比重达到了 36%，是所有情况中比重最大的。这足以说明那些激发激情的广告能够坚定选民做出的选择。

虽然实验证明恐惧诉求能动摇选民，而激情诉求会坚定选民的选择，但我们的假设中还更为详尽地预测了这些效果及其产生的方式。恐惧威胁让人们集中关注新的信息，从而说服人们为投资广告的候选人投票。激情诉求则坚定人们的固有看法，并鼓励人们坚守自己的忠诚。为了验证这些预测，我做了一个简单的区分，分别观察固有看法和广告中的新信息对实验对象的影响。选民的固有看法是通过实验前的测试测得的，新信息则是竞选广告中的信息，其内容用最简单的形式讲就是“选我，而不是选我的对手”。

120

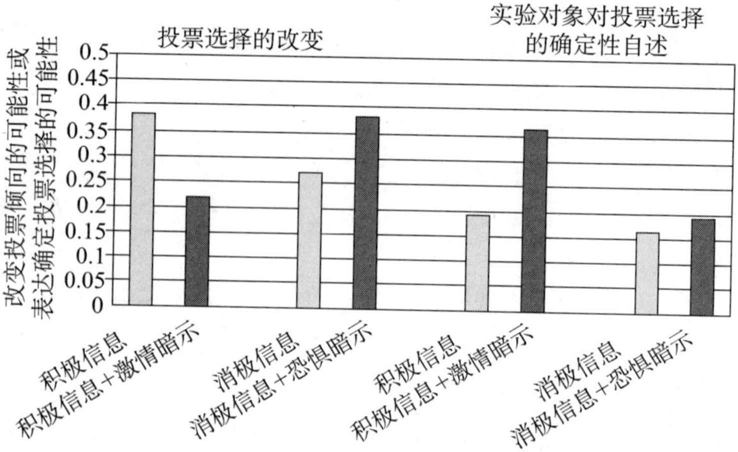

图 5—3　恐惧广告动摇投票选择，激情广告坚定投票选择并增强确定性

注：左侧的柱状图显示实验对象表示要改变投票选择或确定程度的可能性，右侧的柱状图显示实验对象对投票选择表示确定的可能性。

122 图 5—4 显示了两种因素对实验对象选择候选人的影响。其结果同第三章中提到的理论预测相似。实验对象在观看了带有恐惧威胁的广告后，明显地偏离他们先前的倾向，转而重视广告中的新信息。如我们所期待的，一个竞选广告并不能与选民长期积累得出的判断相抗衡。尽管如此，这种影响的强度（11 个百分点的增长）在选举中是非常有意义的。这同安索拉贝赫尔和艾杨格（Ansolabehere & Iyengar，1995）观察到的说服效果强度相同。稍有不同的是，他们发现，特别是在加利福尼亚州的初选中，消极广告对民主党人士作用不大。而在我们的实验中，带有恐惧威胁的消极广告说服了马萨诸塞州民主党初选中的选民。只有引发恐惧的广告信息才具有说服力，而在其他类型的广告中，广告信息没有明显影响选民的选择。①

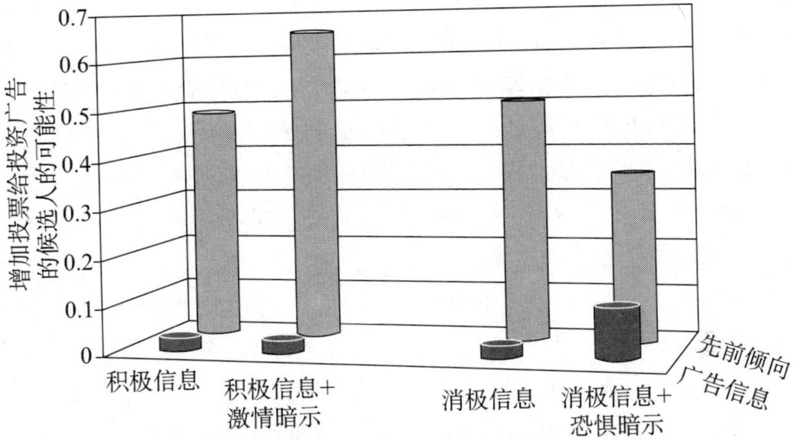

图 5—4 广告信息影响投票选择只适用于恐惧广告，因为恐惧广告对先前的倾向依赖最小，而激情广告对之的依赖最大

注：柱状图显示的是广告信息和先前的倾向如何影响实验对象投票给候选人的可能性。

相比其他类型的广告，实验对象在观看激发激情的广告后，更依赖他们一开始的倾向，而那些观看带有恐惧威胁广告的人对自己一开始的倾向最不关心。尽管两种因素的影响效果同我们预测的相同，但它们在不同广告之间的差异尚不具备数据意义。观众对固有倾向的依赖在激发激情的广告中有所增加，但在恐惧威胁广告中有所减弱，这两项数据有一定意义（分别是 $t=1.44$，$p<0.076$ 和 $t=1.41$，$p<0.080$）。在激情和恐惧两种广告中，固有倾向所产生的影响可能出于情感作用，也可能和语言信息相吻合，但都在数据上有意义（$t=1.03$，$p<0.150$）。而各因素所占

① 值得注意的是，我们还不能证明其他类广告的信息也会产生说服力。按照我们的估计，所研究的竞选广告都有情感说服力，并且研究数值在 0.03。虽然数值较小，但在政治中不可忽略。这些广告中的信息有一个共同点，那就是试图说服观众。但由于样本广告的数量不够多，所以不能得出有统计意义的影响结果。

的比重同我们在理论上的预测完全吻合，这样的结果不太可能是巧合。

利用整个样本在投票选择模型中的交互测试效果，我们还可以验证关于情感诉求产生作用的方式。这个模型包括情感和开始倾向二者之间的彼此作用，还包括情感变量的重新编码，从而反映出广告信息力推的候选人。我们可以用同样的模型来预测对候选人的好感（即相对的感觉冷热度），把先前的好感当做实验对象的倾向。表 5—1 显示的是我们预测的一些重要变量效果。其他所有的控制变量的效果参见附录 B（见表 B—3），其结果在对候选人好感和投
123 票选择上非常相似。我们发现了充足的证据证明，带有恐惧威胁的广告能够说服人们投票给投资广告的候选人。情感感召与先前倾向的相互作用在投票选择上有明确的体现：激情刺激大幅度地增加了先前观念的作用，而恐惧威胁减小了其作用。而在比较性好感方面，类似的相互作用不是十分明显。

表 5—1　　情感暗示对投票选择和比较性好感的影响

123

	比较候选人好感	投票选择
激情暗示	0.23 (0.22)	0.19 (0.22)
恐惧暗示	0.53** (0.21)	0.54** (0.20)
激情刺激×先前倾向	0.58 (0.39)	0.94** (0.34)
恐惧暗示×先前倾向	−0.50 (0.37)	−0.54* (0.30)
N	286	286

注：表格中的数据，是从有序概率单位模型之最大可能性估计出的系数（及标准差）。该表格显示的是，在对广告信息的语气和实验对象的先前倾向进行控制的情况下，情感暗示对投票选择以及对不同候选人的相对好感的边际效果，该表同时可以看出情感暗示同先前倾向或好感之间的相互影响。全部的测试结果，包括控制变量，参见附录 B（见表 B—3）。

** $p<0.01$　　* $p<0.05$

在不同的广告情况和选民的先前倾向中，我们通过比较投票可

能性的分布，能够更清晰地了解这些竞选策略所导致结果的潜在影响。通过使用一个完整的模型，我们能够预测个体选择投资广告的候选人、选择其对手或是举棋不定的可能性。之后我们可以研究广告如何影响三个不同群组（一开始支持投资广告的候选人、一开始支持竞争对手和一开始举棋不定的人）最后做出相应选择的可能性。图 5—5a 显示了恐惧威胁对选择候选人的影响。恐惧对那些一开始漠然或是反对的人比较有效。在一开始漠然的人群中，看完广告后愿意给投资广告的候选人投票的人数翻了一番。在一开始反对的人群中，其结果是原来的五倍。然而恐惧并不能改善该候选人在其原有支持者中的地位。无论怎样，恐惧不仅能让人们改变投票选择，还能让那些一开始反对的人不再支持对手，转而重新考虑自己的选择。 124

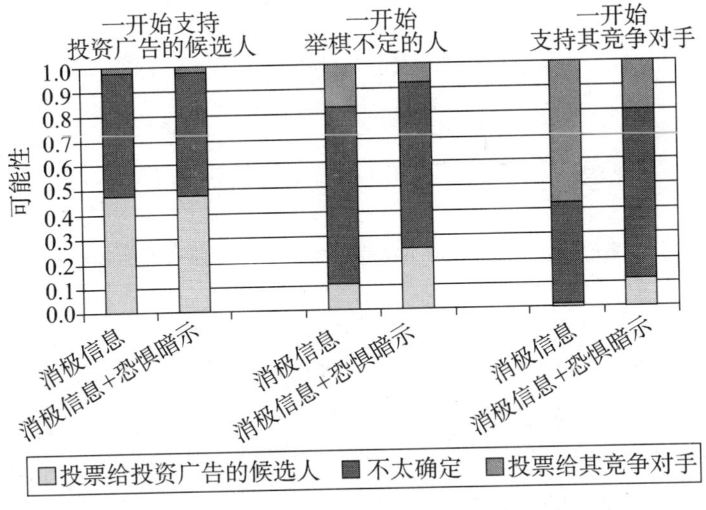

图 5—5a 说服力：恐惧广告软化反对派并赢取转变者

注：柱状图显示的是持有不同初始投票倾向的实验对象，在看完不同广告后表示自己想要投票给投资广告的候选人、其竞争对手或还不确定如何投票的可能性。

通过图 5—5b，我们看到激情暗示对选择候选人的效果明显不同。通过图的左侧，我们能看到激情诉求在竞选广告中起到了 126

激活作用，保证潜在的支持者为候选人投票。由于激情还加强了人们原本的看法，所以那些支持竞争对手的人们也坚定了自己的投票决心。其结果是选民们针锋相对，各自支持自己喜欢的候选人。激情诉求无法让那些还没有形成倾向的选民向某一候选人倾斜。图 5—5a 和 5—5b 的不同结果说明情感诉求的效果具有针对性，这点我将在第六章再做分析。

125

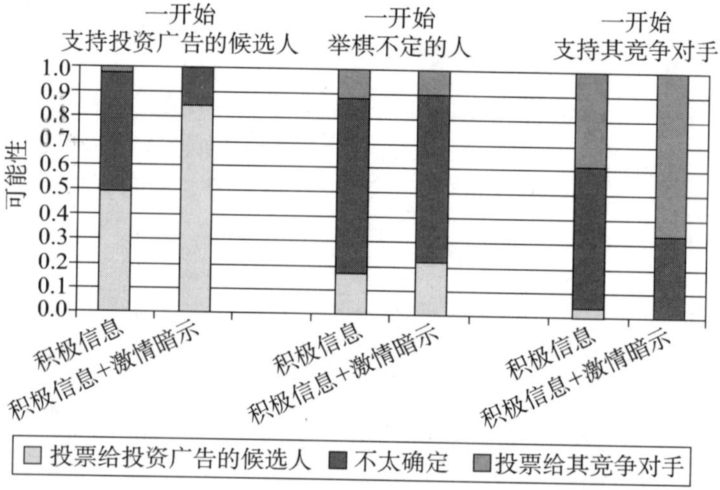

图 5—5b　激活和两极分化：激情广告吸引支持者并排斥反对者

注：柱状图显示的是持有不同初始投票倾向的实验对象，在看完不同广告后表示自己想要投票给投资广告的候选人、其竞争对手或者还不确定如何投票的可能性。

情感诉求（隐藏在竞选广告的音乐和画面中）让候选人能将所要传达的信息影响到那些对竞选不是十分关注的人，并左右他们的观点。但单靠某一种情感是不行的，因为情感诉求的效果在某种程度上取决于民众的先前倾向。政治广告通过激发人们的恐惧和激情让选民对候选人产生不同的印象，并做出不同的投票选择，我们可以通过情感理解力理论推测其影响效果。我也可以将不同的情感诉求和竞选活动功能学说相结合。恐惧具有最直接的说服作用，能够让那些一开始反对或是悬而未决的人转而支持另外一名候选人。激情则让那些从一开始就支持一位候选人的选民更加坚定对其的支持，这些选民中有些人一开始投票的意愿可能并不强，但激情能够让他们采取实际行动。总而言之，我们已找到证据证明恐惧广告产生作用的有效手段就是，通过恐惧的暗示增加选民对候选人的支持，而激情广告则巩固选民支持自己喜爱的候选人。

两极分化效果：吸引、反感，还是两者兼具?

在激情诉求的影响下，图 5—5b 中总的投票选择呈现出明显的两极分化。一个积极的竞选信息伴随着激情澎湃的音乐和绚丽多姿的画面，似乎让该候选人的支持者和反对者更加坚定自己的看法。而积极信息让反对者更加坚定其支持对手的决心，这让人多少感到有些讽刺。鉴于这个发现对于理解竞选过程有重要的意义，我们下面将做更详细的讨论。

尽管如此，两极分化与激情产生的加强效果还是相吻合的。长期以来，学者们都认为，竞选企图激发人们现有的忠诚，而随着竞选不断深入，不同党派的支持者将针锋相对（Lazarsfeld, Berelson & Gaudet, 1944）。即便如此，在做这些实验之前，我们并不知道或是有证据证实激情诉求导致这种巩固和分化。此外， 127
之前的研究将这个过程和党派认同相联系。而我们发现，初选中激情诉求让那些对不同候选人有好感的人产生分歧，这其中并不存在党派之争。[①]

一提到两极分化，人们想到的是双方朝相反的方向分流。这是我们经常在政治中看到的，本章之前的部分实验结果亦是如此。但两极分化有可能是其中一方单方面造成的。这种情况在竞选中也并不少见。我们常认为竞选活动只是动员了自己一方的支持者，但或

① 在特定的时间和地点，美国的政党会分为不同的派系，他们各自的认识根深蒂固，并会产生一些党派偏见。但是 1988 年哈什巴格、麦戈文以及其他候选人之间的竞争并没有体现这种派系偏见。哈什巴格和麦戈文在民主党内都得到了支持，当然，他们不足以代表党内各派系。

许他们同时也动员了对手的支持者。那么激情诉求到底是仅仅巩固了自己一方人的支持，还是坚定了对手支持者的决心，或是二者兼有呢？

我之前在比较研究时发现了一个对称的结果。当实验对象看完激情广告后，支持和反对的人数差距相当可观（达 67%），远大于他们看完不怎么吸引人的正面广告。但这种结果仅仅是建议性的。在之前关于投票选择的分析中，我们发现了激情暗示与个人倾向相互作用的证据，其结论性更强。但是图 5—5b 中关于投票选择的对称结果也被放入了该模型中。尽管对称编码互动很有意义，但只有在这种情况下才可能出现，即对支持者的诱导效果比对反对者的更大，或者由于广告的影响胜过游行支持两倍，从而产生“一边倒”的效果。

通过分析激情诉求对支持和反对候选人的观众产生的影响，我们可以验证其对选民进行分化的程度。我把实验样本分为两组：看到喜欢的候选人的广告和看到竞选对手的广告。我们询问每组观众：在看过带有激情诉求的广告后，他们按自己先前倾向投票的可能性有多大？如果一个人看到自己喜欢的候选人出现在带有激情诉求的广告中，他会进一步坚定自己的看法，则两极分化的现象就由吸引产生。如果看到竞争对手广告的人会进一步坚定自己的看法，则两极分化的现象就由反感产生。

图 5—6 显示了激情广告如何影响个体选择其一开始就喜欢的候选人的可能性，这当然还取决于他所看的广告由哪位候选人制作。[①] 结果很明显：两极分化是吸引和反感共同产生的结果。激发激情的广告能让支持者选择投资广告的候选人，这种可能性提高了 31 个
129 百分点（$t=2.03$，$p<0.026$），而相比反对该候选人的观众，他们选择竞争对手的可能性提高了 44 个百分点（$t=2.42$，$p<0.011$）。

① 该分析基于各实验组和实验条件之间的均差，并不是通过多变量预估得出的结论（见表 5—1）。

因此，反感比吸引更强，尽管其增长的起点低，但是这些效果的大小在数据上难以区分。激情诉求的极端化效果既强烈又对称。

128

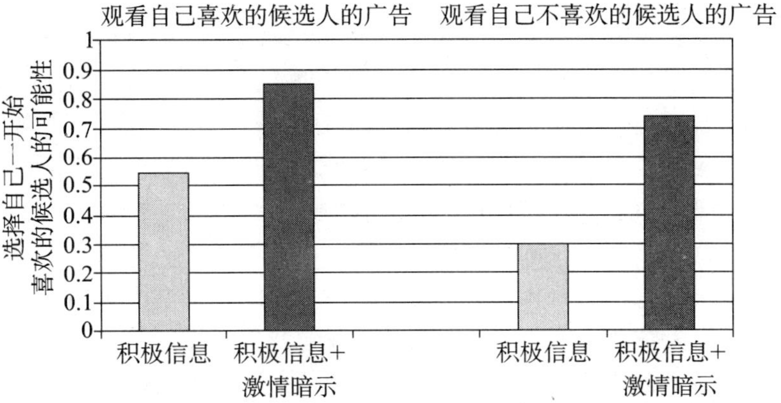

图 5—6 吸引和反感：激情广告产生两极分化效果的进一步证据

注：柱状图显示的是实验对象观看了一开始喜欢的候选人或是其对手的广告后，在测试中所表达的投票选择与其一开始的投票选择相吻合的可能性。

为政治判断打底上色

我在这本书中的一个主要观点是：通过激发激情和恐惧，政治广告能够引发不同模式的信息处理和政治判断。对此我们已经在之前的内容中得到确认，看到激发激情和恐惧情感的广告，似乎改变了观众对自身倾向和广告信息的重视程度。此外，本章的前面部分也对激情诉求如何激活固有看法做了解释。巩固现状较为简单，人们会自然而然地按照习惯行事。因此激情诉求仅仅利用了人们重复做某件事的习惯而已。

那么我们又如何解释恐惧促使人们摆脱习惯呢？马库斯等人认为（2000），人们通常以自己熟悉的方式（如依赖习惯）来应对熟悉的情况。这使人们忽略了眼前大量的细节，转而依赖以往的经验。而恐惧和紧张则打破了这种对固有模式的依赖，从而让人们更多地去考虑眼前的细节，或是“对当前的东西做出评价”。而在竞选广告中，这意味着恐惧刺激打破了党派、意识形态和其他现有判断的束缚，鼓励人们关注竞选广告中的信息、议题、当下的经济状况和候选人的品性。

我们之前看到，恐惧让人们将关注重心从自身倾向转移到广告的信息上来。尽管一个引发恐惧的竞选广告可以产生很多新信息，但选民不一定会天真地、一味地接受广告中的观点。公众当然理解候选人的动机，他们也清楚竞选广告掩盖了部分真相并进行夸张的表述。现有的研究为我们提供了如下证据，虽然人们会从广告中了解并吸收新信息，但这并不意味着他们会不加批评地全盘接受（Ansolabehere & Iyengar，1995；Just et al.，1996；West，2001）。鉴于人们将政治广告视为有偏见的信息来源，根据之前媒体效果的研究，我们认为，广告在揭示潜在的身份或促使人们关注已经和将要出现在新闻中的信息的时候，才能见效（Ansolabehere & Iyen-
130 gar，1994；Iyengar & Kinder，1987；Iyengar & Petrocik，2001；Mendelberg，2001；Valentino，Hutchings & White，2002）。那么恐惧暗示能否将人们的注意力从广告本身转移到其他信息上呢？它能否让观众更依赖对当下议题的评判和候选人的品性呢？我通过分析影响选举选择的各种因素，来研究情感诉求是否能够改变人们做出政治决定的过程。

在这之前，我列出了一些与投票决定相关的长期和短期因素。这些或其他类似因素都是投票选择模型中不可缺少的。我将在之前分析过的简单模型上继续扩展，将个人倾向的定义扩展到意识形态和初始喜好，而我们当前的评价包括：候选人的议题立场、行为能力、领导力评价，以及选民对候选人所传递信息的直觉反应，后者包括选民自述的愤怒、激动和安心等感情，它们是针对投资广告的候选人及其竞选信息而言的。[①] 至于党派忠诚和对经济情况的评价，在地方领导的初选中并不是十分重要的考量因素，所以不包括在内。最后，我在这个模型中没有将广告的信息单独分开，因为其影响是通过更为细化

① 政治学家们将情感和有意识的情绪看作政治选择中的信息（Marcus & Mackuen，1993；Rahn，2000）。

的分析体现出来的（如对议题，品性和直觉等）。[①]

我的目的是看初始喜好、意识形态、议题和品性评价以及直觉反应，在不同实验情况中如何影响实验对象对候选人的选择。结果见图 5—7a。带有恐惧威胁的广告再一次同我们预测的一样，它改变了人们对不同因素的关注程度。恐惧威胁的存在减弱了初始喜好和意识形态的作用，但是意识形态的影响是最主要的不同（$t=1.53$，$p<0.065$）。恐惧威胁大幅度增加了人们在选择候选人时对议题（$t=1.59$，$p<0.055$）和候选人品性（$t=2.40$，$p<0.009$）的关注程度，而对直觉反应的作用不大。恐惧威胁使人们对现状更加重视，这种增加程度是巨大的（$F=9.74$，$p<0.002$）。

和我们预想的一样，激情暗示也让观众产生了改变。人们在投票决定时更多地依赖初始喜好（$t=4.09$，$p<0.001$）。在这种情况下，我们并没有看到对意识形态的依赖有所增长。观众在看完带有激情诉求的广告后，个人倾向产生的影响也有所减弱。尽管我们对单个因素的差异没有把握，但发现在议题、品性和直觉等方面的依赖有所减弱是肯定的（$F=4.72$，$p<0.032$）。

图 5—7b 显示了各个因素在不同的广告中所起的作用，可以让 131
我们更好地了解实验对象改变选择的基础。饼状图显示的是五个因素单独影响选择的比重。当广告中带有激情暗示时，初始喜好产生影响的比重几乎是原来的三倍，候选人的选择由先前的看法所主导。当广告带有恐惧威胁时，判断当前状况所占的比重激增，几乎完全排挤掉了个人倾向所带来的影响。

以上的比较充分表明，在广告中加入激发恐惧或激情的暗示后，广告能够改变政治判断形成的基础，让人们在形成判断时增加或者减少对当前状况的评判。我在设计实验时，针对不同的情感诉

① 当实验模型中包含广告信息和其他变量因素时，我发现早前研究所证明的说服效果已经被后续实验淡化。但我们也发现了消极广告中的“反向效应”。当我们控制实验对象的初始喜好和观看广告后的倾向时，消极广告仍有一些残留效果（没有恐惧暗示），它使得实验对象不太可能选择投资广告的候选人。这也是经常讨论的消极政治广告的反向效果。但对这种观点还有待考究，尤其是实验模型中包含了观看广告后的一些变量。不过该内容不在本书的讨论范围内。

求单独进行推测。但是本书还是想在理论上强调人们在恐惧和激情面前进行抉择的差异。我们在比较人们看完不同广告后做出的选择时，应当记得这些广告彼此间的差异，包括音视频内容和语气上的差异。那些观看了带有恐惧和激情广告的实验对象对初始喜好（$p<0.001$）、候选人品性评判（$p<0.01$）和直觉反应（$p<0.03$）的依赖程度大不相同，而对意识形态（$p<0.08$）以及议题评价（$p<0.10$）上的依赖无太大差异。图 5—7a 和图 5—7b 中的数据反映，两种情感诉求带来政治判断上的转变是十分明显的（$p<0.001$）。就像马库斯等人（2000）从 NES 数据库中观察到的那样，我发现有一组选民基本上依靠他们的政治偏好做决定，而另外一组选民摆脱了习惯，对候选人和议题重新进行考量。在这种情况下，我发现了证据，证明候选人能够使用竞选广告来左右选民，无论是通过迎合选民习惯还是主导选民的理性思考。

132

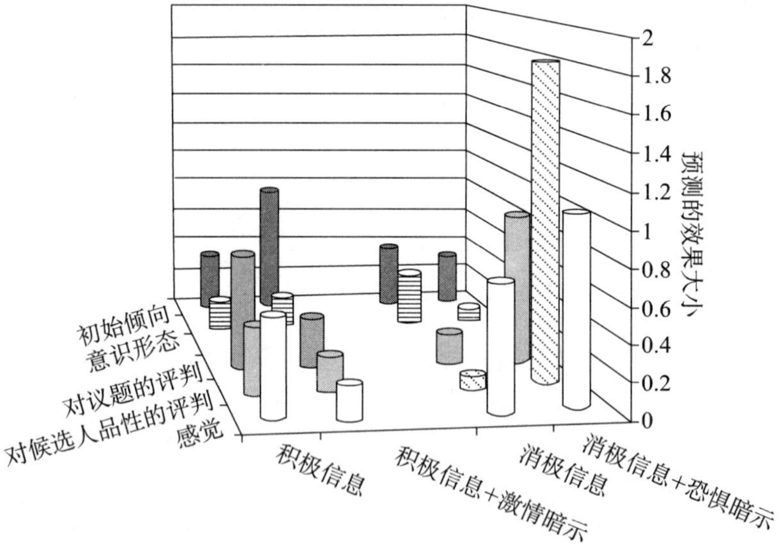

图 5—7a 情感诉求改变政治判断的标准

注：该图显示的是个人倾向（包括一开始对候选人的喜好和意识形态因素）和关于当下状况的评判（包括对候选人在解决某一议题时的能力、领导能力的看法，以及对广告信息的感觉），对实验后投票选择所构成影响的预测。

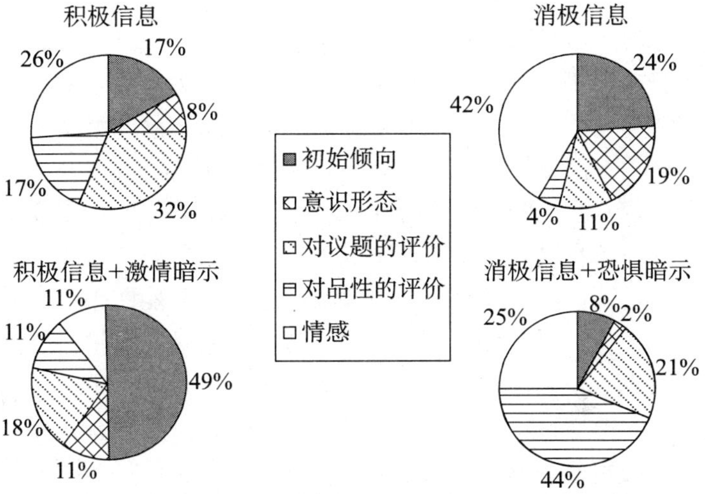

图 5—7b　激情广告增加了对事先倾向的依赖，恐惧广告增加了对现状判断和感觉的依赖

注：该图显示的是个人倾向（包括一开始对候选人的喜好和意识形态因素）和关于当下状况的评判（包括对候选人在解决解决某一议题时的能力、领导能力的看法，以及对广告信息的感觉），对实验后投票选择所构成影响的预测。为了做粗略的比较，这些模型通过使用普通最小二乘法（而不是有序的概率单位）进行估量，变量在 0 到 1 之间重新编码（Achen，1982）。按照所有的估计效果之和进行分类后，百分比通过划分估计效果进行计算（cf. Marcus，Neuman & MacKuen，2000：115－20）。

恐惧和批判性警觉

恐惧暗示会改变人们形成政治判断的基础，而其主要方式是促使人们寻找相关信息，化解“威胁”。这意味着带有恐惧威胁的广告与新闻消费的关系，已经超越了先前研究中所提到的重复和灌输。如果情感理解力的理论是正确的，恐惧诉求应当增加人们接触新信息的渴望，而这种渴望应该是有针对性地集中在那些与广告引发的恐惧有关的信息上。一个带有恐惧刺激的广告当即让观众震惊并抓住了他们的注意力，这并不是一件让人吃惊的事情。但是这种

影响是否能够左右观众寻求并关注某种特定信息的意愿呢？下面我
132 将测试恐惧广告是否激发这种政治警觉。

尽管这项研究关注的重点不是学习和注意力，而是动机和说服力，但我还是收集了众多实验对象的回应，通过这些材料来分析注意力的转移。同测量情感一样，为了保证实验的真实感并掩盖实验目的，我没有在实验对象收看电视节目时对其注意力直接进行测量。实验对象在结束之前并不知道这项研究是关于广告的内容的。在实验后的测试部分，实验对象要指出他们是否能回想起来看过广告，如果记得，要说出投资广告的候选人的名字。结果表明，只有16%的人没有正确回答自己看到过哪些广告，有10%的人没有正确说出候选人的名字。实验时间不长，而且环境不受打扰，能够让人记住看过的东西。但对于实验对象来说，“注意到广告”跟真正注意去看广告还是有差别的。

133 政治广告难以在播放时段将观众留在座位上，但是，即使在实验室里，他们也必须冲破广告时段人们思想上的空白。其中的一种办法是把广告做得更有意思。一些传播学的学者发现某些视觉、结构和语言上的技巧能够让政治广告给人留下更深刻的印象(Geiger & Reeves，1991；Kepplinger，1991；Lang，1991；Newhagen & Reeves，1991)。[1] 我称之为“情感刺激”的东西或许只是让广告更加鲜活、吸引人或娱乐性的音视频内容更多。如果是这样的话，广告有效果或许是因为它们抓住了观众的注意力，而其产生的影响的性质或许由广告的信息决定。[2]

值得考虑的是，本研究中这些所谓的带有情感诉求的广告，它们的成功与否取决于本身的“娱乐价值”，而不是激发情感的特质。
134 如果是这样的话，我们期待那些觉得广告有娱乐性的观众能够较好

① 然而，在日新月异的媒介时代，广告的独特展现还需要不断改进以适应潮流(Kern，1989)。

② 注意：这个替代假设没有理论支撑，也缺乏对恐惧和激情产生不同影响的全面解释。

地回想起广告。另外，我认为，激发观众恐惧和紧张的目的在于抓住观众的注意力。如果本书的理论观点是正确的，那么我们期待那些感觉受到威胁的人能够更好地回忆起广告的相关内容。

图 5—8 的最后一排显示的是，实验对象在观看不同广告后正确回忆广告内容和投资广告的候选人的可能性。虽然在回忆方面没有明显的差异，但同情感理解力理论和娱乐价值理论相悖的是，无论激情广告还是恐惧广告都没有让实验对象更好地回忆起广告的内容。有的实验对象对广告的回忆反而变得更差了。

竞选广告的另外一个目的，特别是在提名竞选的初期，是增强人们对候选人姓名的认知程度。在实验的后测试里，我们会问实验对象所记住的两位主要候选人的名字。图 5—8 的前两排柱状图显示出观看不同广告后人们能够认出候选人姓名的程度。在这方面我们也没有看到任何区别。

134

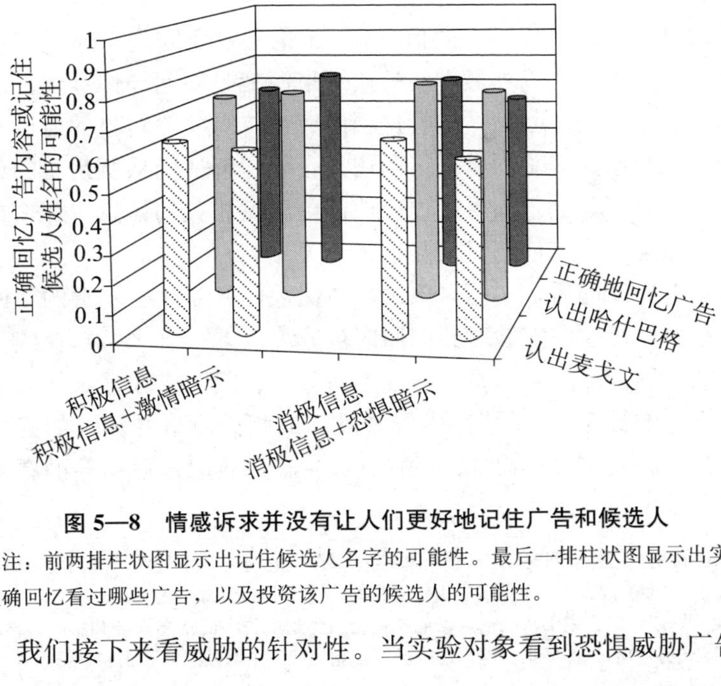

图 5—8　情感诉求并没有让人们更好地记住广告和候选人

注：前两排柱状图显示出记住候选人名字的可能性。最后一排柱状图显示出实验对象正确回忆看过哪些广告，以及投资该广告的候选人的可能性。

我们接下来看威胁的针对性。当实验对象看到恐惧威胁广告攻

135 击他们所喜欢的候选人时，他们也会觉得受到威胁，因此会对广告有更深刻的印象。我们在三项测量中看出了这样的迹象，尽管明显差异仅仅出现在其中一项中。当实验对象看到恐惧威胁广告攻击自己喜欢的候选人时，他们正确回忆广告和投资广告的候选人的可能性增加了 24 个百分点（$t=1.43$，$p<0.082$），认出帕特丽夏·麦戈文的可能性增加了 17 个百分点（$t=1.00$，$p<0.163$），认出斯科特·哈什巴格的可能性增加了 27 个百分点（$t=2.01$，$p<0.027$）。而带有激情诉求的广告则没有这种效果。总的来说，我们没有发现很多证据证明情感让广告本身或是投资广告的候选人更加引人注意，或是给人留下深刻印象。例外的是我们发现有些证据暗示，实验对象在观看了带有恐惧威胁的广告后，对候选人和广告本身都留下了更深刻的印象。这样的结果并不支持娱乐价值假设，而仅为面对恐惧时的警觉这种假设提供了些许支持。

我之前提到过恐惧威胁的影响能够延伸到广告内容以外，而选民的确会因此去寻找更多的信息。[1] 无论是在研究当中还是在现实生活中，除了竞选以外最方便的信息来源就是新闻媒体和周围的人（如家人、朋友和同事）。尽管这项研究没有对实验对象的对话进行检测，但我们在实验的后测试中还是企图了解他们从所观看的地方新闻中得到了什么。如果广告让他们更注意相关的信息，那么或许这种注意会体现在他们对某些新闻的关注上。

在看完新闻后，实验对象试着回忆他们在新闻中了解的新闻故事或是新闻标题。实验对象的回应被分为以下三组：（1）在广告时段后的相关新闻故事，设计内容包括政治、犯罪或教育（如关于小学奖学金的报道）；（2）在广告时段前的相关故事并涉及如上内容（如关于高中生爆炸威胁的报道）；（3）在广告时段后播放的新闻故

① 在观看广告的同时，一个人可能会对广告中的观点产生质疑，但仍会对广告中的信息和暗示给予回应。呼应第三章所提到的，情感回应通常是无意识的。而且，就算一个人质疑广告中含糊不清的信息，他还是能感受到广告中的情感操控和影响。你可能试图避免电影中的恐怖场景，但你还是会不自觉地在那个时候感到紧张和害怕。

事，没有涉及上述内容（如关于美国"宪法号"航母的出海价值）。[①] 如果带有恐惧威胁的广告能够让人们产生寻求相关信息的意愿，那么实验对象应当会对相关的新闻报道产生更为深刻的印象。

图 5—9 显示的是每组实验对象回忆新闻故事的平均数。恐惧暗示广告在他们回忆后面的相关新闻故事时增加了近一倍，从 0.25 上升至 0.46（$t=1.90$，$p<0.030$），但它在回忆前面的相关新闻和后面的不相关新闻时，没有有意义的提高。同时有证据表明，激情暗示广告会令观众观看新闻时分心。在这个实验中，他们回忆广告之后相关新闻的比例下降了 1.5（$t=1.50$，$p<0.068$），并稍微增加了回忆不相关新闻的比例（$t=1.45$，$p<0.075$）。恐惧和激情所 136
造成的相反和有选择性的效果与这个假设并不一致，即带有情感诉求的广告仅仅是更生动更有娱乐性。但结果同我们对情感可以转移注意力的预测是一致的。

无论实验对象看到的是攻击还是支持他们喜欢的候选人的广告，恐惧暗示都会影响他们回忆广告之后的相关新闻故事。但是我们发现，对于回忆广告前的相关新闻故事，恐惧暗示和个人倾向以及投资广告的候选人之间的相互作用，对实验对象产生了明显的作用。尽管观看不同广告的实验对象没有多大的差异，但当观看的广告是攻击实验对象喜欢的候选人时，回忆广告之前的新闻故事的比例就增长到了原来的三倍（$t=3.01$，$p<0.003$）。当广告支持的是实验对象所喜爱的候选人时，恐惧暗示降低了人们回忆新闻故事的水平（$t=1.47$，$p<0.077$）。这看起来与我们观察到的恐惧的其他效果相似，但超出了假设所想到的结果。这说明广告对恐惧诉求的对象产生了一种启动效果，增加了记忆中相关信息的显著性。尽管洛芝和泰伯尔（Lodge & Taber，2002）发现，情感暗示能够在人

① 我囊括了所有的回应，虽然并不都很准确。比如，如果实验对象回想起不存在的某种罪行或某次选举，我就把它们归到相关的故事这一类中。如果他们回想起医疗保险或汽车，我就将其归到不相关的故事这一类。我们研究的重点不是精确测量恐惧产生的影响，而是恐惧如何使人的注意力集中到与之相关的内容上面。

们的记忆中留下底纹烙印般的概念，但是我没有觉察到任何能表明恐惧对记忆中的相关概念或事实打底上色的证据。我们还需要进一步考察，以了解恐惧促使人们寻找信息并且从记忆中寻找相关信息的可能性。

136

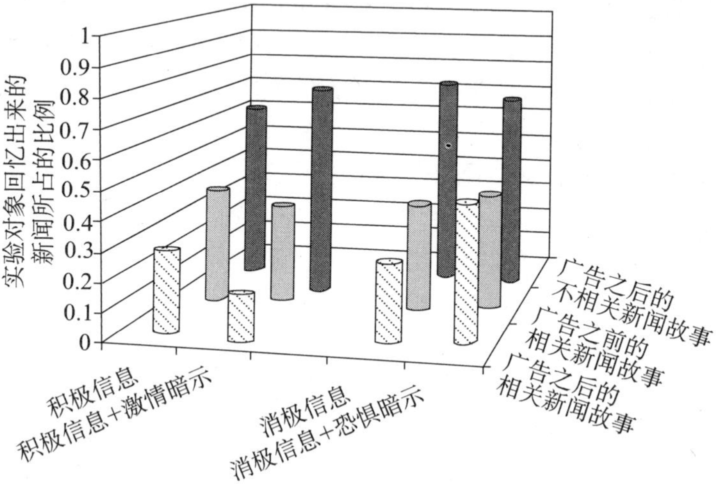

图 5—9 恐惧广告强化注意力于新闻中的相关信息，激情广告将注意力转向他处

注：柱状图显示出实验对象在观看完电视后回想起的新闻故事的比例。新闻故事按照其与广告内容的相关性以及在广告前后的播出时段来分类。

137 除了对新闻故事回忆的测量外，我们还可以看看情感诉求是否影响人们自己表示想要寻求新信息的倾向。我在其他地方发现过的证据证明，在回答实验后测试中的开放性问题时，恐惧刺激促使人们寻找与之相关内容和信息（Brader，2005）。测试还问到实验对象是否会联系竞选工作人员去获得更多信息。尽管同政治家联系是政治参与的一种形式，但我们的问题强调联系的原因，即为了获得更多的信息，这与我们想要验证的内容直接相关。测试还问实验对象喜欢观看的电视新闻故事类型，包括政治、财经、犯罪和健康等内容。我认为收看新闻的主要目的是获取信息。但是这些问题只涉及实验对象观看电视的普遍倾向，并不代表实验对象非常积极地去寻找信息，而对这些问题的回应也同接收信息的习惯紧密相关。因此，在观看新闻前，我预先进行了控制处理。

我们从他们对两套问题的回答中可以发现，恐惧促使人们寻求与之相关的新信息。图 5—10 显示出实验对象在看完不同广告后，表示会与竞选工作人员联系以获得更多信息的可能性。当恐惧刺激被加入到消极广告中后，实验对象愿意同竞选工作人员联系的平均值增加了 67 个百分点，从 0.29 上升到了 0.48（$t=1.43$，$p<0.078$）。尽管这种效果产生的范围较为广泛，但其在攻击实验对象喜欢的候选人的广告中最为强大。看到这种广告的实验对象比看到普通消极广告的实验对象（$t=1.94$，$p<0.034$）表达了更强烈的意愿，他们想要联系竞选工作人员的意愿增加了三倍以上（从 0.22 上升到 0.75）。激情暗示则对这种意愿没有产生影响。

138

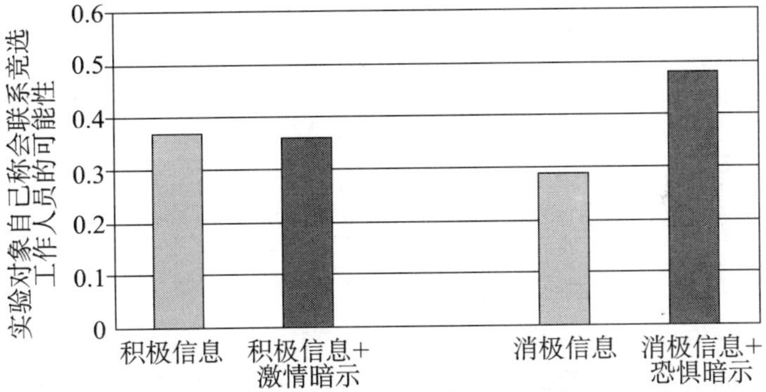

图 5—10　恐惧广告激发实验对象联系竞选工作人员以获得更多信息的意愿

注：柱状图显示出观看不同广告的实验对象表示自己会联系竞选工作人员以获得更多信息的可能性。可能性测量范围从 0 到 2。

在观看电视新闻方面，我们得到的结果也类似。表 5—2 显示出激情和恐惧诉求对观看不同类型新闻的兴趣的边缘效果。带有恐惧威胁的广告增加了人们观看政治新闻的兴趣。这种改变明显但幅度不大，其增长接近 0.5，在 7 分的度量衡上为四分之一个标准差。但如同该表最下面一栏所显示的，当实验对象看到广告攻击自己喜

欢的候选人时，这种改变更为剧烈。此外，恐惧刺激使观众有选择
139 性地寻找信息，就像我们观察他们回忆看到过的新闻故事一样。他们观看政治新闻的兴趣有所提高，而观看经济、犯罪和健康类新闻的兴趣则没有变化。我们也发现一些证据证明，当人们看到广告攻击自己喜欢的候选人后，他们对犯罪新闻的兴趣有所提高，但这种增长没有明显的数据意义（广告中有设计犯罪方面的内容）。而激情暗示则对这些实验对象观看新闻的兴趣没有产生任何影响。

表 5—2　　情感刺激对观看电视新闻兴趣的影响

139

	观看新闻的兴趣			
	政治新闻	经济新闻	犯罪新闻	健康新闻
激情暗示	0.14 (0.25)	0.30 (0.26)	0.08 (0.32)	0.00 (0.31)
恐惧威胁	0.43* (0.24)	−0.15 (0.26)	0.13 (0.31)	0.02 (0.30)
恐惧刺激与喜爱的候选人受到攻击	1.97* (0.85)	0.47 (1.06)	1.31 (0.90)	0.01 (0.88)

注：表中的数据是从最小平方回归分析得出的系数（及标准差）。该表是在控制新闻消费习惯、先前对议题的兴趣和实验对象差异的情况下，所显示的情感诉求的效果。全部结果参见附录 B（见表 B—4）。$N=234$。

* $p<0.05$

情感诉求使人们做出政治判断的方式有所改变，从依赖习惯转变为理性思考和批判，关于这个假设我已经找出两个方面的证据。塞缪尔·约翰逊（Samuel Johnson）说过：“没有什么比在早上被绞死更让人精神集中的事情了。”当恐惧出现，我们就会重新集中注意力，要么想办法排除危险，要么想办法逃避。竞选广告中的恐惧威胁不仅让观众考虑广告所传达的信息，还鼓励人们对当下情况进行评估，并在此基础上重新考虑自己的选择。这种认知和行为上的回应是有选择性的（主要是寻找相关信息）并且超出了一般范围的（不仅限于广告本身和政治来源）信息搜索。这些发现意味着，公众吸收信息的内容在慢慢地发生变化，而我们需要一个更为复杂

的研究模型来进一步了解这个过程的本质并准确地判断人们能从这样的一个过程中学到多少东西。

情感如何影响“政治专家”，关于情感诉求回应者的再探讨 140

我们之前看到的证据证明，情感诉求倾向于动员那些对政治较为了解，而非不太了解的人采取行动。这样的发现同第三章中提出的相关性假设一致，但又同很多普遍观点相悖。或许我们可以根据那些对政治较为了解的人来解释这些关于动员的发现，因为他们有非常强的参与倾向。他们的行为不仅同他人一样受到相同的情感过程控制，而且他们的性情也让他们能够随时做出反应并采取行动。政治“专家们”在认知上和情感上都参与政治。那么他们是否能被说服呢？一般认为，情感可以操控或者左右“无知”大众的看法。而这样的观点似乎更适用于态度改变和政治说服的问题。那些熟知政治的人（如果他们有更为丰富的政治知识和意识、更为坚定和完善的信念、更浓厚的兴趣）更容易被动员，但他们应该不容易被说服。

接下来我将对本章中的发现重新进行探讨，看看该发现对政治了解程度不一的人影响效果是否相同。根据实验对象对州政治的了解程度，我再一次将他们分成了对政治较为了解的人和对政治不太了解的人两组。鉴于本章中所研究的关系较多，很多都是相互影响的效果分析，我接下来只专注于分析中值测试的分组样本差异，并仅在那些我们发现产生了效果的地方寻找证据。分析结果见表5—3。该表前两栏是本章的主要研究发现以及针对积极和消极广告加入相应情感刺激后所产生的效果。第三栏和第四栏显示的是对政治知识水平不同的人所产生的效果。

很明显，我们的研究发现，广告针对不同的人效果是不一样的。那些对政治较为了解的人对情感诉求的回应非常积极。对于政治知识水平高的人来说，恐惧威胁对于改变态度、投票选择并激发对新信息关注的影响是最强的。同样，在强化政治习惯、增加对投票选择的确定性以及阻碍对新信息的关注方面，激情刺激的能力在那些对政治了解较多的人当中效果最强。这样的差异比在研究政治动员时的发现体现得更为明显。几乎在每一项当中，获得最多证据支持的都是，情感诉求在转移注意力和说服效果上，对那些对政治较为了解的人影响最强。但有两处例外。恐惧刺激对相关新闻故事的回忆似乎有非常广泛的效果，而激情能够吸引支持者，这似乎对
141 那些对政治不太了解的人最有效果。但值得注意的是，这些效果的强度对于那些对政治较为了解的人而言都不小。

141 **表 5—3　　不同政治知识水平的人对情感诉求的回应水平**

观察到的情感诉求效果	整个样本中的差异	拆分后样本测试	
		对政治不太了解的人	对政治较为了解的人
恐惧将好感向投资广告的候选人转移	0.18*	0.04	0.35**
激情增加坚持初始喜好的可能性	0.13*	0.08	0.19*
激情降低改变投票的可能性	−0.17*	0.03	−0.39***
激情增加选民自我表达的确定性	0.17*	−0.05	0.34**
恐惧增加说服（改变投票）的可能性	0.14	−0.08	0.43**
激情吸引支持者	0.31*	0.50*	0.20
激情让反对者反感	0.44**	0.17	0.56**
恐惧提高对相关新闻故事的回忆水平	0.21*	0.18	0.24
激情减弱对相关新闻故事的回忆水平	−0.13	−0.08	−0.21
恐惧增加联系竞选工作人员的意愿	0.19*	0.06	0.35
恐惧增加收看政治新闻的意愿	0.29	0.01	0.67
N	286	157	129

注：表格中的数据在平均数方面有差异，对于整个样本来说，它们在有还是没有情感暗示实验条件之间变化，对于很少了解政治和比较了解政治的人各有不同（恐惧效果＝恐惧条件平均数－负面条件平均数；激情效果＝激情条件平均数－正面条件平均数）。

$^{***}p<0.001$　　$^{**}p<0.01$　　$^{*}p<0.05$

通过实验结果，我们发现对情感诉求的回应无疑同政治了解程度有很大关系。这些发现完全颠覆了人们普遍认同的看法，即情感能够影响并控制大众。心理学家称每个人的行为都受到情感的控制，并提醒人们不要将情感与理智分开。这种陈旧的观点会让人们 142 认为知识丰富、认知水平强的人会控制并压制情感的影响。而我们在实验中看到的并非如此。这样的心理学理论也没有帮助我们解释为何会观察到截然相反的现象。情感诉求何以能够对知识水平最高的人产生最大的影响？

我之前曾提到过，这或许是因为越是对政治了解就会越关心政治。较为了解政治的参与者对政治表现出比其他人更多的激情，政治学家们对此并不感到惊讶。相比其他人，较为了解政治的人对跟踪政治动态更加感兴趣（$+1.1SD$，$p<0.0001$），更愿意投票（$+0.6SD$，$p<0.0001$），党派倾向更强（$+0.4SD$，$p<0.001$），意识形态偏向性更强（$+0.25SD$，$p<0.02$），对现任州长的工作有更强烈的看法（$+0.32SD$，$p<0.002$）。但在关注政治争论的同时，他们在知识上的优势让他们能够更好地将新信息与自己已有的看法相融合，对相矛盾的信息进行反驳并能够抵抗说服（Zaller，1992）。我们的发现同这种看法吻合，对政治较为了解的人更容易正确回忆出看过的广告以及投资该广告的候选人（$p<0.002$），但却不太容易在整个研究的过程中改变自己的投票倾向（$p<0.007$）。那么为什么情感诉求偏偏对他们有效呢？

回到本书的理论观点上来，我认为这跟大脑在人的情感系统中连续不断地、微妙地处理信息有关。竞选广告中的这些刺激能够引发情感回应，但是不能够让人们意识到。如果激情或恐惧在我们无知觉的情况下引导我们的政治判断和注意力，反驳的能力就没有那么大了。另外，因为这些情感回应是基于成功或者威胁的信息对个人的意义，所以那些对政治更关心的人会对这样的刺激更为敏感。但这并不是说对激情和恐惧的作用是无法抵挡的。的确，这种诉求越是明显和公开，我们就越期待接收或是抗拒的能力发挥作用。然而对竞选广告中情感刺激的回应是自动产生的。即便一个人意识到了情感上的变化，他也许仍不能彻底地理解这种改变的原因。他还是知道自己不同意广告的信息，并反对其中的观点。但是他或许无法控制自己对这样的观点有那么强（或者弱）的反抗倾向。

总的来说，激发恐惧或激情的竞选广告容易左右那些更加了解
143 和关心政治的人。这样的结果再一次支持了相关性假设。如果一个人对政治很了解，他就会将竞选广告同他的目标以及行为相联系，这使得广告中的情感刺激对他的回应有更强大的影响。

"恐惧"是否为我们敲响警钟？害怕"恐惧"本身

本章中，我测试了竞选广告通过使用情感来转移注意力、改变政治态度和选择的能力。实验中的证据显示，观看情感上具有煽动性的广告能够对投票选择产生相当大的影响。同理论预测相吻合，情感刺激是通过改变公众的依赖习惯、理性思考的程度来做到这一点的。根据证据，我们可以得出这样的结论：广告的说服力基于这种更为复杂的过程，而非基于情感的直接转移，或是在讨论广告时经常提到的娱乐性价值。简而言之，由竞选广告所产生的情感影响非常复杂，但可以预测。

情感理解力理论对激情和恐惧在社会性决策方面的不同作用都有论述。对外界的情感回应能有效地协调我们对日常认知的依赖，审时度势，当机立断。成功的预兆能够激发激情，进一步增强当下追求的价值并鼓励一贯的行为。激情鼓励人们坚持信念。威胁的征兆能够激发恐惧，增强对新信息的关注和考虑，以此来应对任何恐惧。其结果是恐惧让人能暂时摆脱习惯，转而考虑其他的行为。实验证据显示，针对这些情感的竞选广告产生了情感理解力理论所预测的政治判断方式（Marcus，Neuman & MacKuen，2000）。

恐惧在说服的过程中起到了决定性作用。伴随着触目惊心的音像，恐惧诉求使人们改变态度，进行从未期待过的选择。虽然不能

保证让人们转变心态，但与激情和那些不太带有情感的感召相比，恐惧在这方面的能力最强。那些想要让选民感到紧张的广告在改变观众对投资广告的候选人的印象方面更有效。这种印象的改变一方面出于对候选人的整体印象，另一方面出于喜欢和不喜欢候选人理由上的平衡。恐惧能够让人们改变支持的对象或者让那些已开始反 144
对某一候选人的选民对自己的选择产生不确定性，但这并不是完全或主要通过增加他们对广告信息的接受来实现的。广告让观众减弱对先前倾向性或意识形态的重视，将重心移到对某一议题当下的评判，以及对候选人的性格和能力或是他们对竞选广告所传达信息的直觉反应。在捕捉观众注意力上我们也有类似的发现。带有恐惧威胁的广告无法提高观众对广告整体或是候选人姓名的回忆，但是他们激励民众更加关注新闻中相关的信息并从政治或非政治来源寻找更多类似的信息。在很多情况下，这种广告对那些一开始支持反对者并对政治非常了解的人最为有效。

激情能够对政治态度和选择构成非常强大的影响，但是这种情感更多地同竞选的动员和加强过程联系在一起，而不在于说服选民。伴随着温馨的画面和音乐，对激情的感召加强了选民先前存在的态度以及在选择候选人时对这些态度的依赖。因此，证据显示，激情感召是将忠诚的人们团结起来的绝好工具。激情感召或那些让人感觉良好的广告，出于激发积极的情感，却很有可能让选区的选民在被吸引或是受到反感的情况下产生分化。这些广告在巩固支持者的坚守的同时也坚定了反对者的信念。同激发恐惧一样，激发激情对那些更了解政治的人更为有效。

这两种感召的短期效果都非常强大。我们可以非常自信地回答本章开头的问题，候选人是可以通过电视广告来说服选民的。恐惧刺激为候选人提供有效的手段说服民众改变他们的想法，而激情感召让他们对支持者进行强有力的动员。

情感感召能够增强竞选传播的力量，但它们是否是民主社会中合法的和最好的传播手段呢？我们应该对它们的效果以及将恐惧当作民主选举中的工具表示赞许还是警惕？当然有很多人将这样的做法形容为对普通民众恐惧的“猎取”。对一些人来说，对积极情感感召的使用是可取的，但是对消极情感的感召则是卑鄙的，甚至被认为是腐败的做法。尽管政治学家们很少区分恐惧刺激、攻击性广告和其他形式的负面内容，但他们对消极手段的使用通常都进行谴责（Jamieson，1992；Kamber，1997）。

激发负面情感的广告到底哪儿不对呢？批评者们从来都没说清楚过这一点。提倡协商民主的人或许会批评攻击性广告在阻挠相互
145 尊重的观点交流时威胁到了程序的公正性，尽管有些人也认为竞选的对抗性对竞争性选举非常重要（Mayer，1996）。另外一些反对则出于对礼节的考虑：消极的情感对人们来说是一种不好的体验，因此让人们产生了“不好的感觉”，是不礼貌的和恶俗的。按照这种观点，合理的争论仅仅是说给观众“好的本性”听的。人们倾向于把激发像恐惧或愤怒这样的消极情感同激发那些被普遍认为错误的情感（如仇恨和报复的欲望）联系起来。最后，还有些人认为恐惧感召昭示了一些不好的东西。只有那些煽动者和独裁者才会诉诸这样的手段，政治家和公仆不应该这样做。这种相互关联体现了一定程度的负罪感，而有些人的反对是出于担心恐惧让人们的头脑更容易被操控。

这让我们想到了更为宽泛的反对。很多人认为所有的观点都应该是基于，且仅基于逻辑理智而得出和被评价的。从这个角度来讲，任何对情感的感召，特别是作为一种说服手段，都是值得怀疑的。人们应该独立做决定并有充分的理由支撑他们的决定。批评者们担心人们会做出无逻辑的决定并违背自己的意愿来改变自己的选择。这种观点显然来自传统上对理性和情感的分离。

持上述观点的人们有理由对本章所指出的实验发现产生警惕。情感感召对政治态度和选择具有强大的影响力。恐惧在说服方面非常有效。那些理性的政治家们会使用这种手段来赢得胜利，而反对这种计策的人很难因坚守原则而胜利。

但是，并不是所有人都认为恐惧威胁是不正当的。有些人看到了其中的长处。亚里士多德认为，“恐惧能让人们思考能够做什么”(1383a)，塞缪尔·约翰逊表示威胁的出现让人的头脑集中精神。这些人不太会认为经常地使用恐惧威胁是可取的，但他们会认为很多非感性的论点也是应该受到批评的（例如，那些基于刻板印象、欺骗和自私利己的观点）。确实，反对情感感召的人经常认为情感和理想是对立的。这种观点有误导性，但却有很广泛的影响。而当今的研究已经指出情感对适应性社会决定的形成是非常重要的(Marcus，2002)。从这个角度来说，激发紧张感可以让政治家给那些理性但对信息缺乏关注，并依赖于先前倾向的公众敲响警钟，让他们注意到潜在的危险并重新考虑该做什么。例如，进步论者就会对大众的无知及其党派习惯担心。

即便批评者的抱怨是有根据的，相互竞争的竞选活动以及独立 *146*
的新闻媒体，还是会对滥用恐惧威胁的广告进行监督，就像它们监督其他形式的选举“操控”一样。另外，激发不合理的恐惧（如在不存在威胁的情况下）的能力是有现实限制的。我们需要进一步了解恐惧和其他情感在政治过程中所发挥的作用。研究的拓展能让我们深入了解政治竞赛和实际的环境对恐惧诉求（无论合理与否）影响的控制。

尽管规范性的问题远没有得到解决，但本章的发现还是对说服以及观点改变的过程给予了明确的解释。首先，实验结果显示，竞选广告具备强大的力量，这种力量在之前的研究中都没有记述。在实验环境下，候选人极有能力来影响选民的选择，而这不仅仅在于简单地激活他们先前的倾向，以及提供一些毫无争议的信息。其次，基于第四章的实验结果，本章中的发现让我们了解到情感是可以预测的，也是可以解释清楚的。马库斯等人（2000）在人们对候选人的情感回应，以及总统大选中的政治判断之间也发现了类似的关系。我们通过实验建立起之前研究发现背后的因果关系，并把这些发现延伸到竞选传播的复杂过程中。我们的研究不仅仅指出公众会因自己感受到的不同情感做出不同的选择，还证明候选人能够通过使用政治广告激发公众的某些情感，以达到改变他们选择的目的。最后，我们现在能够更好的解释，为什么竞选会使用不同的手段来向选区中不同的人群传达同样的信息。这一点我将在第六章做进一步探究。

像我们这里所提到的，实验能够阐述因果关系，能够显示出诱因的很多潜在影响。但是我们必须进一步进行实验研究并通过其他方式搜集数据，来了解这种影响的持续时间、积累方式，以及大的政治和信息环境对其效果的制约。广告能够在短时间内影响政治选择和行为。这些发现让我们能够在进行其他层面的研究时，对其背后的引发过程更为有信心。需要再次说明的是，这里得出的实验结果可以证实，且只能通过实验来证实：竞选广告能够诉诸恐惧说服公众，并通过激情感召巩固他们的信念。

第六章　竞选广告中的情感诉求

全世界的选举活动中都有演讲、撰文和拉票。美国选举的特别之处在于把好玩的“游行场面”作为激发民众热情的方式……游行庆祝、人头攒动、火炬接力、徽章闪耀、旗帜飘扬、呐喊助威……这些形成了“热闹”的景象。美国的选举，不论真假，多半是繁荣热闹的。 147

——詹姆士·布莱斯勋爵（Lord James Bryce，1889）

在竞选广告中，政客经常诉诸情感，这已在前面一章中得到验证。公众也普遍认为，广告通过画面和音乐来编排信息，从而产生激发情感的力量。在本章中，我将进一步研究政客在其竞选广告中利用情感诉求的方式和程度。美国人在 2004 年观看了 100 多个电视竞选广告。很多竞选广告把前所未有的精力放在激发观众的恐惧和愤怒上。除了所有的候选人和政党广告之外，出现了很多类似“527”的组织（以美国国内税收法的条款命名），如“继续前进组织”（MoveOn. org）和“追求真相的快船老兵”（Swift Boat Veterans for Truth）。这些组织专门在电视上播放针对时任总统小布什和民主党候选人约翰·克里的负面广告。所以，美国竞选的独特之处就在于其“热闹”的风格，这也是一个世纪前詹姆士·布莱斯勋爵所描述的美国竞选。今天，竞选仍然在激发着公众的情感，尽管现代的竞选技巧已经发生变化。电子竞选走进美国的千家万户已经有一段时间了，其目的不仅在于引发民众的恐惧和愤怒，还在于唤起他们的希望、激情和骄傲。

本章中，我将进一步研究情感在当代竞选广告中的运用，探讨

148 三个问题。[①] 第一，政治广告使用何种情感？前面我已经指出，也是本书的重点，有两种情感——恐惧和激情——经常出现在选举中。本章将验证这种说法的准确性，并且讨论广告试图利用的其他情感。在这种情况下，我将特别注意研究一些情感，它们被视为情感维度理论或情感离散理论中的核心部分，并且对选举政治也有一定的影响。

第二，竞选广告以何种方式去激发不同情感？在本章，我将观察候选人改变竞选广告中的音乐、画面、颜色和其他方面的频率，思考这些广告中的暗示如何与心理学家和情感理解力理论（见第三章）所提出的情感特定功能相呼应。广告的视听特征往往与其信息相吻合，我要验证广告中的情感诉求如何与特定的语言信息和议题内容相联系。传统观点认为，依赖情感诉求就要以牺牲信息、议题和逻辑为代价。我将用实验予以检验。

第三，政治家的情感诉求战略是什么？鉴于所了解的不同情感诉求的影响，我们希望政治家能有选择地采用这些情感诉求。实验表明，采用恐惧或激情诉求的比较优势取决于选民对某人的忠诚分配，以及获得什么样的信息能改变他们的忠诚。根据直觉和反复的实验，候选人及其顾问可能（无意识地）采用符合理论预测的情感诉求，也可能只是遵循政治家这个职业的传统做法。尽管还没有验证该观点的广泛的实验数据，但我会尽可能厘清所做实验的证据，揭示政治家在不同的条件下，使用或不使用特定情感诉求的类型。

---

① 我本打算提出第四个问题，即在整个广告竞选的阶段，情感诉求对选民的总体影响如何，以及这些影响如何与理论预测相吻合。不过，进行这种本质分析所需的数据现在还未能收集到。早在多年前，这个研究就已经开始了，在当时，除了用最粗略的统计方式，根本不可能进行宏观层面的分析，而且在当时，需要花费很多的精力去收集数据。然而，在这期间，关于竞选广告和选民的新数据来源已经产生了。如果与关于广告中情感内容的数据相联系，这些新的数据来源能及时地显示出竞选广告在播放频率、播放时间和地点上的策略，以及竞选广告对选民或竞选结果的影响。

关于近期竞选广告中情感内容的研究

为了找到以上问题的答案，在首次大范围的研究中，我系统地探讨了当代竞选广告中的情感诉求。[①] 2002 年我和同事合作进行了一个研究项目，对近期政治广告中情感诉求的运用和相关内容进行编码和分析。[②] 本章将展示研究的第一批结果。我们收集的 2000 年的竞选广告来自《国家期刊》（*National Journal*）。这本杂志收藏了在主要媒体上播放的广告，主要是关于联邦和州一级竞选的广告。最后的样本包括 2000 年大选的 1 565 则广告和 1999 年三个州竞选的 30 则广告。这其中包括竞选总统、州长、联邦参议员和众 *149*
议院、州参议员和众议院、市长和州最高法官等公职的候选人投资播放的初选和大选广告，还包括由候选人、政党和利益团体制作的广告，这些样本来自 46 个州的竞选。[③] 接下来，我将侧重分析与联

---

① 尽管很多研究曾经评论过情感诉求的广泛应用，但仅有两个早期的研究把情感内容纳入其竞选广告的系统分析中。在后续的研究中，凯德和约翰斯顿（2001，2002）采用录像的方式来研究 1952 年至 2000 年期间的 1 300 则竞选广告。这种录像编码指示中有三项是关于情感的：第一项询问是否每则广告中都有一种情感诉求，第二项询问是否情感诉求（相对于理性诉求或伦理诉求）是最重要的诉求形式，第三项询问是否广告特别倾向于采用恐惧诉求。尽管这种研究方法具有局限性，没有参考除了恐惧之外诉求的其他情感特殊性，但仍然提供了珍贵的历史研究观点。比如，他们发现，从 20 世纪 60 年代到 90 年代，情感一直是总统竞选广告的最主要诉求方式。克恩（1989）的关于 20 世纪 80 年代的政治广告的成果总结了之前关于情感作用的研究。她的研究主要依赖于对政治咨询人士的采访、政治广告的主观观察和三次大选的个案研究。她还进行了一项探索性的内容分析，试图发展成关于特定情感诉求的类型学。她收集了 122 个竞选广告的实验样本，均来自 1984 年大选的联邦竞选和州竞选广告。这其中包括了在四个媒体市场上、在大选前的最后 10 天里出现在网络电视黄金时段的所有竞选广告。尽管研究范围有限，但是研究内容分析肯定了充满情感诉求的广告在 1984 年竞选中的中心地位。

② 我的同事，尼古拉斯·瓦伦蒂诺（Nicholas Valentino）和文森特·哈钦斯（Vincent Hutchings）对于研究竞选广告的其他方面兴趣浓厚。我们之间的合作使我们更有效地投入时间和资金去收集和编码广告。

③ 其他没有被包括在广告样本内的四个州分别是阿拉斯加州、俄勒冈州、佛蒙特州和怀俄明州。

邦竞选和州竞选有关的 1 400 多则广告。

将采集到的广告编目和制作索引后，我们开始根据系统的内容分析构建一个数据库。研究助手们经过一段时间的培训后，开始独立地记录每则广告的各种特征。对 2002 年至 2004 年间的广告进行编码需要九个编码者。我们让每个编码者分析一组没有按特定顺序整编的广告。最后，为了确保准确性，这组编码者对每个广告至少进行过两次编码，对拆分后的样本广告进行了三到四次编码。

编码说明要求编码者记录每则广告的 100 多个变量。当然，这些变量包括广告中情感诉求是否存在、情感诉求的类型和强度。规则说明还包括广告政治内容的许多方面。编码者要记录广告的赞助商、信息和风格等信息。编码方案不仅需要识别广告的基调，还需要记录各种消极性方面的区别、对人物和议题的重视，以及传记主题方面的不同。此外，还要根据政治信息或诉求的运用进行编录，其中包括政党、意识形态、人物、议题、价值观、领导力、表现、备注，以及与社会群体的牵连等。

这个实验的设计前提是，非语言因素往往是激发情感的关键，而这也在内容分析中得到了验证。编码者跟踪记录候选人、社会群体以及普通大众的视觉形象。画面既可以传递信息，也可以激发情感。因此，编码说明包含一个旗帜广告的类别，它使用可视的形象来宣称主张。最后，编码者记录广告中所运用的色彩、音乐、音效、独白、产品风格、象征和其他具有感情色彩的画面。编码者记录所有变量的平均准确率是 0.87（Holsti，1969）。我会在相关内容里阐述编码说明，并在附录 C 中呈现所有细节内容。当然，在进行下一阶段前，应该解释我们是如何对情感诉求进行编码的。

对竞选广告的情感诉求进行编码

对广告中情感诉求进行编码的方法有很多种。认识到情感回应的个性特征后，研究者应该让编码者评估广告带给观众的感受如
150 何，尤其是研究广告对大众的最终影响时。利用这个方法，研究者

试着衡量广告所激发的真实情感，包括意想不到的情感，这相当于对实验进行控制检查（见第四章）。或者，考虑到理论的准确性，可以让一组编码者辨识和记录由特定心理学理论［例如，拉扎勒斯（Lazarus，1991）的评价理论］指定的不同情感的前因。[①] 这种研究方式更强调情感的主观或整体方面，重点研究引起全面影响的各种不同原因。比如，已有研究者利用这种方式研究面部表情的情感表达（Ekman & Rosenberg，1997；Sullivan & Masters，1988）。最后，在前述选项之间，要求编码者确定每则广告和其制作者试图引起何种情感。通过强调广告的意图和广告试图激发的情感，而非广告已经激发的情感，重点研究某个候选人或群体的行为。这就要求编码者能够做出主观判断，从而反映出一种介于主观回应和客观规律认知之间的中间状态。

我采用最后一种方式进行研究，目的在于更多地了解政治家如何利用广告瞄准选民的特定情感。编码说明还要求编码者判断广告引发其目标观众情感的程度。[②] 第三章提到的情感维度和离散理论，为选择情感类型、决定广告语言和视听内容的哪些方面该纳入编码提供了指导。总结起来，就是编码者试图分辨出广告在播出时所激发的情感。尽管编码者的判断会涉及主观性，但是这些判断在同一种文化框架内

① 如果研究者想确切地阐述关于广告情感影响（例如，在广告中设计刺激）的预测，而非估计广告的目的，这个研究方式尤其有用。这种方式还有助于更详细地探究广告中与广告制作者意图、选民反应——或两者兼之——相呼应的关键因素，类似于伯恩顿（1997）或理查德森（2003）的研究。这两个研究没有采用情感心理学理论作为指导，也没有进行系统的内容分析。但是，他们比较彻底地表现了这样的研究重点，即分析那些可能引起观众反应的真实广告的特征。

② 值得强调的是，编码者并没有记录广告激发他们自身情感的程度。因为情感回应与每个人受到刺激的程度有关。在大选期间，目标观众看竞选广告的感受肯定不同于不关注（或许从来不关注）竞选广告的观众的感受。因此，采用这种方式分析早前的竞选广告有不妥之处。即便用这种方式研究有重要时间和地点意义的广告，也有局限。不论竞选广告制作者的意图如何，竞选广告对个人选民或群体选民的情感影响是有极大差异的。广告制作者的意图与选民反应之间的联系是实验调查的一个有趣课题，但用选民反应来定义广告的做法阻碍了这项调查的进行。同样，收集由观众自己陈述的广告所激发的情感，更多的是衡量观众的特点，而非广告的特点，更确切地说，是当观众观看广告时，广告和观众的关系。

可供参考，并且以报告编码者自己并没有产生情感反应的方式取得主观一致。①

当选定一个方式去编码情感诉求时，研究者经常面对一个难题：哪些情感应该纳入编码范围？在其“录像方式”的研究方案中，凯德和约翰斯顿（2001）记录了旨在让选民害怕的诉诸恐惧方式和幽默的方式。克恩（1989）的探索性类型学，包括了9个积极类型和5个消极类型。② 积极类型包括同情、抱负、怀念、自信、信任、亲密、希望、民族自豪感和家乡自豪感。消极类型包括愧疚、不安、愤怒、恐惧（分为强烈和较弱两种程度）。尽管这个研究方式有合理性，但那些不了解理论的选举专家会指责研究系统中存在的缺陷。实验方案证明，在4个编码者中，至少有两个编码者承认在一半的样本广告中存在特定的情感诉求（Kern，1989：75）。③ 特别是，编码者要区别这些类型很困难。而编码方案中存在的概念混淆增加了这种难度，因
151 为这些类型其实混合了一些共同情感（比如，希望和自豪、恐惧和愤怒），以及相互关系或个人特点（比如，亲密、信任、抱负和不安）。④ 尽管克恩的研究没有得出精确的结果，但达到了预想的效果——首次在此领域探索了情感诉求的类型构建。

---

① 值得注意的是，广告制作者试图激发的情感回应与个人选民或群体选民真实产生的情感之间有差别。因此，认识到这一点很重要，即被编码的是广告的特点而非观众的特点。关于真实的情感回应的研究，特别是在大选期间进行这样的研究，将会有助于更透彻地了解广告制作者的意图和选民反应之间的关系，以及个人在情感回应方面的多样性。但这项研究在实践上具有相当大的难度。

② 编码说明询问编码者这样的问题：他们是否相信每则广告都会针对一种情感？如果相信，那么“你认为某则广告针对的是哪种情感”（Kern，1989：72）？

③ 克恩没有明确指出，当编码者记录每则广告时，他们是否被限定了记录其中情感的数目。但是实验结果中存在重复的部分，而且广告被编码为积极和消极两种类型，这就意味着编码者可以记录每则广告的多种情感诉求。

④ 亲密和抱负类型严重影响了编码者做出正确的判断。信任是最宽泛的情感类型，但与其他很多感受类似。两种自豪的类型与希望和安慰类似。在消极情绪范围内，编码者很难分辨轻微恐惧和不安/愤怒。鉴于第三章中提到的心理学理论，最后两种结果并不令人感到奇怪。最后克恩称愧疚在测试前阶段很容易被分辨出，但在整个样本结果的探讨中没有提及愧疚。

为了目前的研究，我发展构建了一种包括7种情感及相关的情感集合的类型。我的情感分类主要基于心理学理论（见第三章）所认可的基本情感，以及先前的研究和政治广告主要瞄准的情感认知。我的目的是，找出竞选广告可能诉诸情感的范围，同时保持情感类型上的不同以便编码者做出准确判断。这些类型包括本书重点讨论的两种情感——恐惧（焦虑/担忧）和激情（希望/喜悦）。它们受制于基础的情感反应系统（Gray，1987）、情感维度模型的高唤醒状态（Watson，Clark & Tellegen，1988），以及情感理解力理论中的两种关键情感（Marcus，Neuman & MacKuen，2000）。愤怒（愤慨/厌恶）也受制于基础的情感反应系统（Panksepp，1998），它是情感理解力维度框架中的第三种情感（Marcus，2003），并且被那些采用离散或评价模型的人视为具有极大政治相关性的情感（Conover & Feldman，1986；Kinder，1994；Lerner et al.，2003）。[①] 我单独分出了一个骄傲的类别。尽管骄傲经常与激情被归为一类，克恩（1989）的研究也发现，骄傲与希望和安慰之间高度交叠，但是，评价理论家经常把骄傲看作不同的类型，因为骄傲这种情感具有回顾过去和自我主义的特征（Lazarus，1991）。在政治领域，骄傲的诉求力很明显与群体存在联系，尤其是与民族认同感存在联系。

到目前为止，这四种类型的特征是高唤醒度情感，它们在许多情感理论中都很重要，并且很明确地证明了其与政治广告的关联。

---

① 有人对愤怒和厌恶进行了定义上的区别，称厌恶是对一些令人讨厌的事物产生的反感，不同于面对威胁或不公正时产生的强烈反应（Lazarus，1991）。的确，了解两者的定义后，研究者可以从这些人类情感中去除明显的身体反应（Ekman & Rosenberg，1988）。从这个更局限的意义上看，研究者可以想象，一些选民会很反感政客做出了在他们看来不适宜的行为（例如，在白宫里与年轻女子发生性关系）、卷入某些政策的推行（比如，在医学测试时允许屠杀动物或支持堕胎），或者思想上支持一些为大众所诟病的社会群体（如同性恋群体）。然而，在实验对象自我陈述对政治候选人、社会议题和社会群体的情感时，厌恶和愤怒之间存在极大的相关性（Marcus，Neuman & MacKuen，2000）。尽管我认为能证明竞选广告诉求厌恶而非愤怒的证据是非常有限的，但如果更广泛地研究政治宣传，研究者会希望单独创建一个类型。

其余的三种类型涵盖了政治广告试图激发的情感，但是处于低唤醒度（因此，不太可能成为改变行动的基础），并且/或在情感理解力理论和情感维度模型中的作用并不十分重要——尽管具有独特性。伤心（失望）在情感理解力理论的倾向系统中处于低唤醒度，与激情相对（Marcus，Neuman & MacKuen，2000），并且评价理论家认为伤心是失去重要事物所引发的一种基本情感（Lazarus，1991）。一些维度模型认为乐趣与快乐是和激情相关的，但乐趣有着不同的前因和表达方式（Ekman & Rosenberg，1998；Frederickson & Branigan，2001），并且在政治环境中一直被认为是一种有效的口语化诉求（Kaid & Johnson，2001；Richardson，2003）。

152 最后，怜悯（同情）偶尔也是一种政治诉求，并且与其他所列出的情感不同（Lazarus，1991），尽管它在情感理解力理论或其他维度方式中的作用甚微。①

编码说明会向编码者提出这样的问题："总体上，这则广告试图在何种程度上激发观众（的特定情感）？"编码者会做出这样的标志：（1）这则广告没有这样的诉求；（2）有一定的情感诉求；（3）有强烈的情感诉求。编码者对每个类型的情感诉求在广告中的存在进行判断，其准确性范围包括中度的骄傲或突出的激情和乐趣。②

---

① 我排除了哪种情绪呢？最明显的空缺是作为情感理解力理论基础的维度模型的另一个"极端"：观测系统的低唤醒度的特征是平静或放松状态（Marcus，Neuman & MacKuen 2000）。尽管人们有意识地利用语言、画面和音乐激发平静，但当竞选广告试图激发平静（本质上说，就是无作为）时，一定会把这种情感转化为希望或骄傲。当代表弱势群体寻求帮助时，领导者在政治方式上会利用愧疚（例如，马丁·路德·金曾犀利地指出，美国黑人要追求更广的自由和平等，就要依靠大众的不作为，而非报复那些持偏见的人）。然而，我认为，愧疚不可能成为竞选广告诉求的目标情感，除非与怜悯这种情感形成组合。最后，我并没有纳入那些更关乎人际关系而非政治竞选的公共生活的情感，比如爱（喜爱）、嫉妒和羞耻。

② 括号内的数值是科恩 K 值（Cohen's K），是被广泛认同的一种保守的关于准确性的指数（Clark-Carter，1997；Lombard，Snyder-Duch & Bracken，2002）。Kappa 数值指代的是实验中非预期的比重，要想与预期一致，前提是假设人口价值观的分配会反映出交叉列表的多个空白。比如，如果编码者对 70%的实验案例判断是一致的，而期望的一致值是 40%，那么科恩 K 值是 0.50 [也就是说，（0.7－0.4）/（1－0.4）]。

恐惧	0.81（K=0.60）
激情	0.91（K=0.78）
愤怒	0.82（K=0.64）
骄傲	0.68（K=0.34）
怜悯	0.83（K=0.41）
悲伤	0.85（K=0.38）
乐趣	0.95（K=0.73）

这些数据表明，对广告中的情感诉求进行编码研究是成功的。鉴于评估情感时的主观因素，为了解决这些主观上的不一致，我把编码者的评估整合成为针对每则广告的一个数值。① 尽管本章的重点仍是恐惧和激情（这也是本书的重点），但我也会关注其他类型的情感，以了解这两种情感诉求的普遍性；另外还会注意各种类型情感之间的关系。②

* * *

最后，要说明这些数据的性质，以及证明以下声明所存在的局限。我和同事一直努力收集所有在 2000 年总统竞选、州竞选和国会竞选期间制作和播放的广告。也许收集得并不全面，但是我们相信，所收集到的广告是相对全面的，能较为全面地反映 2000 年电视竞选广告。首先要说明的是，当我呈现百分比、平均值以及其他数据时，我想表明在 1999 年至 2000 年竞选期间制作竞选广告的人数。同样地，当我说某些候选人更可能采用这种或那种情感诉求时，我其实想证明他们在竞选广告中采用这种诉求的概率或程度。

---

① 这些组合后的数值自 0（没有情感诉求）到 4（有明显且强烈的情感诉求）。

② 我还纳入了其他的情感类型，并且简单地对其进行探讨，以证明恐惧和激情并不是政客可利用的仅有的情感诉求。我希望粗略地研究恐惧和激情之外的其他情感，目的就是让研究者明白，这个研究所采用的方法需要将来进一步扩展。随着内容分析的披露，政治科学家在未来的研究中将会更关注愤怒这种情感以及其与恐惧和激情之间的关系（cf. Marcus，2003）。尽管恐惧和激情在情感理解力理论以及本书重点提及的更广泛的理论研究方法中处于中心地位，但是这些理论模型的支持者并不认为其他情感就不重要了。

153 在提供证据时，我并不想说明广播或电视上播出的广告所覆盖的人口，也不想说明候选人播放频率最高的广告类型。① 我希望在此能说清这个问题，因为不断地重复每个说法之间的不同是不明智的做法；相反，我只会简要地说“所有广告（利用情感诉求）的百分比”。但是，如果不明白这些说法是什么以及是如何得出的，无论是对作者还是对读者而言，都无异于一知半解，这是不负责任的做法。②

1999 年至 2000 年间竞选广告中的情感诉求概览

现在，我们可以感觉到情感诉求在真实广告中的普遍存在。从 1999 年到 2000 年，几乎所有的竞选广告都通过情感诉求对观众产生了影响，但同时，绝大多数的竞选广告（79%左右）鼓励观众通过证据得出结论，并启发观众的理性分析能力（换言之，理性诉求）。③ 这两个发现突出了人们的一个错误想法，即情感和理性是互相排斥的。尽管如此，充满情感诉求的政治广告仍广受好评：在 72%的政治广告中，情感诉求超越了理性诉求而占据主导地位。大多数情况下，各个竞选广告的方式都差不多，因为情感诉求几乎充

---

① 近几年，政治学家已经开始收集相关数据，以了解竞选广告在美国各大媒体播放的时段和地点。这些数据有助于更透彻地了解竞选广告的总体数量和目标。由科恩·格德斯坦（Ken Goldstein）主导的威斯康星州广告项目（Wisconsin Advertising Project）一直在收集这方面的数据，以便公布于众。人们在 2003 年时就可以查看 WAP 关于 2000 年大选的相关数据，因此我开展了一个大规模项目，以搜集在本章节中出现的，利用 WAP 数据进行的一些内容分析数据。事实上，有时候候选人会把同一则广告做成不同版本，但是这些广告并没有一个独特的名称或可识别的数字，这就增加了收集数据的难度。无论如何，人们在未来可能会利用整合的数据来验证情感诉求在广告中的普遍性这一说法。到目前为止，关于 2002 年大选和 2004 年大选的数据还未能公开。

② 更详细地了解区分广告制作的数据和广告播出的数据之间的重要性，参见 Goldstein & Freedman，2002b。

③ 这并不能说明，广告进行了成熟的或有力的论证。

斥于每个广告。①

既然各种情感诉求处于主导地位，那么，究竟有哪些类型的情感诉求呢？表6—1展示了竞选广告激发特定情感的频率。广告经常激发多种情感，但恐惧、愤怒、激情和骄傲等情感是竞选广告的最主要目标，这四种情感被锁定为目标的概率都超过了其余三种情感。表格的第一列表现的是，哪些广告试图激发某种特定情感；而最后一列表现的是，哪些广告只激发这种特定情感。从表格中可以看出，所有广告中，几乎一半都包含恐惧、愤怒和骄傲。激情在所有广告中出现的概率约为75%，主要是因为候选人试图激发选民对其竞选的希望和兴奋。很少有广告（不到10%）只以激发一种情感为目标。

尽管大多数的广告包括多种情感诉求，但是它们的首要情感目标则显示出高度的一致性和明确性。表6—1中间的两列表现了这点。大约有三分之二的广告都有一个特点，即在广告包括的多种情感诉求中，只有一种情感诉求是最重要的。在大多数情况下，占据主导地位的情感诉求也是一种强烈的诉求。② 比如，在实验样本的所有竞选广告中，有三分之一的广告的特点是包括一种强烈的、主要的激情诉求，而7%的广告则主要是恐惧、骄傲和激情的重叠。另外，恐惧和愤怒也如此。③的确，很多心理学家认为，骄傲和激

① 对熟悉《联邦党人文集》（*The Federalist Papers*）的读者而言，需要注意一个重要的差别。在为新宪法进行辩护时，亚历山大·汉密尔顿和詹姆斯·麦迪逊坚称美国参议院比美国众议院更像个协商性的立法机关，而众议院的立法程序更容易向大众激情妥协。经过了两百多年，现在我们发现竞选参议员的候选人广告更倾向于逻辑诉求（31% vs. 22%），而竞选众议员的候选人广告更倾向于大众激情（77% vs. 68%）。这个不同是极其重要的（$t=3.20$，$p<0.001$）。在充斥着情感诉求的大选中，被竞选参议员的候选人所吸引的选民很乐意这么说，如果汉密尔顿和麦迪逊活到今天，他们应该会对目前更倾向于协商性风格的局面感到欣慰。

② 在74%的情况中，情感诉求强度在0到4的测量值中处于最高值4，这个结果结合了两个编码者的判断（即，两个编码者都认为其情感诉求是强烈的）。在其余的情况中，情感诉求强度是3，这说明一个编码者认为广告中的情感诉求是强烈的，而另一个编码者则认为是不强烈的。

③ 骄傲诉求和激情诉求的强度相关值是$r=0.55$，恐惧诉求和愤怒诉求的强度相关值是$r=0.64$。

情、愤怒和恐惧分别有着相同的前提（也就是说，成功引起积极的反馈，威胁影响幸福的生活），而骄傲和愤怒也都是有前提的
154 (Gray，1994；Izard，1986；Lazarus，1991)。[①] 竞选广告很重要的部分在于同样强烈并居于主导地位的两组相关情感诉求的组合。表格的最后两行显示了这方面的内容。除此之外，这两组常见的情感组合更有助于专门重点研究广告的情感诉求。有 40%的竞选广告激发这两组情感组合中的一种，且程度相同，却不包括其他情感组合。总之，激发积极情感的竞选广告是激发消极情感的竞选广告的两倍。

154 **表 6—1　　1999 年至 2000 年竞选广告中情感诉求的分布状况**

情感诉求的类型	情感诉求的相对强度/情感诉求的主导性			
	出现（%）	主导性（%）	强烈且居于主导地位（%）	排他性（%）
恐惧	41	8	7	<1
愤怒	46	11	10	2
激情	73	40	34	7
骄傲	54	3	2	<1
怜悯	21	2	2	<1
伤心	9	1	1	0
乐趣	9	3	3	<1
恐惧和愤怒（相同程度）	16	7	5	11
激情和骄傲（相同程度）	18	12	10	28

注：表格中的各项分别是：广告包含任一特定情感诉求的百分比（第一列），特定情感诉求比其他情感诉求更强烈的广告所占百分比（第二列），特定情感诉求的强烈度远高于其他情感诉求的广告百分比（第三列），只有一种情感诉求的广告百分比（第四列）。第一列的各项并没有反映互相排斥的类型，但其他数列的各项是相互排斥的（即，任何一个广告的特征只能通过一列数据表现出来）。$N=1\ 425$。

总结表 6—1 中的第三列数据，我们可以看出，有 74%的样本包括了被定义为强烈且具有主导性的 9 种情感诉求中的一种。那么

① 一些心理学家也认为，与激情相比，骄傲包括更大程度的自我投入或自我认可，而遣责的根源和控制的中心则影响愤怒和恐惧之间的区别。

其他26%的样本呢？每4则广告中就有1则广告，或者是完全混合的情感诉求，或者是弱一点的情感诉求。大多数这样的广告包含弱的情感诉求，我在第一章中称其为“非激情广告”。它与“客观的”或“非感情的”等相关词语相比，突出的特点在于广告中拥有的情感程度。正如非感情的广告所言，如果我们把这类广告定义为不包括在7种情感诉求类型中，又会如何？在本章中的1 425则样本广告中，只有4则（0.28%）符合这个定义。因此，我保留了“非激情广告”这个类型，其定义为没有强烈情感诉求的广告。根据这个定义，在所有样本广告中，非激情广告占了24%。这就表明，仅有2%左右的广告属于剩下的“混合情感”这个类型。图6—1总结了1999年至2000年的竞选广告中，符合现有11种情感诉求类型的频率。 155

155

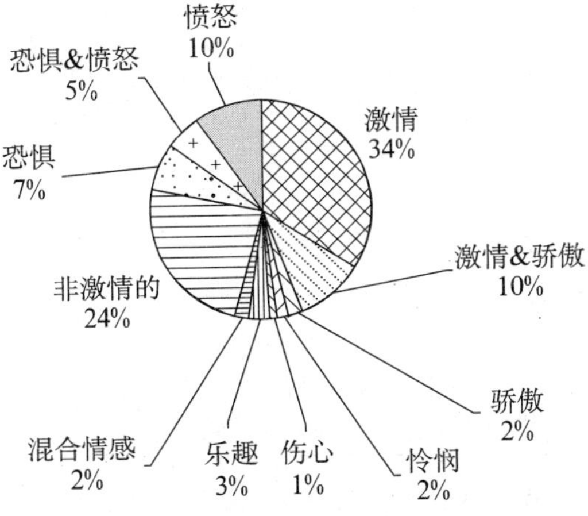

图6—1 根据主要情感诉求对竞选广告进行分类

注：上图显示的是在1999年至2000年的竞选广告中，符合文中提及的11种情感诉求类型的广告所占的百分比。有9种情感诉求或情感诉求组合在广告中是强烈的且强烈度超过了其他的情感诉求。这些与表6—1中的第三列相符。“非激情广告”的类型包括那些缺乏强烈情感的广告。“混合的情感”类型包括那些有多个情感诉求却没有一个处于主导地位的广告。N=1 425。

尽管在一则广告中，最强烈的情感诉求通常包含某一种情感或两种联系密切的情感，但是我们不应忽视这样一个事实，即有34%的广告中包含积极的情感诉求和消极的情感诉求。这与克恩（1989）的“先让他们感到担忧，再让他们得到放松”的观点不谋而合。克恩的意思是，广告制作者先激发观众的焦虑和担忧，然后再向观众保证他们有解决的办法。[①] 混合情感诉求和广告风格之间的关系就可以验证这个说法。同时包含积极和消极情感的广告中，有45%是对比的广告，拿投资广告的候选人的优点比较其竞选对手的缺点。[②] 其他混合情感诉求的广告，大多数是鼓动性的广告，候选人经常在广告中提出他们的计划并承诺能够解决某些问题。换言之，在学术界被普遍认为“正面”的广告，其提供的信息或试图激发的情感，并不一定都是正面的。

156 这让我们思考广告信息风格和情感诉求之间的关系，或者更宽泛地说，让我们认识到很重要的一点，积极或消极的广告风格可以通过不同的方式体现出来。信息风格经常和情感效价联系在一起，尤其是当涉及主要的情感诉求时，有83%包含激情和骄傲的广告都在为赞助该广告的候选人宣传造势，而有69%包含恐惧和愤怒的广告以攻击候选人的对手为重点。相反，包含激情和骄傲的广告中仅有0.5%采取攻击对手的方式，包含恐惧和愤怒的广告中有6%宣传赞助该广告的候选人。与此同时，相当部分的攻击广告（23%）和宣传广告（12%）试图激发相反的情感。尽管与其他广告相比，对比性的广告更可能被归于非激情的类型，但是大多数的对比性广告仍包含一个主要的情感诉求。实际上，很难提前猜测一则对比性广告锁定的情感目标，因为有32%的对比性广告属于非激情类型，有36%属于激发热情和骄傲的类型，有26%属于引起恐惧或愤怒

---

① 克恩（1989）发现，在她的1984年竞选广告的样本中，约39%的广告中包含积极的情感诉求和消极的情感诉求（p.75）。

② 鉴于广告制作者的双重目的，发现72%的对比广告都包含积极情感诉求和消极情感诉求，也就不足为奇了。

的类型。通过列举这些数据，我希望强调，区别情感诉求和信息风格是十分必要的，这不仅仅涉及复杂的广告效果，还有助于理解竞选广告后多变的真实世界。①

总之，有75%的竞选广告激发某种特定情感或多种紧密相关的情感。本书强调的两种情感——恐惧和激情——是以上广告研究的主要对象。几乎所有缺乏强烈情感的广告都仍然会有一定程度的情感诉求，这个事实进一步证明了情感诉求的普遍性。最后，实验数据对两个观点提出了质疑，即情感诉求与逻辑通常相对立的观点，以及先前将信息基调与情感诉求合二为一的倾向。

情感暗示

现在我重新思考本书前两章提到的关于广告激发情感方式的传统观点，特别是一些政治咨询人士、记者和学者似乎认为，广告所具有的情感诉求力大多来自其视听组合包装。尽管这在那些不认真的观察者看来是显而易见的，但我们现在可以更系统地研究广告是如何暗示情感的。

我在进行这部分的解释时，大多数情况下，一方面会把恐惧和愤怒分为一组，另一方面会把激情和骄傲分为一组。这样做的原因是，就特定的视听暗示而言，除非有特别注意的方面，这两组情感之间区别的意义不大。这就说明，这些类型的暗示一般会产生正面或负面效果，而非激发一种更为细腻的情感反应。这与心理学家认 157

① 在这个部分，根据1999年至2000年间竞选广告的情感诉求情况，我总结了全国情况，但也包括一些地方情况。在中西部的中心区域，竞选广告更情绪化：它们更多地激发激情（$t=3.67$，$p<0.001$）、骄傲（$t=3.08$，$p<0.002$）以及怜悯（$t=3.65$，$p<0.001$），但很少激发愤怒（$t=2.91$，$p<0.004$）。政治在沿海地区更令人惊恐，因为这些地区的竞选广告比中西部地区或南部地区的更强烈地激发恐惧（$t=3.32$，$p<0.001$）。南部地区的竞选广告则是更为轻松的风格，它们激发观众乐趣的程度是其他地区广告的两倍（$t=2.67$，$p<0.008$）。

为的关于情感反应的快速预先意识系统（Zajonc，1998）或“肉体标记”（Damasio，1994）不谋而合。从这个角度看，我们的大脑会对认知信息的涌入产生反应，并基于过去的经验判断这些信息是好的还是坏的（换言之，是可取的还是有害的），这就为接下来的更精确的反应进行了铺垫。心理学家们已经开发了一个大规模的图片库：国际情感图片系统（International Affective Picture System，IAPS）。就个人的情感反应而言，这个系统具有标准的特点。该标准可以衡量情感正面和负面效果的程度，而非更多的特定情感（Bradley，Cuthbert & Lang，1996；Bradley & Lang，2000；Bradley et al.，2001）。从这个层面看，文字和内容的组合以及视听暗示，很可能会是激发特定情感的重点，即使视听暗示只是情感反应过程背后的推动力量（但在大多数情况下，仅仅决定了那种情感反应的效果）。然而，勒纳等人（Lerner et al.，2003）证明，一些大事件（如“9·11”恐怖袭击）的视频图片可以预见性地激发恐惧或愤怒。①

色彩经常散发一种明确即时而又不动声色的情感信号（Hemphill，1966；Valdez & Mehrabian，1994）。图6—2表现了竞选广告的这个特点。不同的色彩方案能区别广告激发的主要情感。② 黑白色的图片激发恐惧或愤怒的程度很可能是激发热情或骄傲的程度的10倍（$t=7.98$，$p<0.001$）。③ 在广告中使用暗淡、黑色或灰色的画面，效果也同样如此。有9%的包含恐惧

---

① 在本章接下来的内容里，我摒弃了关于伤心诉求、怜悯诉求和乐趣诉求的分析，因为在多数情况下，这几个类型很少有两则广告可以进行可靠的对比。2002年至2004年间的竞选广告正在被编码，我希望将来可以更多地分析这些情感诉求。

② 在整个色彩变量上，编码者间的准确度是中度（0.58），因为编码者很难区分柔和颜色与深颜色。对其他色彩主题的编码则更容易，当分别考察时，编码者间的准确度会得到一个高分值（比如，黑白编码的准确值为0.97）。因此，我的分析是以两个编码者在颜色上取得一致性的样本广告为基础的。

③ 除非有特别情况需要指出，本章所有的关于重要性的测试报告都来自双尾测试。

和愤怒广告利用偏暗的配色方案，而只有不到0.33%的包含激情或骄傲的广告使用这种方案（$t=7.68$，$p<0.001$）。与之完全相反的是明亮、多彩的画面的使用。包含激情和骄傲的广告使用色彩明亮的画面最多，比例约为9%，而包含恐惧和愤怒的广告使用明亮色彩的比例不足0.33%（$t=5.70$，$p<0.001$）。大多数广告采用“正常的”普通色彩，它不能够对情感诉求进行区别，尽管经常与正面情感诉求产生联系（$t=3.50$，$p<0.001$）。无论在何种情况下，就色彩暗示而言，非激情广告都会正好介于这两种情感诉求之间。[①]

158

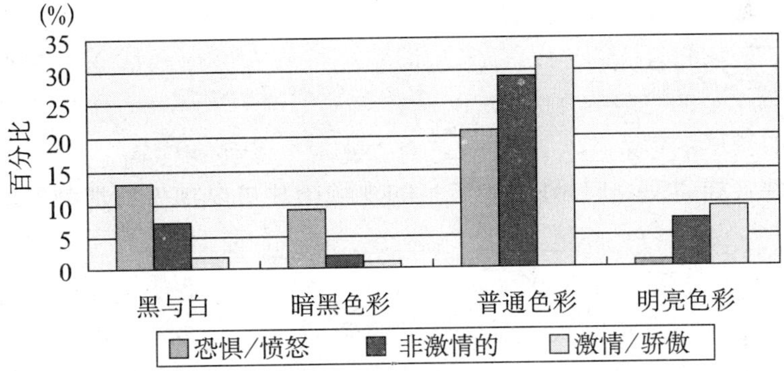

图 6—2　广告经常利用色彩激发不同的情感

注：各个柱状图显示了利用每个主导色彩主题，所分别反映的恐惧/愤怒诉求广告、非激情广告和激情/骄傲诉求广告的百分比。

一些观察家和实践者把音乐看作激发情感的重要工具。一段音乐的力量，部分在于它能够在我们关注其他事情时——如听演

① 在任何情况下，非激情广告与情感诉求之间的区别在统计上都是显著的。就黑白色而言，负面情感和正面情感的区别分别是 $t=2.88$（$p<0.004$），$t=4.45$（$p<0.001$）。就暗黑色彩而言，负面情感和正面情感的区别分别是 $t=4.58$（$p<0.001$），$t=2.10$（$p<0.036$）。就明亮色彩而言，负面情感和正面情感的区别分别是 $t=4.38$（$p<0.001$），$t=1.80$（$p<0.071$）。

讲、看图片——影响我们的心情和情感期待（Schwartz，1973；J. Smith，1999）。图 6—3 显示了如何针对情感诉求使用不同的音乐。除了一小部分（17%）广告之外，其他广告都使用了音乐，这个事实可以证明为什么很多广告被认为包含某种特定的情感诉
158 求。正如我们所预测的，令人振奋、令人感动或爱国的音乐以及大三和音，会出现在激发热情或骄傲的广告中，而不会出现在恐惧或愤怒的广告中（$t=20.65$，$p<0.001$）；而紧张、忧郁或刺耳的音乐，情况恰恰相反，会经常出现在恐惧或愤怒的广告中（$t=24.03$，$p<0.001$）。与更情绪化的广告相比，非激情广告再次处于中等程度，但是非激情广告使用鼓舞人心的音乐超过了使用紧张音乐。[1] 不足为奇的是，相当部分的非激情广告并没有使用音乐。但值得注意的是，恐惧和愤怒广告没有音乐的概率是激情和骄傲广告的三倍（$t=7.59$，$p<0.001$）。原因之一可能是，激发负面情感的广告不使用音乐是为了让观众专注在内容上。有 12%的广告只有原声，没有音乐和旁白。比较普遍的是，就使用声效而言，产生负面情感的广告是产生正面情感广告的两倍（18% vs. 9%；$t=3.97$，$p<0.001$）。[2] 就音乐而言，大多数情况下，声音的性质应该匹配广告中的情感基调。激情和骄傲的诉求更可能与有正面含义的音效相匹配（如掌声、众人的欢笑声），而恐惧和愤怒诉求与负面的音效相匹配（比如，尖叫声、警报声、婴儿的哭泣声）。[3]

---

[1] 就没有音乐而言，$t=1.22$（$p<0.225$），$t=6.11$（$p<0.001$）。就鼓舞人心的音乐而言，$t=11.23$（$p<0.001$），$t=7.90$（$p<0.001$）。就紧张的音乐而言，$t=12.64$（$p<0.001$），$t=6.94$（$p<0.001$）。

[2] 到目前为止，使用音效最多的广告是那些幽默型的广告（39%）。

[3] 混合的情感类型之间没有明显的区别。就没有音乐而言，恐惧广告的百分比小于愤怒广告（21% vs. 35%；$t=2.65$，$p<0.009$），同样地，骄傲诉求的广告小于激情诉求的广告（4% vs. 11%；$t=2.59$，$p<0.010$）。试图激发选民骄傲情感的广告比试图激发选民激情广告更经常使用鼓舞人心的、感性的或爱国的音乐（72% vs. 59%；$t=3.16$，$p<0.002$）。

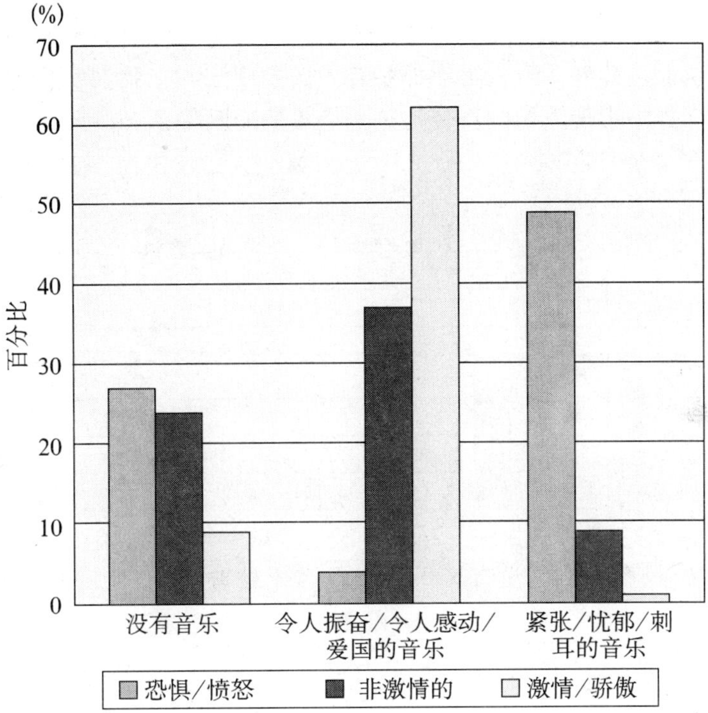

159

图 6—3 广告依靠音乐暗示激发不同的情感

注：各个柱状图显示了使用特定音乐或不使用音乐，所分别反映的恐惧/愤怒诉求广告、非激情广告和激情/骄傲诉求广告的百分比。

在许多人看来，画面是使政治广告和商业广告煽动情感的关键 159
因素。从本质和文化上看，人类总是倾向于依赖视觉，这使得电视上的动态画面能特别吸引人的注意力（Barry，1997）。人比其他可视的物体更能吸引我们的注意，特别是人的面部表情。通过面部表情我们能产生强烈的定向反应（Masters，1988）。正如图 6—4a 和图 6—4b 所示，竞选广告利用各种人的画面、多种场景和象征来暗示不同的情感。统计每则广告中除候选人和对手之外的画面，会发现大多数广告都有人的画面，尤其是在激情诉求和骄傲诉求的广告中。相比之下，恐惧和愤怒广告中没有人像的情感效果是激情和骄傲广告的4倍（$t=8.38$，$p<0.001$），这样就有助于表现孤独、失意和荒凉。此外，当仅考虑那些有人像的广告时，我们发现激情和骄傲广告中出现人像的百分比是平均水平的两倍多（21% vs. 9%；$t=8.95$，$p<0.001$）。

160

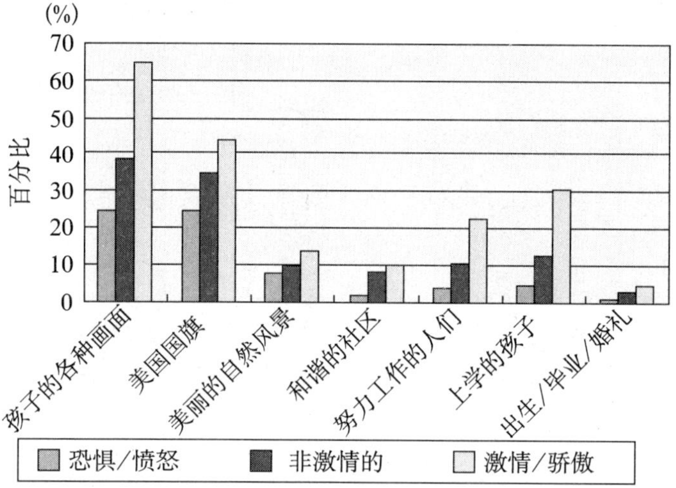

图6—4a　引发激情和骄傲的广告含有很多关于成功和“美好生活”的视觉暗示

注：各个柱状图显示了在包含各种正面画面类型的广告中，恐惧/愤怒诉求广告、非激情广告和激情/骄傲诉求广告分别所占的百分比。

人数不是唯一的相关因素，谁出现在广告中也很重要。一些广
162 告除候选人外，至少出现了一个人。在这类广告中，骄傲和激情广告中更可能出现的是孩子（70% vs. 33%）、老人（56% vs. 45%）、少数族群的人（51% vs. 22%）、家庭成员（38% vs. 14%）、女人（91% vs. 76%）以及男人（95% vs. 86%）。白种人作为内容分析的唯一族群，在骄傲和激情这两种类型的广告中出现的概率相同。为什么在这两种广告中经常出现的是群体而不是个体呢？正面情感诉求的广告不仅出现更多的人，还出现多样化的人口。负面情感诉求的广告更可能出现的是同一种族的人（78% vs.47%）、同性别的人

(30% vs. 7%）或者老年人（11% vs. 3%）。[1] 总之，当广告激发恐惧或愤怒时，老年人是最有可能出现在广告中的，而孩子则不经常出现。这些相对的重点使得激情和骄傲广告令人想到生命和团结，而恐惧和愤怒广告令人想到衰败和死亡。[2]

161

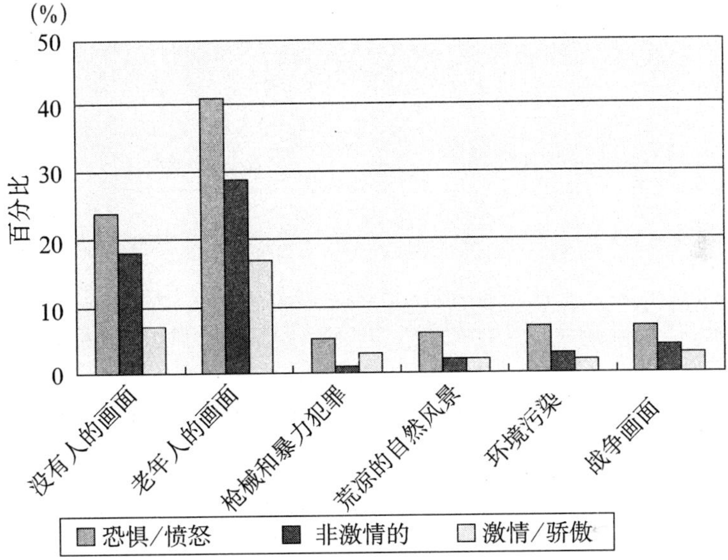

图 6—4b　引发恐惧和愤怒的广告含有很多关于死亡、破败和荒凉的视觉暗示

注：各个柱状图显示了在包含各种负面画面类型的广告中，恐惧/愤怒诉求广告、非激情广告和激情/骄傲诉求广告分别所占的百分比。

广告还通过某个地方和事件的象征激发情感。图 6—4a 和图 6—4b显示了这方面的可能性。试图激发正面情感的广告更经常使用爱国图片，比如美国国旗和穿军装的军人，以及美丽的自然风

---

① 同一种族人群的画面上几乎全部是白色人种。在以黑人和拉美裔人为特点的恐惧/愤怒广告中也会有同一种族人群的图片，比例稍高，但这些区别微不足道。很少有同种人群的广告是以少数族群为特点的，在整个关于 1999 年至 2000 年竞选广告的实验样本中，只有 16%的广告符合这个特点。相同性别图片之间的不同对男性和女性而言是很重要的。

② 本段中提及的两种情感诉求之间的不同，在数据上是 $p<0.005$，或更低。

景。这些广告还大量使用成功的场景和表达“美好生活”的重要场景——高质量的社区，快乐并努力工作的人们，在学校玩耍、学习的孩子，喜获新生婴儿的父母，以及毕业典礼和婚礼。在 2000 年大选期间，无论竞选广告激发正面还是负面情感，全国或地方性的著名建筑物和纪念碑的画面出现的频率都差不多。① 恐惧和愤怒的广告更经常使用与死亡、冲突和痛苦相关的图片，比如枪械、暴力犯罪、荒凉的自然风景、环境污染以及战争。这些发现与国际情感图片系统的研究结果一致。该系统发现，可爱的婴儿、日出等图片经常与正面情感紧密联系；而残疾人、危险的动物以及其他类似的图片一直与负面情感联系（Bradley et al.，2001）。② 在多数情况下，非激情广告使用图片的频率介于正面和负面广告之间。③

除了色彩、音乐和画面之外，广告还可以利用其他的视听因素作为情感暗示。我之前已经提过音效。音频的另一个情感暗示是旁白，这里我指的是解说员的音调而非所说的话。鉴于编码者已经接受过培训，我们没有测量表现画外音情感变化的音色、音准、音量和其他特点。④ 然然而，我们的确记录了广告是否使用了画外音（非候选人
163 的声音）以及解说员的性别。大多数广告都使用了旁白，但其在激发恐惧和愤怒的广告中出现的频率较高（92% vs. 74%；$t=6.94$，$p<0.001$）。在使用画外音的广告中，激发恐惧和激发愤怒的广告更可能让女性解说，两者的比例差不多为 2∶1（36% vs. 20%；$t=5.13$，

① 但是，美国最高法院的图片在激发恐惧情感的广告中出现的概率较高，因为利益集团想提醒选民，选谁当总统会对司法产生影响。

② 实际上，在国际情感图片系统里最能激发正面情感的图片中，一部分是具有性欲的。但是，这样的图片不适合美国的总统大选。也就是说，芬兰的政客非常谨慎地以裸体出现在电视娱乐节目中是很平常的，这符合芬兰的桑拿文化（Moring，1995）。

③ 本段中提及的正面情感诉求和负面情感诉求之间的不同，在数据上是 $p<0.005$，或更低，除了暴力犯罪和枪械的图片之外（$t=2.27$，$p<0.024$）。

④ 我已开始和一位神经心理学的同事展开合作，评估竞选广告中音乐和独白的客观听觉特点，以及先前研究的不同情感的特点。我们希望把这些听觉特点与编码者关于广告情感诉求的全面判断，以及这些广告在实际竞选中的作用和影响进行对比。

$p<0.001$)。相比之下，激发正面情感的广告不太使用旁白，其原因在于，赞助广告的候选人更愿意出现在激情和骄傲的广告中并发表演讲。在不使用旁白的广告中，有 50%采用了所谓的头部特写。依靠女性解说员来激发恐惧和愤怒情感则更难解释。我怀疑这与信源可信度和性别偏见有关，但对这个问题的解答不在本书的研究范围内。

在视频方面，政治顾问在拍摄和剪辑时可以采用多种制作技巧来影响观众的观念和情感反应。其中一个技巧就是视频剪辑的速度。多数政治广告采用现在商业广告、电影和电视节目普遍运用的快节奏剪辑的方法，也被称为“MTV 风格”，即在整个 30 秒到 60 秒的广告时间内，不断地从一个镜头切换到另一个镜头。只有 10%的广告采用从头到尾一个镜头的方式，没有剪切。这种方式最常出现在非激情广告中（16%），且也与头部特写相关。在所有广告中，不论是何种情感诉求，快节奏的镜头切换方式均居于主导地位，但激情和骄傲广告比恐惧和愤怒广告更经常采用这种方式（79% vs. 66%；$t=4.70$，$p<0.001$）。

最后，我们要思考情感诉求与广告信息之间的关系。情感诉求的选择似乎与政治内容紧密联系。我们已经看到了广告的风格（即推销性、攻击性或对比性）和其情感诉求之间有着明显的联系，虽然这种联系远非完整的联系。激发恐惧的广告与引发激情的广告之间的对比并非一直是夸张的，但是两者似乎在议题或候选人品质的强调程度上存在差异。大多数广告都至少包括一些政策议题的讨论。然而，只有 1%的恐惧广告避免谈任何议题，有 7%的激情广告回避议题（$t=3.29$，$p<0.001$）。在所有的广告中，只有近一半的广告涉及候选人的个人品质，但是激情诉求的广告比恐惧诉求的广告更可能涉及这方面的内容（49% vs. 29%；$t=3.66$，$p<0.001$）。[①]

其他证据也证明了这一点。近乎一半的广告提及了一位或两

① 在广告是否在内容上包括了候选人的品质或性格这一问题上，编码者的一致性要低于预期（0.64）。因此，这个分析仅基于那些取得两个编码者认同的广告。如果全部的样本广告都被采用，实验发现也是一样的。

位候选人的履历和成就。有61%的恐惧广告援引了候选人的履历，相比之下，只有44%的激情广告涉及了这方面内容（$t=4.05$，$p<0.001$）。同样，有68%的恐惧广告明确地援引了支撑事实的证据来源，而只有21%的激情广告做到了这点（$t=13.02$，$p<0.001$）。有16%的广告就领导力问题表达了候选人 164 的选择，有10%的广告提及了候选人的履历。在这两种情况下，激情广告比恐惧广告更经常提及这些以候选人为中心的内容：有24%的激情广告包含领导力的内容，而仅有2%的恐惧诉求广告包括了类似的内容（$t=6.75$，$p<0.001$）；有14%的激情广告大胆地提到了候选人的履历，但没有一则恐惧广告会提及候选人的履历（$t=5.37$，$p<0.001$）。① 总之，当试图引发激情时，政治家更可能强调性格、领导力和个人经历；但当试图激发恐惧时，政治家可能更强调议题或表现，以及列举他们的观点。

政治顾问利用一系列的技巧去激发选民的情感，并经常在同一则广告中使用繁多的暗示来增强这种情感。在其他书中，有人侧重特定的案例，不厌其烦地对政治广告进行更丰富、更细微的讨论。② 而我的根本目的一直是，就当代竞选广告中普遍存在的特定情感暗示进行更系统的分析。研究结果证实了传统观点，即广告中的情感诉求与其中的音乐、图片和其他视听因素有着密切联系。与心理学阐述的情感前因理论（见第三章）相一致，包含激情诉求的广告倾向于利用与生命和成功有关的暗示，而包含恐惧诉求的广告则利用与死亡和危险有关的暗示。但是，与恐怖的画面形成鲜明对比的是，恐惧广告比激情广告更侧重于议题和真实的证据。

---

① 如果我们观察其他情感，会发现这种不同不仅仅存在于简单效价中。比如，在所有类型的广告中，涉及候选人个人品质的讨论更可能出现在那些主要激发愤怒情感的广告（68%）或激发乐趣的广告（73%）中。

② See Jamieson, 1992, 1996; Nelson & Boyton, 1997; and Richardson, 2003.

情感诉求战略的证据

现在我要验证，政治家在何种状况下，利用哪种特定的情感诉求。我特别希望能够发现使用情感诉求的规律。在大多数情况下，候选人和政治顾问设计政治广告并非基于科学的证据，而是倾向于依赖他们的专业直觉和每次大选前对重点群体的专业化测试。他们通过体验和针对重点群体的“试行方案”，总结了一些非正式的经验，以此来制作和播放政治广告。这些广告可能符合理论并有科学的证据。但是，他们也可能简单地凭借行业内的传统智慧和通俗理论。就广告效果而言，我要考察政治家如何在特定的情况下利用情感诉求，这些情况是否与实验结果对应，以实证分析完成本书。

为了达到这个目的，我增加了关于竞选的内容分析数据和广告播放的社会政治背景。通过这种方式，我们会进一步了解情感诉求是如何被采用或不被采用的。比如，我们会提出这样的问题：在竞 165
选之初或后期，当竞争激烈的竞选双方有极大的差距时，作为挑战者或在任的政治家，是否会倾向于激发某些特定情感？鉴于本书前面所提及的理论观点和实验结果，我假设，在候选人意识到动员现有的忠诚选民能让他们比对手获得更多的优势时，候选人会选择激情诉求。同样，当候选人意识到公众再次审视现有状况而获得的信息对他们有利时，他们就应该选择恐惧诉求。

赞助、任职状况、竞争力、选举阶段

在验证竞选背景如何影响广告类型之前，我先提出几个关于广告赞助者的评论。人们普遍认为，政治家应该找代理人去攻击对手，从而不用担心因使用了此类负面手段而遭到强烈的反对——就情感而言，由此产生的负面情感将会或多或少地转移到广告赞助者身上。然而，本书中的实验证据并没有证明对恐惧诉

求的强烈反对。我发现，只要涉及情感诉求，政治家就会采取与传统观点一致的行为。在恐惧诉求的广告中，政党（31%）和利益群体（34%）制作的部分大大地多于政治家制作的部分（6%；$F=90.68$，$p<0.001$）。这与激情广告赞助者的情况相反，有52%的激情广告是政治家制作的，有17%来自政党，有13%来自利益群体（$F=82.08$，$p<0.001$）。[①] 值得注意的是，这些领导者甚至控制广告的风格。尽管其规律与之前的“负面”广告的结果相一致，但是情感诉求的方式不仅包括攻击和宣传，还有其他的方式。[②]

至于政治背景，我首先验证三个因素的影响，观察家经常用这三个因素对大选进行分类：任职状况、竞争力和选举阶段（即初选还是大选）。激情和恐惧效果的差别能够对任职状况产生一个明确的期望值。现任者在重选期间作为大家已经认识或默认的候选人时，会有很大的优势。因此，一般情况下，他们应该通过激情诉求增强选民现有的支持，而其他候选人则通过恐惧诉求鼓励选民重新思考大家默认的候选人。就时机和竞争力而言，前几章中的理论和证据并没有产生不同的期望值。两种情感诉求都是很有效果的竞选方式。它们所具有的不同效果，并不意味着它们在竞选的不同阶段、或不同程度的竞争中优势有所不同。然而，

---

① 愤怒和骄傲广告的结果也一样，只不过政党可能制作更多愤怒情感诉求广告（$p<0.060$），利益群体可能制作更多的骄傲情感诉求广告（$p<0.021$）。这些重要程度基于无因果的对比测试。骄傲诉求在利益群体里具有高出现率，很大程度上是来自双方赞助者的广告的职能。美国两个老年疗养院的经营机构——保质家庭护理联盟（Alliance for Quality Nursing Home Care）和健康照顾协会（American Health Care Association）——播放了一系列广告，感谢和表彰多位国会在职议员投票支持保留“重要的医疗保险基金”。它们的广告几乎占到了利益群体的骄傲诉求广告的一半。由核心的共和党领导人组建的共和党领导委员会（the Republican Leadership Council）制作广告支持特定的国会议员候选人，这些广告占据了25%的利益群体的骄傲诉求广告。

② 在2000年，利益群体比政党或候选人更可能制作激发乐趣的广告。

传统观点认为，恐惧诉求尽管不适用于党内的初选，但是具有特殊 166
的用途。

任职因素产生的结果与我们的预期相一致。挑战者更可能采用恐惧广告（9% vs. 5%），在职者更可能采用激情广告（52% vs. 49%）。然而，只有恐惧广告的实验结果具有数据意义（$t=1.89$，$p<0.055$）。竞争空缺职位的候选人所采用的情感诉求方式，和与在任者竞争时所用的大同小异。

在很大程度上，竞争力能影响情感诉求的广泛应用，特别是恐惧诉求。在众议院的竞选中，电视节目《热线》的“竞选观察”报告，提供了很好的选前参考方式。在参议院竞选和州竞选中，若两党得票差距少于 6%（即 53% vs. 47%，或者更接近的比例）并能以这样微弱的优势获胜，我就把这些竞选定义为竞争激烈。图 6—5 显示了这方面的结果。当竞选实力很接近时，参议院候选人制作的恐惧广告比例上升了两倍，而众议院候选人和州竞选候选人制作的恐惧广告比例上升了三倍。相比之下，引发激情的广告比例下滑了 6 到 14 个百分点。与激情广告相比，更多的激烈竞选大量使用了恐惧广告。[1] 候选人似乎根据恐惧诉求更具有效果这一大众观点来采取行动。[2]

---

① 这些结果不仅仅包括了一个人为现象，即那些没有反对声音或相对的无人挑战的候选人采用正面的情感诉求，是因为他们没有必要为自己据理力争或担心竞争。这样的候选人的确不需要花钱在电视上投放广告，当然他们通常也不这么做。再者，当我们把竞争最激烈的竞选与第二激烈的竞选（比如，获胜的差额在 6%～10%之间）相比较，而非与那些获胜差额为 15%、20%，甚至更悬殊的最不激烈的竞选对比时，实验数据最为明显。

② 如果这是事实，那么为什么政客不在任何时候都采用恐惧诉求呢？的确，为什么他们更经常激发正面情感呢？我认为，两个广为大众所认可的观点可以解释这点，一个是负面诉求会增加反对的概率（即，他们会承担更大的风险），另一个是恐惧诉求是一种容易招致道德怀疑的竞选方式。因此，候选人认为，恐惧诉求只有在必要的时候才能使用。

167

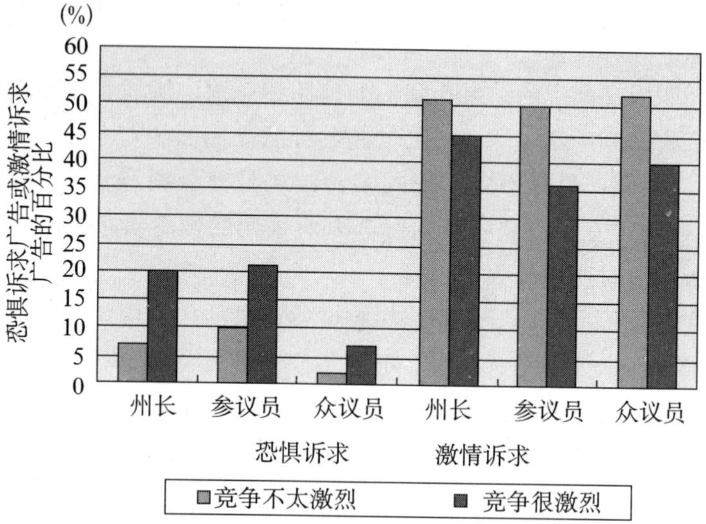

图 6—5　竞争很激烈的竞选中多出现恐惧诉求广告，
竞争不太激烈的竞选中多出现激情诉求广告

注：各个柱状图显示了在竞争美国的州长、参议员和众议员等职务的很激烈或不太激烈的竞选中，恐惧诉求广告和激情诉求广告所占的百分比。

总统大选情况特殊，其竞争程度更激烈，变化方式更多样。在 2000 年大选的提名阶段和大选阶段中有很多竞选广告，为研究它们的影响提供了机会。迄今为止，两个阶段的广告存在的不同最令人吃惊。在提名阶段，只有 6％的广告是激发恐惧的，而 58％的广告是引发激情的。在大选阶段，有 31％的广告以激发恐惧为目标，而 27％的广告以引发激情为目标。① 简而言之，在大选阶段，候选人播放的恐惧诉求广告比例增加至提名阶段的 5 倍，而激情广告的比例则减半。确实，当候选人与党内同僚竞争时，使用恐惧诉求确实是令人不快的。但是，我们也可以用之前的实验结果来解释竞选阶段的不同。在大选阶段，利

① 在提名阶段和大选阶段，在恐惧诉求的变化方面，$t=5.83$（$p<0.001$），而在激情诉求的变化方面，$t=5.45$（$p<0.001$）。

益群体和政党使用恐惧诉求的广告开始大量涌现。尽管如此，控制广告的基调（即候选人对对手的攻击）或者控制广告的出资者只能减弱情感诉求的效果，但是不能使它们消失。这种不同可能与总统竞选阶段的相对竞争实力有关。更为激烈的大选结果符合其他多人竞争的竞选模式。

在提名阶段，我们可以验证广告效果理论所暗示的另一个预测。竞选中的领先者能从维持现状中获益，因此希望引发选民的激情；而那些在票数上落后的候选人则倾向于恐惧诉求。2000 年年 *168* 初总统竞选的广告模式证实了这个预测。处于领先优势的小布什和阿尔·戈尔比他们的竞争对手更愿意制作激情诉求的广告（76% vs. 57%），而不太愿意制作恐惧诉求的广告（1.7% vs. 2.9%），尽管在后者上双方并没有很大不同。

议题特点

本书之前的实验结果表明，另一种背景因素是很重要的。就一个特定的议题而言，政治家利用恐惧诉求或激情诉求的能力要受限于一个条件，即现有状况（正如选民所经历的或新闻所报道的那样）是否表明进行这样的诉求是必要的。比如，当犯罪率居高不下时，候选人会更容易利用选民对犯罪的恐惧；当经济繁荣时，而非经济衰退时，候选人更容易以引发选民的激情为目标。此外，如果激起恐惧的议题被媒体报道，选民对相关信息的搜索会使恐惧诉求产生更大的影响。我们可以利用这些数据来初步研究候选人广告中的议题重点和情感诉求的结合如何受到“议题环境”的影响。我特别比较了以下两点：暴力犯罪率对有关犯罪的广告中的情感诉求的影响，以及制造业就业率对有关就业的广告中的情感诉求的影响。在这两种情况下，我们将按照犯罪率和制造业就业率来划分和取样，包括在两方面分别处于（四分位中）第一位的州和均处于后三位的州。图 6—6 显示了这种对比情况。

我发现，关于犯罪的广告，包括那些关于死刑或枪支控制的广告，犯罪率高的州比犯罪率低的州更可能利用恐惧诉求（52% vs. 33%；$t=1.76$，$p<0.081$）。在犯罪率高的州，犯罪广告很少包含激情诉求（44% vs. 54%）。但是在少数情况下，这种区别并不明显（$t=0.89$，$p<0.375$）。有关就业的广告利用激情诉求的规律也同样如此：在制造业劳动力巨大的州，有关就业率的广告更容易利用恐惧诉求，而不太可能利用激情诉求。但是，这些差异并不具有重要的数据意义（恐惧：$t=0.51$，$p<0.610$；激情：$t=1.09$，$p<0.280$）。总之，这些结果对研究议题环境而言并不足够。这里提及的两个例子，在可预见的方面存在很多的不同。
170 但是变化太大，实例太少，现在还不足以证明结果。当观察的数量在关于其他选举广告的数据，或者广告播出时间购买的数据方面增加时，目前的“结果”只是为未来的研究提供了一些建议。

169

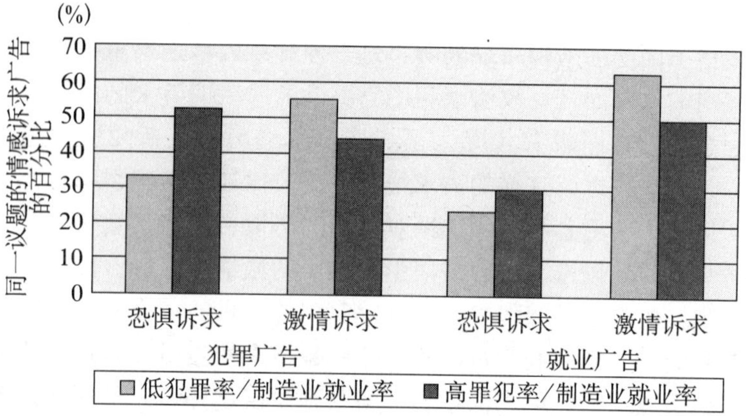

图 6—6　当符合普遍条件时，关于特定议题的恐惧诉求和激情诉求更易出现

注：左半部分的柱状图显示的是，在低犯罪率州和高犯罪率州，与犯罪议题有关的包含恐惧诉求或激情诉求的广告的百分比。右半部分的柱状图显示的是，在不依赖制造业提高就业率的州和严重依赖制造业提高就业率的州（即在 20 世纪 90 年代后期，提供就业的主要产业遭遇了长期的就业不振），与就业议题有关的包含恐惧诉求或激情诉求的广告的百分比。

党派环境

最后，我来验证党派环境对广告选择的影响。基于广告效果的实验调查，最明确的预测是：政治家应该在友善的党派环境中更多地使用激情诉求，这样会加强选民现有的忠诚，从而获益；在敌对的环境中使用恐惧诉求，这样就能减弱大部分选民对对手的忠诚，从而成功胜出。为了证明这些假设，我用两种不同的党派环境的测量方式，来验证激情诉求和恐惧诉求在各州范围竞选——州长和州参议员竞选——中的普遍性。[①] 测量州的党派环境的一个方式主要是基于 2000 年的选民注册数据。但是，由于有几个州并没有进行政党注册，所以我就利用下级和上级州立法委员会之间的政党平衡作为判断该州为民主党或共和党的补充信息。第二个测量方式仅仅基于一个问题：小布什和阿尔·戈尔谁会赢得 2000 年总统大选？我用这两种方式避免实验结果过度受到个别州的影响，因为弄清每个州或美国其他地理单元的“真实”党派环境是个很复杂的问题。[②] 强调这一点，这两种编码方式就不会进行多余的测量了，因为 50 个州里有 12 个州改变了选择。我在附录 C 中记录了特定州的细节（见表 C—1）。

图 6—7 显示了恐惧诉求的结果。在那些倾向于共和党的州，民主党人播放恐惧诉求广告的比例会增加一倍。同样，当政治环境有利于民主党时，共和党人也会增加使用恐惧诉求的广告。所有的不同都是符合预测的，而且有 75%的数据具有统计重要性（除了共和党的广告外，所有的广告都是用第一种方式在州环境下测量的）。

① 在这部分的分析中，我没有采用总统竞选广告，因为这需要全国的竞选广告播出的相对频率；我没有采用竞选众议院的广告，因为现在我还没有对当地的政党关系进行彻底评估。

② 鉴于我的兴趣，最接近于理想测量方式的东西是，来自在 50 个州同时进行的调查数据，每个调查都从每个州随机抽取成人选民样本，并提问一些全国选举研究的标准的政党认同问题。

图6—8显示了激情诉求的类似结果。民主党占主导地位时，使用更多的激情诉求广告。相反，较民主党控制的州而言，共和党在自己控制的州会使用更多的激情诉求广告。此外，所有的结果符合之前的预测，并且有75%的数据具有统计重要性（除了一个例外，共和党的广告是在州环境下用第二种方式测量的）。两方面的结果证实了这种说法，即政治家和政治顾问的行为似乎符合理论和实验得出的结果。当政治家面临政党环境不利的局面时，他们会增加对恐惧诉求的使用；当政治家控制了局面并希望从有利局面获益时，会增加对激情诉求的运用。[1]

171 若干其他结果进一步证实了党派和情感诉求之间的整体关系。首先，少数党派的政治家与多数党派的政治家相比，很少制作激情诉求的广告（6% vs. 49%；$t=3.71$，$p<0.001$）。这不仅仅是因为少数党的候选人在与多数党的候选人竞争时处于不利地位。当广告风格是鼓动性或正面性的时，结果差异性更大。少数党的候选人没有广泛的现有忠诚选民可以凭借，并从而加强力量使用激情诉求进行动员，因此他们只能更多地利用恐惧诉求（1% vs. 9%），但是差异并不明显。[2]最后，激情诉求的广告比恐惧诉求的广告更可能提及候选人的政党所属关系（10% vs. 4%；$t=2.21$，$p<0.028$）。简而言之，当利用可能增强和动员选民投票倾向的方式——激情诉求时，政治家坦言党派立场和意识形态的可能性会加倍。

---

① 结果如下：就民主党恐惧广告而言，当州环境通过选民注册进行测量时，$t=3.18$（$p<0.002$），当通过总统选举结果进行测量时，$t=2.65$（$p<0.008$）。就共和党恐惧广告而言，当测量方式为选民注册时，$t=0.61$（$p<0.542$），当测量方式为总统选举结果时，$t=1.93$（$p<0.054$）。就民主党激情广告而言，当测量方式是选民注册时，$t=1.96$（$p<0.050$），当测量方式是总统选举结果时，$t=1.75$（$p<0.081$）。就共和党激情广告而言，当测量方式为选民注册时，$t=3.07$（$p<0.001$），当测量方式为总统选举结果时，$t=0.43$（$p<0.667$）。

② 与多数党的候选人相比，少数党的候选人在其竞选广告中更经常利用幽默（17% vs. 2%；$t=4.46$，$p<0.001$）。结果还表明，少数党的候选人还倾向于利用非激情广告，但是，差异并不明显（39% vs. 24%；$t=1.49$，$p<0.135$）。

172

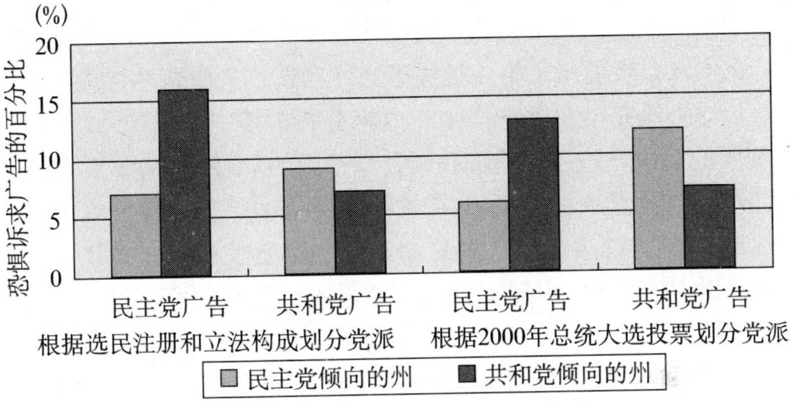

图 6—7 在其政党势力越弱的地方，候选人制作的恐惧广告就越多

注：柱状图显示了在民主党占优势和共和党占优势的州，民主党和共和党所用的恐惧诉求广告百分比。左边柱状图划分州党派的根据是选民注册总数和合乎州法律的政党构成，右边柱状图划分州党派的根据是 2000 年的总统大选投票情况。

173

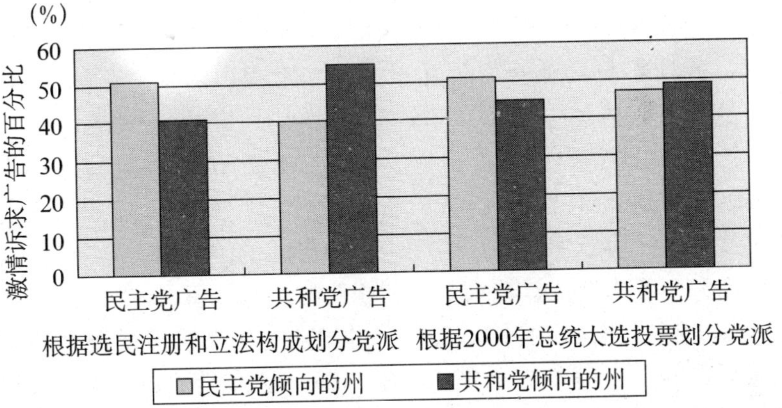

图 6—8 在其政党势力越强的地方，候选人制作的激情广告就越多

注：柱状图显示了在民主党占优势和共和党占优势的州，民主党和共和党所用的激情诉求广告的百分比。左边柱状图划分州党派的根据是选民注册总数和合乎州法律的政党构成，右边柱状图划分党派的根据是 2000 年的总统大选投票情况。

理解美国竞选的“热闹”

在本章，我展示了第一批关于当代竞选广告中情感诉求的研究成果，整个研究仍在进行当中。内容分析的重点是研究 1999 年至 2000 年的总统竞选、州竞选和国会竞选中的 1 425 则竞选广告，这些广告是由候选人、政党和利益群体制作的。除了 15 年前克恩（1989）对这方面进行了有限的探索，之后还没有如此大规模的关于情感诉求的研究。从某种意义上说，本章的目的之一是尝试首次研究竞选广告中有关情感的问题。我已经做了一系列的实证研究，考察了情感目标的类型、与这些情感相关的视听暗示和信息特点，以及政治家激发特定情感的背景。从这些研究观察中，我们可以总结出以下几点结论。

第一，情感诉求在竞选广告中很普遍，这一传统观点确证无疑。我已经用系统的证据来证明这个观点，以及在第二章中提到的其他关于情感和竞选广告的普遍观点。这些都证实了政治家经常诉诸情感影响选民。几乎所有的政治广告都包括至少一个微弱的情感诉求，并且 75%的竞选广告几乎都有一个强烈的、主要的情感主题。这个研究结果与凯德和约翰斯顿（2001：55）的一致，他们研究了 50 年来的总统竞选广告，发现其中 84%的广告有情感诉求。同样的，在研究 1984 年竞选广告的取样时，克恩（1989）发现，
174 几乎找不到“客观中立的广告”——她对此的定义是，没有使用感性画面和声音来对比候选人履历和职位的广告（pp. 93 - 94）。尽管方式多少有些变化，但是，自一个世纪前布莱斯公爵的调查以来，美国竞选的一个基本方面从未发生改变，正如我在本章开头提到的：竞选仍然“繁荣热闹”，只不过现在可以更好地理解这种繁荣的特点、目的和意义。

第二，我同样发现了证据来证实这样的大众观点，即广告的情感影响主要来自广告“打包”信息的视听暗示。色彩、音乐、图

片、声音、旁白的风格和视频剪辑都是情感暗示。激情诉求广告和骄傲诉求广告倾向于明亮的色彩，再加上鼓舞人心的音乐，有很多孩子和不同人群的画面、爱国象征，并通过一系列的快速切换场景表现出成功和幸福生活。相反，恐惧诉求广告和愤怒诉求广告则倾向于暗淡的色彩，不用音乐或配上紧张刺耳的音乐，再加上暴力、衰败或荒凉的情景，具威胁性或令人不快的音效，以及暗示不祥之兆的画外音。虽然没有激发某种特定情感的独特方法，但是本章所提及的证据表明，某些视听特点有助于明确地区别不同的情感诉求。当然，情感诉求在一定程度上也表现在文字信息和与之相符合的视听因素上。在大多数情况下，从情感效价（正面或负面）和唤醒度来看，所含的声音、图片、音乐及其他暗示能很容易区分广告的不同。在正面情感诉求和负面情感诉求方面，文字、内容和叙述结构（包括那些与图片相融合的叙述）可能会产生更大的区别。

第三，正如我在前面所讲的，诉诸激情和诉诸恐惧是政治广告最主要的情感诉求类型。有 75%具有强烈情感色彩的政治广告都包括激情诉求或恐惧诉求。这不应该令人感到惊奇，因为这些特定情感在影响人类的动机和判断方面具有核心作用。我发现，激发骄傲也经常是情感诉求的目的，但这要与情感理解力理论相一致（Marcus，Neuman & MacKuen，2000），也很少能与激情诉求分开。我们最好把骄傲诉求视为激情诉求的一个特别类型。相当多的竞选广告试图激发愤怒，并且经常以类似于（或者同时）激发恐惧的方式进行。但是，与激发骄傲不同，愤怒诉求在很多情况下能与恐惧诉求分开（即，只包含愤怒的广告的数量实际上超过了那些只包含恐惧的广告的数量）。这就意味着将来需要更加注意愤怒诉求的研究 175
（Lerner et al.，2003；Marcus，2003）。广告的确也试图激发其他情感，如怜悯、伤心和愉悦，但是最引人注目的还是以上提及的四种情感。

第四，与传统观点不同的是，严重依赖情感不一定就意味着缺少逻辑论证、事实证据或政策讨论。当然也不能表明，有了论证就是强势的，开放讨论就特别重要。在这方面我们发现 30 秒的广告同样存在缺陷。关键在于候选人不要陷入非此即彼的境地——不是诉诸情感，就是强调逻辑、信息和政治实质。尽管一些候选人只强调两者中的一方面，但是多数人明确地强调两个方面，至少是在电视广告结构允许的程度上如此。

第五，正如实验结果所示，当时机和地点与候选人的相对优势一致时，他们会更经常地利用诉诸激情或恐惧的方法。尽管候选人及其顾问很少意识到这些方法，但他们在行动上给人的感觉是，他们似乎理解了这些方法，因为之前的经验和重点群体测试给他们提供了相同的反馈。准确地说，当候选人从现有的选民倾向中获益少于对手的话，他们会更倾向于诉诸恐惧。民主党人在共和党控制下的州更常用恐惧诉求，共和党人也会在民主党控制下的州使用恐惧诉求。同理，挑战者更可能使用恐惧诉求来改变现状。相反，受益于环境和选民倾向的候选人更可能利用激情诉求，并且在引发选民激情时，采取毫不含糊的方式。当有相对较多的忠诚选民需要聚集时，民主党人和共和党人会重点强调“聚集忠诚选民”。在职者和竞选中的领先者会比挑战者在更大程度上利用激情诉求，尽管在职者利用激情诉求的证据仅仅是提示性的。同时也要注意到，从这些实例中得出的对称性质的结果不是自动延续的。政治家可以，也确实制作了既不包含激情诉求又不包含恐惧诉求的广告。

第六，在理论或测试清楚表明诉诸激情或恐惧都不利的情况下，候选人似乎会根据本书没有验证的常规观点和大众期待来做出行动。例如，比起候选人，利益群体和政党更倾向于诉诸恐惧，而不是激情。当竞争越来越激烈时，候选人也会更倾向于诉诸恐惧。

我在本书开头提到了关于竞选广告的相当宽泛和主观的观点，
176 以及它们激发目标观众情感的方式。之后我对这些观点进行了科学
探究，以便更准确地理解电视政治广告中的情感问题。为了达到这
个目的，我首次系统地收集和分析证据，研究美国竞选广告中情感
诉求的设计和使用。到目前为止，正如我希望自己论证的那样，情

感在各方面都具有至关重要的作用，对于政治咨询界制作竞选广告的意图、广告的内容和使用，以及对潜在选民的影响，都有作用。鉴于情感在政治广告中的核心地位，以及相关的科学研究的相对缺失，关于这个问题的数据收集和分析仍需继续。

第七章　心与智：重新思考政治生活中情感的地位

177 政治无处不在，不只在美国政治学的专业文献中……放眼望去，头版和晚报上都在大肆渲染各种政治活动——媒体在过度炒作。

——莫里斯·菲奥莉娜（Morris Fiorina）（学者，1981）

恐惧作为一种恶，植根于我们体内，但是其职能如同激情一样，不是压制理性，而是辅助理性。

——塞缪尔·约翰逊（Samuel Johnson）（1751）

政治选举不是一项没有激情的事业。候选人和支持者在每场选举中都投入大量的时间和金钱，他们利用资源了解公众需求，提出方案从而解决这些需求。每位候选者都力图让投票者相信，自己有最好的主张、价值观和施政能力。但是，美国政治观察家承认，这种课本式教条化的模式，不可能一直到投票日都完全吸引选民的注意。[①] 竞选的艺术在于个性化的接触、触动心灵的事件、动人的言辞和高明的广告。电视赋予候选人以机会，使他们能运用媒体视听技术来传递亲切感，让候选人和素昧平生的公众产生情感共鸣（Barry，1997；Hart，1999）。随着竞选策略的升级，竞选顾问这一

① 这本所谓的教科书很大程度上将民主政治视为“公民学”，实际上在进步主义时期的公民学教科书里也被视为难以捉摸的，这个概念在当时很可能争议重重（cf. Schudson，1998）。在竞选过程中，你可能会在各地碰到这种理想化的情形，然而候选人在选举中的实际情况则与该情形不符。这样看来，这种选举策略并不那么完全理想，而强化该策略的做法是值得商榷的。

行业也得以振兴，从而见证了一种趋势，即调动情感成为广告战略的重要组成部分（Boiney & Paletz，1991；Kern，1989，Perloff & Kinsey，1992；Schwartz，1973）。从候选人的竞选表现来看，有一 178
点毋庸置疑，即他们努力从心和智两方面争取选民的支持。

事实上，在 2004 年的总统大选中，候选人、政党和团体在广告上的花费超过 10 亿美元，电视大战持续了将近一年。相比八年前的大选，这次的花费增加了 10 倍。竞选连任的小布什总统反复提醒选民他在“9·11”事件中的领导力，并激发他们观看奥运会比赛般的欢呼，以庆祝两国（阿富汗和伊拉克）的解放。参议员约翰·克里的竞选强调他在越南战争中英雄般的服役经历。然而，在竞选的每一站，各政党又陷入惯例，用喧嚣的音乐和热闹的场景来调动人群的激情，大多数广告表达的都是焦虑、愤怒和难过。支持克里的团体“真实声音”制作了证词广告，大多用黑白色呈现在伊拉克阵亡的战士的家庭悲恸。而支持小布什的团体“进步美国”的广告，讲述的故事是总统用拥抱慰藉一个在“9·11”事件中失去母亲的少女。民主党的广告从视觉和言语上提醒观众勿忘伊拉克的死伤和混乱，而共和党的广告则质疑克里解决问题的能力——他们展示的是武装恐怖分子在俄罗斯、西班牙以及美国发动的恐怖袭击中受害者的画面。竞选策略家们花费数年时间“寻找恐吓美国人的有效途径”①，并讨论怎样利用恐惧来拍广告。记者和观察家们感到，在负面竞选、诉诸情感特别是强调恐惧方面，2004 年的选举是史无前例的。②

但是，一些政治学著作认为，恐惧和类似的活动未必奏效。在

---

① Evan Thomas, “The Inside Story: How Bush Did It,” *Newsweek*, November 15, 2004, 123.

② See Jim Rutenberg, “Scary Ads Take Campaign to a Grim New Level,” *New York Times*, October 17, 2004; Don Gonyea, “Message of Fear Dominates as Vote Nears,” *National Public Radio*, October 20, 2004; David Montgomery, “Experts Say Fear Mongering Marking This the Ugliest Election in Memory,” *Mercury News* (San Jose), October 29, 2004.

分析选举时，政治学家强调经济状况、政策差异、团体忠诚。① 学者们列出了影响投票因素的一长串目录，但很少将影响因素归结为竞选活动和候选人本身——或更准确地讲，归结为那些吸引参与者和观察家的注意力、努力和资源的活动。研究者继续深入探讨，他们似乎一直坚信将情感纳入政治学研究中是不可能或者不合适的。在较多的即兴评论中，政治家们似乎都同意候选人以赢得选民的心和智为目标，但是他们未曾研究应该怎样区分心与智的不同影响。

候选人眼中的竞选关键因素和政治学家研究模式中的关键因素存在分歧。由此出现了一个困惑：候选人为什么花费这么大的精力来关注竞选中的附带现象？如果在选举中，候选人只告诉选民他们
179 真正的利益，且又不影响预测结果（Gelman & King，1993），那为什么在竞争激烈的竞选中，仍至少有一个候选人费力不讨好？这样的行为无法自圆其说。

在本书中，我寻求重新考虑候选人是否以及怎样通过竞选，特别是电视广告来影响选民。我得出的答案是肯定的，并且他们通过影响选民的心和智来开展竞选。候选人尝试将信息传递给潜在的支持者，但是并不指望他们对自己的优点做出冷静全面的判断。候选人也试图激发选民的情感共鸣，以此改变他们已有的倾向，或者影响他们的投票行为。与之类似，尽管选举改革的倡导者偶尔也会发现候选人向选民强制灌输信息（不管是自身的优点还是存在的信息），以引起热烈的、不假思索的反应，但通常情况下候选人不期望这么做。简而言之，在提供实质信息的竞选和使用情感诉求的竞选之间，候选人很少会进行非此即彼的选择。相反，典型的做法是，他们会使用情感诉求来确保实质信息的传播效果。本书的目的其实就是想更好地理解此类现象发生的原因和途径。

目的明确后，在本书的开头部分，我发现传统观点关于情感诉

① 选举可能与议题和候选人的性格息息相关。选举研究并没有表明，除了从一开始起就抢占最好的议题制高点，以及具备最适合的性格以外，候选人还能做哪些努力。而对于前两项来说，不花费高价也能做成。

求的优势虽然不乏真知灼见，但对政治广告中的情感缺乏系统的研究。竞选顾问、记者甚至很多学者都相信情感诉求是：(1) 政治的常规组成部分；(2) 对于竞选广告的效果来说至关重要；(3) 其威力来自音乐和画面；(4) 通过传递候选人引发的感情来产生作用；(5) 人为操控的、非理智的；(6) 主要在未受教育和信息闭塞的人中起作用。我的论点是，心理学和神经学的研究可以帮助我们更准确地思考情感在政治传播中的作用。学者们已经富有成效地运用这方面的研究成果来加深我们对于舆论的认识，我也试图在这方面做出努力，使之有助于解释选举广告和选民态度及行为之间的因果联系。为此，我展示了一系列实验结果，对最近的竞选广告进行大量的内容分析。这些研究设计旨在测试理论假设和传统观点中的一些方面，它所提供的证据有力地支持了理论假设，并证明了关于情感诉求的普遍、力量和来源的一些共识。然而在情感诉求的规范效果方面，这些证据对传统观点提出了质疑。

在本书最后一章，我将对情感在政治生活中的作用进行再思考，主要关注三个方面。第一，对于情感在竞选政治中的作用，本 180
研究提供了新的解释，也为旧的猜想提供了新的证据。我通过实验和内容分析总结出主要的发现。第二，新解释会引发新问题或改变旧观点。我探讨了在研究中出现的新问题和未来解决问题的可能步骤。第三，本书的理论和发现表明，正确地理解情感的作用可以帮助我们以全新的角度看待政治。我侧重实验分析和规范研究的四个方面的影响，包括超越对信息的关注需求、平衡对情感诉求的不同理解、反思情感诉求的伦理道德、通过新的视角揭示有竞争的公民政治生活。

新的解释

长期以来，政治传播中的主导看法是大众传媒和选举造势对于选民的抉择来说影响甚微。最近几年来，上述观点已被彻底颠覆。

因为堆积如山的证据表明，新闻、政治广告和其他竞选活动都可以改变选民的选择次序和喜好倾向（Kinder，2003）。大部分揭示效果的研究侧重政治信息的内容和语气（Ansolabehere & Iyengar，1995；Bartels，1993；Goldstein & Freedman，2002a；Iyengar & Kinder，1987；Zaller，1992，1996），但一些著作强调了有关群体暗示的影响效果（Gilliam & Iyengar，2000；Kahn，1996；Mendelberg，2001；Valentino，Hutchings & Wite，2002）。在此期间，尽管许多学者认识到，竞选广告严重依赖情感诉求（Boiney & Paletz，1991；Jamieson，1992；Kern，1989；Nelson & Boynton，1997；Richardson，2003；West，2001），但直到现在，被记者、从业者和学者所广泛关注的情感对于政治广告的重要性，仍没有经过验证。如果情感在竞选广告中确实起到了什么作用的话，我们还缺乏证据支撑。

我在研究情感诉求怎样在竞选中影响选民的参与和选择时，尽量用实验调查来考察传统观点中关于情感诉求的影响的看法。虽然从某种意义上说，这项研究的新奇性使它更具有探索性，但我还是努力将研究建立在坚实的科学基础之上，采用情感理解力理论检验特定的假设，探讨情感是引导目标行为的基本系统。本书侧重两种特定的普遍诉求即两种基本情感，心理学家对此已经有了很多研究，这就是激情和恐惧。

181 **恐惧和激情影响的实验证据**

重新思考情感在选举政治中的作用，我采取的第一步是进行实验设计，来确定情感诉求与竞选传播存在怎样的因果关系。之前的研究通过调查数据展示了情感和舆论之间的紧密联系，却没有研究情感的来源以及政治环境、情感和个人投票行为之间的因果联系。本书用实验的方法来检测政治家是否用竞选广告来激发特定情感并以此来影响选民。实验的主题是不带暗示画面的正面广告，或是带有能触发激情的画面和音乐的同类广告。另一个实验的主题是负面的有点“中立”画面的广告，或是带有能引起恐惧的画面和音乐的同类广告。通过这种方式，我们可以在政治信息和讨论不变的同时，观察到竞选广告的某些情感影响。

建立因果关系是实验的特点，但此类研究的最大缺点就是不能证明普遍性。通过研究设计，我们可以解答情感是如何影响“真实世界”的。这项研究采取了一些步骤来模拟实际经历。政治广告是典型的偶发事件，在实验中，它出现在当地电视新闻的商业广告间隙里，旨在获得公开的收视。广告是关于正在竞选的候选人的，问卷要求实验对象透露选择倾向。实验对象不是被招募来的容易屈从的学生，而是由多样化的选民样本组成。除了让实验尽可能地自然进行外，此项研究聚焦于恐惧和激情诉求，使得我们可以把结果进行比较，看它同全国调查所得的这两种情感和政治行为的相关性有何差异。实验的最终“现实核查”采用一个证据，即政治家如何利用竞选广告激发情感，假设其政治顾问明白广告的效果（至少是在眼下的竞选中，而不是抽象的理论层面）。

这项发现证实了观察家和从业者关于情感诉求的一些共识，例如，竞选广告的效果很大程度上来自情感诉求，在情感诉求的表象后面，音乐和画面才是效果的关键。音乐和画面包含的情感暗示能加强竞选广告的效果，以此达到支持和反对这两个主要竞选目的。 182
虽然在观看当地新闻时，政治广告的出现好像是偶发事件，但节目突然切换到了调动情感的音乐和画面后，相应的竞选信息就影响了公众的选择和判断。与此同时，研究也向传统的看法提出了质疑，例如，情感诉求的作用仅仅是直接转换为对候选人的评价，或者仅仅是引起对广告的注意。政治顾问和其他观察家认为，情感诉求产生作用的原理是：“通过视觉或听觉来传递或指代积极或消极的感情，而视觉和听觉源自赋予候选人及其竞争对手的情感象征。”（Kern，1989：32）虽然我在研究中揭示出许多效果，但结果还不能支持这种观点，即情感传递能解释情感诉求的有效性。

我的研究成果并没有支撑心理学理论中情感诉求的直接和非直

接的影响。与这些假设一致的是，试图引发恐惧和激情的尝试显著改变了政治传播。为了引发激情，我们会通过暖色调的画面和振奋激昂的音乐，以正面的广告来动员观众、鼓舞支持者。凭借展示出来的激情诉求，公众对选举显示出了浓厚的兴趣，希望为某位候选人提供志愿服务并更愿意在选举中投票。不管看到的是谁，公众都会更加确认自己中意的候选人，也会坚持最初的信念。然而，多少有点讽刺的是，激情诉求会两极分化选民对互为对手的候选人的态度，因被吸引而支持某个候选人，因反感而支持其对手。

通过触目惊心的画面和紧张的音乐引起恐惧或忧虑，负面广告由此转移了观众的注意力，并说服不相信的人。在恐惧广告出现之后，公民对于政治选择产生了更大的不确定性，也更容易改变他们的政治倾向和投票选择。恐惧使选民们减少了先入为主的思想，并重新审视现在的判断和感觉。结果，这些诉求在对手的支持阵营里产生了更强的说服力。恐惧广告也鼓动民众参与到选举中来以获取更多的信息，并将注意力转移到新闻来源中去，这也更有可能为先前宣称的理由做出解释。最后，恐惧诉求会强化投票的重要性，并激发更多的公众参与到选举中去。但是，与激情诉求相比，恐惧诉求的鼓动力受到了较大的限制。对于不谙政治的人来说，甚至会起到反作用。

实验没有提供证据证明情感诉求仅仅是通过引发对广告的更大
183 关注来发挥作用的。两种情感诉求都没有让实验对象准确地回忆起广告及赞助广告的候选人。这些结果推翻了传统观点，同时也弱化了由情感理论衍生出来的警戒假设理论——该假设预测，恐惧和威胁会强化注意力。虽然恐惧诉求激发人们搜索额外的信息，但并没有使受众对广告投入更大的注意力。

或许整个研究最惊人的发现是，大多数有知识的或“熟谙政治”的公众对于情感诉求的反应最为强烈。回顾第二章，传统观点认为与“熟谙政治”的人相比，无知和头脑简单的人更容易感情用事（Sniderman，Brody & Tetlock，1991：22）。人们认为，作为人为操纵的工具，情感诉求对于消息灵通的、受过教育的、精明的人影响最小，而实验结果与此正好相反。在此次研究里，情感产生的绝大部分动员和说服效果恰恰体现在了解政治的人身上。而无论受众是否了解政治，他们都同样受到情感的影响。在其他领域里对恐惧诉求的研究表明，无论是强调威胁还是因威胁而退缩，恐惧的反应都取决于对能力的感受。证据表明，恐惧诉求会促进政治家们参与政治而遏制新手参与政治，这与该观点似乎是一致的，但它不能解释为什么专家们也会对激情诉求有更大的反应。然而，事实是了解政治的人对于广告的情感诉求反应更强，这与我的论断一致，情感扮演的是“关联检测器”的角色。

情感的普遍性、设计和诉求运用的证据

本书的另一项成果来自对当代竞选广告的系统性内容分析，这些广告可供准确地探索候选人是怎样设计和利用情感诉求的。该内容分析基于 1999 年到 2000 年美国总统、州长和议会选举的 1 400 多则广告。这部分研究的结果更有效地支持了普遍观点，即政治家通常利用广告来激发情感，或广告的情感诉求与视听内容紧密相关。大部分广告都多少包含着情感诉求，很多广告的情感诉求非常强烈。另外，证据证明了起初的论断，即两种占据核心地位的情 184
感——激情和恐惧——最为频繁地为政治家所利用。恐惧和激情诉求使用的颜色和音像与我先前提到的情感类型相匹配，这些情感类型都基于心理学理论而划分。总体来说，广告的设计和特定的情感诉求与一些观察家持有的总体看法一致，与本书中更具体完善的预期也一致。

候选人对恐惧和激情诉求的依赖大不相同。有时候，他们会倾向于一些老观念，如恐惧诉求更为有效。州长和议员的候选人在激烈的竞选中会大量炮制恐惧广告，而较少使用激情广告。其他的区别则证明了候选人或许会按照之前的观念来选择情感诉求。例如，挑战者比在任者更有可能制造恐惧诉求，而民调中的领先者比落后者更有可能使用激情诉求。也有证据表明，当某些州的公众较为关切一些问题时，候选人更会用恐惧联系相关的政策。最后，有充分的证据表明，当某一政党处于优势地位时，该党候选人会更多地使用激情诉求；而当其反对党占优时，候选人会更多地使用恐惧诉求。与之类似，与主要政党的候选人相比，第三方政党的候选人较少使用激情诉求。

* * *

本书的实验研究和内容分析挑战了最后一项传统观点。批评家认为："包含激情诉求的竞选广告不可避免地削弱了理性思考过程"（Arterton，1992：102），而广告的问题在于"诉诸情感而非理智，但那些情感诉求通常是我们比较消极的一面"（Kamber，1997：36）。尽管有这些抱怨，但不论是广义上的情感诉求还是特定的恐惧诉求，都不一定与逻辑、信息和实质产生矛盾。广告通常同时包含情感和逻辑的诉求。与激情广告相比，恐惧广告更有可能建立在事件和候选人履历的基础上，而不是个人品格。情感诉求的影响不反映感情的盲目传递，即从无关联的象征到候选人的传递，而是源于信息处理的变化，这与个体在环境中所留下的信号相一致。恐惧诉求更能促进对时局的思考并搜索新的信息。

185 我们必须更多地思考情感和信息是怎样联系的。人们通常希望通过事实和讨论来获取全面信息，因此信息多来自公众，有准确的含义和清晰的方向。信息通常要让选民感觉到，什么是让人恐惧的，什么是让人感到有希望的。在很多情况下，选民会跟着感觉投票。此外，一方面，因为情感通常具有理性的基础，在公共事务方面引发和维系情感反应的能力应该受制于基于理性的信念和事实。另一方面，情感不仅是论证的延伸，还影响着论证。情感不会使论证显得更有说服力，而是通过转移注意力，让思想转化为行动。情感向我们发出信号："这很重要！"情感反应的迅捷使得我们接受信息的过程带有偏见，并对信息好坏做出判断。

在这一点上，目前的研究对政治心理学的发展很有帮助，它表明情感对确定政治行为起着至关重要的作用。本书通过实验证明了早期著作中提到的情感与竞选的因果关系，候选人可以利用竞选广告来激发情感反应，有预见性地改变观众的态度和倾向。这与舆论调查研究（Kinder & D'Ambrosio，2000；Marcus，Neuman & Mackuen，2000）中所反映的关系不谋而合。这也与之前一个实验的结果一致，该实验研究了利益团体的传单上引发情感的图片，或者观众对领导人面部表情的反应（Huddy & Gunnthorsdottir，2000；Masters & Sullivan，1993；Way & Masters，1996b）。综上所述，这些研究互相弥补了不足，并进一步证明了竞选传播、情感反应和态度变化之间的因果关系。它们并非实验室里杜撰出来的结论。我们或许可以向该研究提出更多的问题，如用竞选广告的情感诉求来争取选民的可能性和局限性。其中一些内容我将在本章的下一部分提到。我们只有证明了情感发挥着有效的、可考证的作用后，这些问题的关联性和重要性才会凸显，才会具备深入研究的价值。

新的问题

现在我将转向讨论情感诉求研究的条件和注意事项。书中有限的证据还不能回答很多问题。因此，我想到了一些延续研究的方 186
法，试图从中获得更多的发现。

广告竞选的策略和结果

竞选广告，特别是运用了情感暗示的广告，能对选民的参与和投票产生实质影响。在这项研究中，我们观察广告诉求在不同社会背景和政治因素下产生的影响和改变。这些因素包括教育、年龄、党派、老练度。然而我并没有强调影响效果的程度，它很可能取决于很多本研究中看不到的细节，受到动态选举过程的影响。换句话来说，要取得更有效的研究结果，必须对持续数周或数月的激烈选举进行更好的观察。

我们还需要回答很多遗留问题，来衡量竞选广告和“广告竞选战”的效果。例如，观众反复观看一系列类似和对立的广告，或经历了其他类型的政治传播（如新闻、政治对话、与竞选的直接接触）后，该广告产生了怎样的边际效应？在“喧嚣”的竞选语境中，在参与和选择方面，我们期望减少回归和偏离。当我们逐步认识到在竞选中发挥作用的那些离散因果因素时，在所有的影响因素中，我们必须考察每一个因素对选举结果的净贡献。许多具体的实验因政治广告的数量、形式、一致性而有所不同。它们和其他类型的政治传播一起，能够解释导致不同结果的多元原因。

当实验具备了更好的因果联系后，我们开始收集整个竞选中的观点和行为并进行综合分析，以此来探寻效果。为了更好地完成工作，我们必须获得三组数据：实际广告刺激、刺激呈现和公民行为。直到最近，这方面的联系数据才被公开。近几年，新来源的数据显著提高了我们了解竞选广告的潜力（Freedman & Goldstein，1999；Goldstein & Freedman，2002b）。[①] 数据包含的广告观察，针对的是每次在美国大多数媒体市场（如主要的广播和有线电视

① 这些数据的原始来源是一家私有行业公司——竞选媒体分析集团（Campaign Media Analysis Group，CMAG）。纽约大学的布里南司法正义中心（Brennan Center for Justice），依靠皮尤慈善信托基金会（Pew Charitable Trusts）的资金资助，购买了竞选媒体分析集团 2000 年选举周期的广告数据，在威斯康星大学麦迪逊分校（University of Wisconsin-Madison）的科恩·戈尔茨坦的指导下，签约威斯康星广告工程（WAP），来开展竞选媒体分析集团数据库里的基本内容分析，并有研究者提供分析数据。这一过程将随着后续的选举周期而延续。2003 年，在一些学者的努力下，威斯康星广告工程以极小的花费使 2 000 个竞选媒体分析集团的数据投入应用。在撰写本章的时候，其他选举的数据还没有到手，我已经从威斯康星广告工程得到了 2 000 个竞选媒体分析集团的数据，并开始了一项浩大的工程，将竞选媒体分析集团的观察与我们的内容分析联系起来。该工程耗时巨大，不仅因为其中包含了大量的广告（例如，我们的内容分析涵盖了 1 600 多则广告，还有源自竞选媒体分析集团数据库的近一百万则广播广告的观察），还因为一则广告常被不同的来源冠以不同的名称。另外，只有使用黑白记事板和视觉内容的快速切换（几秒钟一次）时，竞选媒体分析集团数据文件中的广告内容才是可证实的。为了与文件数据联系，这些记事板必须与用来做内容分析的原始广告的实际视频文件相匹配。尽管过程很漫长，很艰辛，但我坚信，我们的努力相对于研究的回报来说是值得的。

网）中播出的广告。它们所提供的广告的播放频率和数量，有助于研究特定的广告及其时间、地点（如媒体市场和频道）和目标。单个出现的广告可能会被遗忘，但至少这些数据为研究者提供了时间和空间方面的便利。如果这些数据能使广告诉求与内容分析的数据 187 相匹配的话，将在整体上提高我们了解预期和非预期的诉求影响的潜力。我们不太可能将所有选举广告分为不同的情感诉求，但是有理由期待找到足够的变量，来确定跨越时间和地点的某种情感并进行相应的分析。

竞选策略的潜在影响，如情感诉求的时间安排和目标指向，也值得进一步研究。本书的发现表明，政治家依靠的特定的情感诉求取决于他们的竞选造势情况，以及更大的社会和政治背景。但是，候选人及其顾问必须选择制作什么样的广告、投放广告的时间（比如，是在竞选的前期还是后期）、广告播出的频率和长度以及目标观众。有了上文提到的媒体市场数据，政治学家们还开始测试关于竞选策略更为完备的议题。另外，处理这样的议题时，应该从政治语境（我已经这么做了）和竞争对手的策略选择方面来重点比较策略之间的关系（cf. Simon，2002）。

情感暗示：个人经验和政治环境

本书关注的是竞选广告中的情感诉求，但这项主要成果的影响牵涉面很广。实际上，在解释情感暗示理论时，我认为我们可以将竞选看成某种现象的广泛适用。如果情感是人类推理的基础部分，那么它通常会影响政治行为的效果。早期的著作表明，政治家们也试图通过打印出来的宣传材料来激发情感，这一点已在第二章里有所体现。有理由怀疑引发激情的目的就是为了面对面的政治活动，如巡回竞选和政党会议。不管是否出于有意，这些事件和相关报道很容易激发情感来影响公民对信息的看法。情感暗示大量存在于竞选广告，它们被刻意安排来激发情感反应，显然这样的暗示在政治领域无处不在。我们的研究只是开始调查，在政治环境中公民情感反应的来源和结果。

在进一步调查政治家和某些事件引发情感的能力时，我们一定
188 要考虑到个体因素的变化。头脑中的情感系统在经验的基础上衡量外界刺激的重要性。因此，我们应该期待反应的多样性。相同的刺激——一面旗帜、一个燃烧的十字架、一滴总统的眼泪、一场同性恋的维权游行——会因人而异地引发不同程度的情感反应。与此类似，个体对于特定刺激的反应也可能因场景的不同而发生变化——例如，一面美国国旗是在世贸大楼的遗址上飘扬，还是作为募捐活动的背景。对于政治象征符号力量的认识已不算新鲜（Edelman，1964；Sears，1993），但当我们了解到情感的作用后，我们可以对象征性符号的影响做出更准确的预测。我们应该能预料到，情感反应因个体和环境差异而各不相同，并可以通过调查和实验数据来检验预测。

情感诉求、实际需求和当前环境之间的联系也很重要。情感由于个体对外部事件的考量而引发，因此我们应该考虑引起刺激反应的环境变化。例如，我们可能会问，当激情和恐惧诉求与当前局势和观众的现有感受一致时，它们是否会产生最佳效果（cf. Roseman，Abelson & Ewing，1986）。引发特定情感的能力可能会与当前的局势和关注的热点紧密相关。在此情况下，在一场竞选中极为有效的恐惧广告可能在另一场竞选中失效，甚至产生负作用。第六章提供了建议性但非结论性的证据，证明了候选人的广告策略对于环境的敏感变化。运用实验和积累的竞选数据开展进一步的研究，对于探索环境对情感暗示的约束很有必要。

情感变异：中介、缓和与标记功能

我们仍需要做许多工作来明确情感的作用。首先，政治与情感相关的领域不仅限于恐惧和激情。如同我们在第六章中看到的那样，虽然这两种情感是竞选广告的普遍目标，但政治家们也会诉诸自豪、愤怒、同情、欢乐和悲伤等情感。金德（1994）用一个不常

见的例子，试图探究更广泛的情感及与之相关的特性。马库斯(2003) 已开始研究与情感理解力理论相关的愤怒。自豪、希望和激情虽然只是微妙的变量，但在很大程度上可以作为成功反馈或按第三章描述的情感系统来理解（cf. Marcus，Neuman & MacKuen，2000)。一个人越多地钻研情感，就越要摆脱环境和个人特点的干扰，努力寻找更微妙的变量。如果考虑到会引发哪种相关情感，我觉得答案本身已经与刺激没有什么关系，而更多地与个体的内心相关联。

从本书的理论角度来看，情感在个体环境和反应之间是一种重要的中介力量。先前的研究表明，体验过特定情感的人，他的行为 189
会与理论预测的情感效果一致（Kinder & D'Ambrosio，2000；Neuman & Mackuen，2000)。其他研究者认为政治刺激可以引发理论预期的情感（Huddy & Gunnthorsdottir，2000；Way & Masters，1996b)。目前的研究显示，竞选广告在态度和行为方面引起的变化与引发的情感一致。当然，在一个孤立的考察中，对情感和政治的研究难以充分展示情感的中介作用。未来的研究会加强政治诉求和引发的情感反应，以及我们观察的效果之间的关联（see Brader，Valentino & Suhay，2004)。

完成这些目标需要抓住方法论。由于忽略了方法论问题，情感反应的调查研究远远滞后于其他领域的发展（Marcus，Neuman & MacKuen，2000)。通过实验对象自我陈述的方法可能还不够，因为情感的出现通常不伴随意识，其影响是即时的（如信息是经过处理的)，并阻碍了随后的实验。评估情感中介作用最好的方法或许是用监控心理反应的方法来避免泛泛而谈。政治学家将考虑分离取样设计，在这当中，学科所强调的“自然”或舒适的访谈环境，会由更多的情感监控技术来平衡（Larsen & Frederickson，1999)。与之类似，虽然这项研究的重点是非语言暗示，但语言信息也可以引起强烈的情感反应。情感研究的努力和对语言信息的认知反应会更多借助于精神生理学的技术。当然我们有理由质疑，在此方面是否值得投入时间、资金和努力。已有的实验得出了大量关于情感重要性的证据，而根据这些证据以及近期的其他研究来看，答案是肯定的。

最后，不仅有许多值得考虑的其他情感，还有观念形式大不相同的“感情”模式，如心情和态度（可用维度评估）。政治心理学
190 家开始将大部分情感变异纳入他们的研究当中。如果他们一直这么做的话，弄清这些观念彼此之间的联系将变得更加重要。例如，除了本书中频繁提到的情感和感觉外，学者们还研究心情状态对候选人和政治信息起到了怎样的缓和作用，而不是作为中介影响反应（Isbell & Ottati, 2002; Roseman, Abelson & Ewing, 1986; Way & Masters, 1996b）。另外一种方法将心情看作中介变量。拉恩（Rahn, 2000）从心理学的角度将情感视为信息，并将公众情绪的概念发展扩散的感情状态，指向政治社区（Rahn & Hirshorn, 1999; Rahn, Kroeger & Kite, 1996）。政治学家已经将情感作为政治态度的组成部分，但传统研究还没有阐述清楚情感的作用，只是解释情感可以表明对某一个体的喜好或厌恶。当这种方法脱离社会心理学的框架时，或许会与早先提到的情感理论相联系。例如，达马西奥（Damasio, 1994）“躯体标记”的概念，作为我对情感暗示的解释基础，在很多方面类似于社会心理学家提出的态度的“情感构成”概念。政治心理学家最近的一些著作，竭力想给情感的作用一个更具理论化的描述，它与态度相关，包括动机性推理（Lodge & Taber, 2000）和确信（Burns & Kinder, 2003）。

重新思考情感在政治中的地位

在过去的二三十年中，心理学和神经科学在人类情感的认识、原因和结果方面取得了很大进步（Damasio, 2000; Zajonc, 1998）。自从 20 世纪 90 年代初以来，情感的科学研究书籍开始流行。90 年代末期，该领域的学术手册和编撰的选集也大量涌现，这使得情感

研究在观念和行动上同时开始复兴。研究不再局限于政治领域，还进入了社会科学的范畴。此外，这些书籍所宣扬的新观点，强调情感不仅是人类体验的一部分，也是人类推理和适应社会行为的一部分。它们抨击了几个世纪以来的身体和心理、情感和理智的二元对立论，这方面最著名的是达马西奥于 1994 年出版的著作《笛卡儿的错误》（*Descartes' Error*）。情感作为研究的主体开始进入政治学领域，最先是舆论中的情感，现在是政治传播中的情感。不断增加 191
的证据表明我们需要重新思考情感在政治生活中的作用。在本书的最后这一部分，我会提及该如何进行这种思考。

超越信息内容和广告语气

对于政治广告的研究来说，这是一个激动人心的时刻。琳达·李·凯德等人已经对政治广告的内容进行了系统的研究，其范围不仅限于当代美国，还包括历史上各国的相关情况。肯·戈登斯滕等人已经率先进行了竞选广告数量和目标的研究，并从独立机构那里获得了选民的背景和广播数据。史蒂夫·安索拉贝赫尔、珊托·艾杨格（Shanto Iyengar）和其他人完善了效果研究，并通过高质量的实验方法强调因果机制。

在近期对广告研究的探索中，最突出的争论还是针对广告中积极或消极语气产生的效果（Lau et al.，1999）。如同政治传播研究的其他领域，对于研究广告信息来说，我们不能仅仅将注意力集中在内容上，语气和基调也是一个很好的切入点。我在此试图揭示，真正重要的不是说什么而是如何说。信息传播需要包装，而包装尤为重要。

但是，夸大这种区别，鼓励人们偏重于信息和认知或者象征和情感的做法，或许也是错误的。因为信息可以引起情感反应，象征符号可以承载认知意义。在我们的研究中，必须留意所有这些因素和它们相互影响的方式。信息并不仅仅是已知或储存在记忆中的东西，也可以触发反应。情感反应也不仅仅是表达喜好，还可以改变接收和处理新信息的方法。广告语气既涉及积极和消极的情感，也涉及积极和消极的信息。虽然我认为有必要区分积极和消极信息的效价，但这还不够。有大量证据表明，我们需要超越单一的效价（如积极对消极），同时从信息和情感中特定类型的积极性和消极性来思考问题。

俘获希望和恐惧？情感诉求的伦理问题

关于消极广告的辩论一般中规中矩。学者通常会将这个主题与
192 一种假设联系起来，即消极广告是不受欢迎或者不道德的。这样的假设迎合了记者、学者、改革者和很多政治家的批评。正如我们在第二章中看到的，观察家们也经常对情感诉求感到不满。情感诉求被广泛斥责为脆弱的、不理智的、人为操纵的、破坏性的。根据本书的研究，我们应该重新思考情感诉求的伦理问题，不管它是积极的还是消极的：情感诉求是合理的吗？

本研究中发现的恐惧诉求的说服力或许会再次证实一个流行的观点，即消极广告是不道德的，但是这个结论因为种种原因还不成熟。首先，批评家和学者倾向于掩盖不同消极类型的差别。例如，这类广告都会被贴上“消极”的标签，不管是因为它们传播了对现状和一些公共政策的悲观情绪，还是因为它们批评候选人竞争对手的政绩，贬损他们的名望或形象，或试图激发恐惧、愤怒或伤心等。这或许是因为我们希望谴责一切形式的消极，或者我们反对的是广义的消极。但是很多情况下，当人们的批评事实上由某种特定的消极引发时，就会大肆抨击消极。其次，一些人为公共话语中消极信息的价值辩护（Mayer，1996；Zaller，出版日期不详）。他们认为透明的决策和民主的职责依赖于候选人、团体和新闻媒体的传播，信息公开对于人和政策来说至关重要。最后，马库斯（2002）曾经证明过，焦虑在政治活动中扮演着重要而理性的角色。从情感理解力理论的角度来看，恐惧诉求发挥着保持警惕的功效——托马斯·潘恩（Thomas Paine）很久以前就曾论证过，尽管这对于自由

的人来说是一个负担。我们是否真的认为，告诫人们可以真实感知到的威胁是破坏秩序的行为?

虽然对情感诉求的责难常常与对消极的责难混为一谈，但一些批评家确实质疑情感诉求的正当性。政治家们努力通过竞选广告和言辞来操控选民的情感，以此在普通人中“俘获希望和恐惧”，这一行为受到批评家们的嘲讽。在他们看来，情感诉求之所以可以为人所操控，是因为其脱离了理智，让人们未经思考就做出决定。因此，情感被视为弱点。当政治家利用这些弱点时，他们的行为就是不道德的。同样，政治家为了个人目的而利用选民的需求，或欺骗轻信的孩子，也都是不义之举。君子风范应该是风度高于所得。在真实而具有意义的政治话语里，当今的改革家将情感诉求广告看作廉价刺激和肤浅判断的替代品。正如他们所见，政治家将形象凌驾于事件之上，或许并非不道德，但肯定是不负责任的。这些观点所 193
关注的不只是竞选广告中煽情画面和音乐的使用，但是，他们的不满肯定还是针对这种煽情做法。

尽管这些关注并非没有可取之处，但是对于情感作用的恰当理解能够完善我们的判断，来衡量情感诉求是否一定受到人工操纵，或者是不正当的。首先，情感是我们决策的重要部分，这与二元论坚称的“情感和理性相对并低于理性”的观点截然不同。如果有评论认为个人应该在理性而不是情感的基础上做决定时，我们应该对此进行反思。因为一个健全的人应该同时在情感和理性的辅助下做决定。其次，如我们在本研究中所见，引发激情或恐惧的尝试或许能帮助政治家动员缺乏兴趣的民众。如果情感诉求能让更多民众知晓并参与，那么就不会再有对它的质疑，取而代之的是赞赏。此外，与人们的常规想法相反的是，对积极情感的诉求不一定比对消极情感的诉求更能满足需要。激情诉求的广告通常会强化现有的忠诚度，并进一步分化选民。实际上，激情诉求有时也更倾向于关注形象而非事件本身，恐惧诉求则更具有实质意义。

根据之前的观察，我们可以把一些情感诉求划分成不正当的或受操控的，就像我们用同样的标准划分争论说服。换句话来说，当政治家们用刻意呈现的信息引导公众的行为，而该行为又与公众的真实意愿相反时，政治家就是在操控公众。争论说服和情感诉求都可以被操控。当然，用这样的定义来判断什么是操控并不容易。对任何公民来说，“正确的决定”是政治主张的核心问题，而政治对手则会反对这些原则问题，并对某个决定的相关信息提出异议。有人会认为本研究实施的情感诉求——画面和音乐中的情感暗示——是可疑的，因为它们缺乏政治实质。其他人仍然会为情感诉求的作用进行辩护，认为它们在民主体制下实现了竞选和政治传播的重要目标。对于情感诉求伦理的全面考量超越了我的能力范畴，但是我坚信应该在科学认知情感和情感诉求的基础上，重新思考我们的观点。

透视情感和理性：在不实之词与具体描述之间

我们可以将讨论拓展开来，思考情感在广义的政治生活里的常
194 规作用。如前所述，近年来复兴的情感研究正试图重构情感的概念，使其地位从西方传统的二元说中得到提升（Marcus，2000）。从进化的角度来看，人类大脑的情感机能已经经历了时间的检验。当人最初还是猿时，大脑就开始接受环境中各种各样的刺激，适应和生存是必需的。从社会化的角度来看，理智和合适的行为需要情感，这可以由下面的事实来证明：情感功能受损的人，说好点，难以做出明智的决定；说坏点，成为反对和危害社会的人。情感功能障碍和反社会心态当然不好。

与之类似，关于政治情感的近期研究认为：情感不仅是一种有用的解释性概念，也是政治生活中值得珍视的一个方面。这可以看作恢复情感地位的努力。一些早期著作将情绪或情感视为有效的捷径，支撑较弱的政治见解（Abelson et al.，1982；Sniderman，Tetlock & Brody，1991）。最近的研究推进了对情感的认识，认为在情况容许的条件下，通过在例行做法和推理判断之间的转换，情感促

进了理性行为（Huddy & Gunnthorsdottir，2000；Marcus，Neumann & MacKuen，2000）。在本书中，我强调了情感的动员力和情感诉求的暗示对政治的强大影响。

以上提到的种种或许都是真实的，但我们不应沉迷于对情感的赞扬（cf. Clor & Isbell，2001），这样做不利于理解情感在政治生活中的作用。如同理智一样，情感本身并无好坏，它包含着责任和利益。情感引导理性，采取理性行为，使想法化为行动，但是情感也会扭曲、错乱和缩减。人们体验过情感的创伤，经历过情感混乱的痛苦，产生过紧张心烦的情感。情感不仅帮助我们决策和行动，也让我们易受他人的操控和环境的影响。我们规范的情感价值观由经验性的情感功能所塑造，并根据对环境的认知采取不同的行动。认识到这一功能，我们或许会欣赏到之前被视为对立的情感和理性之间的联系。

例如，美国政治学家对于对选民进行分类颇感头疼，因为选民们有的是头脑简单但忠实的政党支持者，有的是理性决策者，有的是认知上的“吝啬鬼”。情感向我们提供了一座桥梁，将这些不同的概念和导致其产生的范式联系起来。我们暂且不去争论康维斯（Converse，1964）或道斯（Downs，1957）提供的模式哪个更好， 195
而应当探索在何种情况下康维斯模式或道斯模式更好地解读了选民的行为。当没有威胁和焦虑的迹象时，我们按照多年形成的习惯和倾向行事。另外，应该注意到，公民参与或退出政治的决定，是按照接收的积极或消极反馈做出的，这种反馈又和他们政治上的胜利或认同的群体有关。在此情况下，美国的选民更像是政党认同者或是漫不经心的独立者，正如康维斯等人所描述的那样。

然而，当威胁迹象出现和忧虑情绪增加时，我们希望公众更注重了解产生威胁的情况，并掌握解决之道。另外，在考虑政治事务和做出选择时，公众应该更多地凭借信息，而不是自己的倾向。在这种情况下，美国选民更像是理性的投票者，就像道斯及其信奉理性选择的追随者所描述的。选民对政治事件的情感反应赋予了他们理性的警觉意识，使他们凭借经验，按照习惯参与到理性的判断中去。这些都建立在新信息的基础上，危险要求人们对此有所了解。总之，理性的美国选民也是情绪化的投票者。

不过，这种理性的选民并不完美，还存在着一些不良的现象，如套用陈腔滥调、依赖不完整的信息、过度反应、选择性接受及其他的不足。对于情感暗示的反应源自过去的联想，这样一来，选民有时也会对以前的符号发生过度反应，而对于新的情况却显得木讷。政治家就像演员，能够引发本不必要的忧虑或者操控选民。情感，如理智一样，并不能确保人们渴望的好结果；情感，既可以帮助公民民主自治，也方便了政治家的操控及增加出错的可能。如果能正确理解情感的作用，政治学家就可以对公民判断的优缺点进行更合理地质疑和更充分地调查。

争夺心与智的竞选：过去、现在、将来

在本章的开始，我强调政治竞选并不是没有感情的活动。政治学家或许会同意这一点，但是多数时候，他们在政治研究的模型中又剔除了情感。本书基于心理学、情感及舆论研究的最新成果，试图解释情感在政治传播中是怎样影响民众的。虽然竞选的目标是“传递信息”，但竞选的艺术在于如何传递信息。毋庸置疑，竞选中
196 的候选人努力从“心”和“智”两方面争取选民。这两个赢取心智的过程并不是独立的。画面、音乐和色彩意在调动情感，以使实质性信息得到有效传播。当广告引发激情时，就将投票者带入了政治领域，强化了对朋友和对手的判断；当广告引起恐惧时，有助于选民走出习惯认识，鼓励他们将注意力集中于广告信息和其他相关的信息来源。本研究确认了观察家和实践者长期以来的信念：情感在竞选广告中起着核心作用。而且更重要的是，研究将这种直觉转化成了清晰的预测，使其植根于理论并进行科学的证实。

重视情感能让我们从宏观上把握政治竞选和政治生活。在政治环境和大众反应之间，我们能重新审视竞选及与之相关联的因素。

大众政治因不同的国家、时代和选举而存在差异，如果我们能关注当时的情感因素，就可以更好地理解特定时期的重要事件。马库斯等人（2000）所提出的情感理解力理论认为，某一时期的公众情感直接影响当时的舆论和社会动员力。在危机时期，人们更容易被引导；在繁荣时期，公众则顺从习惯。本研究表明政治家们可以改变政治情感进程，这对于政治行为具有潜在的巨大影响。

保罗·拉扎斯菲尔德等人（1944）针对 1940 年的总统选举，开启了现代第一个关于选民决策的研究。学者们对于大众传媒中政治传播的力量甚感兴趣，并发现媒体受众很容易被引导。他们对于大众传媒主导的宣传力量的关注，缘于 20 世纪 30 年代的观察。当时阿道夫·希特勒和纳粹德国的崛起，正是通过广播中极富情感的言辞煽动达到的。学者的兴趣也来自战争时期不断提升的媒体宣传力。然而，正如研究美国政治的人所知道的，拉扎斯菲尔德发现大众传媒化的政治信息很难影响美国选民，由此出现了媒体效果最小化的观点。这种观点在世界各地盛行，并在已有基础上不断强化。

我们现在可以重新思考该案例。虽然很少有人怀疑以上观点，但基于两种不同的政治情感模式，我们还是从 20 世纪中期开始，
重新建构和完善了拉扎斯菲尔德观点中的缺陷。1940 年，俄亥俄 *197*
州的伊利郡生活如常。总统选举的角逐在两任总统富兰克林·罗斯福和挑战者温德尔·威尔基（Wendell Wilkie）之间展开。罗斯福的“新政”已经得到巩固，美国从大萧条中有所恢复。战争问题引人注意，但似乎比较遥远。美国的选民们彷徨犹豫，抗拒与内心期望不同的信息，对当地政党组织的动员活动有所反应。而在此前大约 10 年，魏玛共和国时期的德国深陷世界大萧条的泥潭，特别是《凡尔赛条约》（*Versailles Treaty*）的赔偿规定使其濒临破产。当时的处境令人绝望，德国政府因为政治上的两极化和混乱而失控，生活困顿，经济凋敝，危机四伏，前景悲观，公众极为焦虑。这时观察家们认为他们看到了一个慷慨激昂的铁腕人物，开始凝聚散乱

的人心，说服人们支持一项他们本不会支持的事业。[①]

我们目睹了在特定的时间和地点，由于社会焦虑，政治传播大显神通，意见领袖应运而生。我们也可以思考政治倾向在公众中的分布是怎样塑造竞选风格的。在过去的两个世纪里，美国的选举政治发生了很大的变化。在19世纪的多数时间，政党组织严密，他们的支持者可以很好地以宗教、族群和忠诚度来区分。现在，政党的组织力量有所削弱，要依赖渐趋狭窄的意识形态基础的支持，通过竞争来赢得广大中间选民摇摆不定的选票。面对这些特点，我们可以用新的视野看待不同时代的竞选风格。当党派阵营声势浩大，有明确的支持者（中间派很少）时，他们就施行激情政治，通过游行、集会和数周的狂欢来鼓动支持者。选举日看起来更像是由相互竞争的对手举办的纵酒节日，而不是庄严地履行公民责任的重要时刻。眼下，政党不断采用“焦虑政治”，它们希望通过媒体战来赢得摇摆不定的选民，这些媒体通常展示令人担忧的人物、政策和对手的表现。激情政治残留的是政党对支持者的呼吁，关于竞选的喧嚣和吵闹的活动，出现在地方的游行集会或全国电视转播的政治场合中。

基于这些基本框架，我提出了一些思路以回归我们熟悉的政治学知识，并发现了之前未曾察觉的联系。当务之急是利用这些见解，更好地解释政治传播和政治行为。在本书中，我的目的不仅是用情感开启研究竞选广告的新窗口，而且还想看这些窗口在现在和
198 未来是怎样拓宽我们的研究视野的。我们应该重新审视政治研究中熟悉和陌生的东西。思考一下在“团结在国旗周围”的现象里，情感发挥了什么作用。我们还可以回顾1998年1月发生的那些事。当时的危机是由白宫爆出的性丑闻引起的，其影响盖过了对总统国情咨文的关注。但反过来经济繁荣在继续，总统的任期也未受影

① 对于希特勒是如何当权的，这显然不是一个完整的或让人满意的解释。我想要强调的是，在不同的时间和地点，我们对于公众心情、大众说服感情影响的看法，会有多大的差异。

响。西班牙 2004 年发生恐怖爆炸事件，致使在大选前的最后一分钟选情逆转。情感到底在当时发挥了什么作用?

从更广泛的层面来说，本书提供了动态考察大众政治的一个新鲜视角，特别是在电视广告竞选的时代。在政治诉求方面，情感品位的变化似乎能在一段时间里改变公众对政治最基本的反应。其实这一切并没有什么特殊之处，我们希望公众能通过长期形成的社会习惯和政治倾向来选择判断。当面对荣誉和取胜承诺的召唤时，公众应该拿出活力和决心来探寻原因。而当公众面对恐吓时，应该集中精力，去分析潜在的威胁，重新评估现在的局势，考虑新的方案。在微观层面，这引出了主导政治行为研究的双重模型——散漫的党派和理性的选民（Campbell et al.，1960；Popkin，1994）。也许两个模式都将选民描述得很好，但是两种情况下的情感并不相同。当两种模式都适用时，哪一种更好一些，对情感作用的关注就会转移对它的质询。未来研究的课题和挑战并不是创立“情感与政治”的专门领域，而是在现有的研究中将情感吸纳进去。情感与政治传播和政治行为能很好地融为一体，情感也同样应该融入我们的研究和理解当中。

附录A 实验：问题设计与样本

199 前期测试和后续测试调查问卷的设计和编码

本部分包括前期和后续测试的问卷设计中所用的实验、选项和变量编码。对于需分析的特定条目，以及第四、五章里关于基本变量的特定编码规则的修改调整，我都做了说明。以下清单包含了本书分析中所用到的这些项目。

地方新闻的使用。你多久看一次地方新闻？（前期测试）（0＝从不，1＝每月一到两次，2＝一周一次，3＝一周几次，4＝每天都看）

心情。总体上来说，你会如何描述你今天的心情？以下词语中哪个与你今天的整体感觉最为吻合？请标注出来。（自豪，忧虑，愤怒，高兴，平静，困惑，悲伤，充满深情，惭愧，激动，无聊，愉快，满怀希望，失望，惊奇，自信）（前期测试）

教育。请标注出以下最能反映你教育程度的一项。（前期测试）［0＝高中程度以下，1＝高中程度（或相当程度），2＝大学在读，3＝大学毕业，4＝研究生或专业学位（或正在攻读此类学位）］

收入。请回忆1997年你的家庭总收入情况。请标注出你的家庭收入的区间。如果你不确定，请尽量猜测。（前期测试）（0＝少于20 000美元，1＝20 000～39 999美元，2＝40 000～59 999美元，3＝60 000～79 999美元，4＝80 000～99 999美元，5＝100 000美元及以上）

住所。你在马萨诸塞州定居多少年了？（前期测试）（根据该州居民的分布范围，应对这个变量进行重新编码。）

200 职业。你现在的职业或从事的行业是什么？（前期测试）

宗教。提到宗教，你认为自己是？［天主教徒，清教徒，犹太教徒，其他（请明示）］（前期测试）

种族。你的种族是？［亚裔美国人/太平洋岛屿上的岛民，黑人/非裔美国人/美国土著，白人/高加索人，其他白种人/混血人种（请明示）］（前期测试）

西班牙种族划分。你是西班牙本土的血统还是美洲大陆的西班牙血统？（是，否）（前期测试）

政党认同。总体来说，你认为自己是共和党人、民主党人、无党派人士，还是其他？（如果你是共和党人或民主党人，你认为自己的政见是鲜明还是不太鲜明？如果你是无党派人士，你认为自己是更偏向于共和党还是民主党？）（前期测试）

政府规模（意识形态）。以下哪个论断更接近于你的观点？两个论断中或许都有你赞同的部分，但是我们想知道你更偏向于哪个论断。（前期测试）（0＝政府监管越少效果越好，1＝政府应该履行更多的职能）

关注焦点。你认为什么是国家最近面临的最严重的事项？（以教育和犯罪作为虚拟变量）（前期测试）

重要议题。眼下，我们的国家面临着很多问题，但是在一定的阶段，一些事情会比另一些事情重要，需要政府的更多关注。你认为政府应该如何为这些事情的优先等级排序？请注明你会如何衡量每个事项的重要性，“1”意味着政府不需要马上处理此事，“7”代表政府很有必要采取措施。（医疗，环保，吸毒，教育，犯罪，税收，财产）（前期测试）

感觉衡量器。现在，我们希望了解你对一些人的看法。假设每个人都在使用一种我们称之为感觉衡量器的东西，50度到100度的刻度象征着你喜欢一个人的程度，0度到50度的刻度象征着你厌恶一个人的程度。如果你为某人选择了50度的刻度，则表明你既不喜欢他，也不讨厌他。如果你无法回忆起这个人是谁，就标注“不知道”。否则，请从0到100选择一个数字，表明你对某个人的感

觉。（前期测试和后续测试）

公开选择候选人。不论你是否计划投票，现在设想你将在以下选举中投票，你会将票投给谁？请写下你中意的候选人的名字，并
201 表明你对该候选人的支持力度。如果你不确定或记不起候选人的名字，在“不确定”的选项上做标记。（管理者的民主基础）（前期测试）（－1＝帕特丽夏·麦戈文，0＝在帕特丽夏·麦戈文和斯科特·哈什巴格之间摇摆不定，1＝斯科特·哈什巴格）

候选人的被迫选择。一些民主党人在争夺州长的党内提名。如果你要在民主党的初选中投票，你会把票投给谁？（后续测试）（斯科特·哈什巴格，帕特丽夏·麦戈文，不确定）

选择候选人的确定性。现在，你是否对州长候选人有了足够的了解，以此来做出最后的决定？（是/否）

关于候选人的考虑（喜欢/厌恶）。因为今年是选举年，你可能听到过关于马萨诸塞州州长候选人的谈论。虽然很多人还没有做出选择，但我们还是想了解你迄今为止形成的总体印象。首先，我们想要了解的是候选人的优缺点。对于每位候选人，你可以尽可能多地列出其优缺点。帕特丽夏·麦戈文是否有独特之处，让你想为她投票，或者想投反对票？斯科特·哈什巴格是否有独到之处，让你想为他投票，或者想投票反对他？（后续测试）

衡量候选人的能力和特性。人们有时用一些词语来描述候选人，我们对此很感兴趣。请告诉我们，这些词语多大程度上较好地描述了以下这些候选人。我们知道，这些候选人并非人尽皆知，但是只要你对他们有所耳闻，我们就希望了解你目前的印象或是直觉。请尝试回答以下每项问题，如果你对某位候选人闻所未闻，无法回答问题，请标注“一无所知”。想想斯科特·哈什巴格，这些词语在多大程度上描绘出了他？（“倾向于在教育方面多花钱”，“倾向于严惩罪犯”）现在再想想帕特丽夏·麦戈文，这些词语在多大程度上描绘出了她？（个人能力＝“倾向于更多的教育投资”，“倾向于严惩犯罪”；特性＝“智力”，“提供强有力的领导”，“富有同

情心的”，“把事情做成”，“诚实”）（后续测试）（0＝一点也不好，1＝不是很好，2＝很好，3＝非常好）

知名度。以下是公众人物名单，其中一些是知名人物，另一些相对来说不那么知名。我们想知道，你是否听过名单里这些人的名字。请选择适当的选项，表明这些名字是非常熟悉，相对熟悉，还 202
是你根本记不清曾经听过这个名字。（后续测试）

政治知识/老练程度。这里有一些关于马萨诸塞州和美国政治的问题，如果你不确定答案，请尽管在空白处填上“不知道”。谁是美国现任副总统？马萨诸塞州参议院有多少参议员？珍妮特·里诺（Janet Reno）现在担任什么职位？美国最高法院有多少名法官？谁是马萨诸塞州众议院议长？哪个政党目前控制了美国的参议院？在州议长的竞选中，谁在这个初夏被马萨诸塞州民主党提名为候选人？（前期测试）（关于州的三个问题，如果一个也没有答对，关于当地政治老练程度的虚拟变量为0，如果答对了一个或一个以上，则虚拟变量为1。关于国家政治的知识则仅仅由正确答案的个数决定，为0到4。）

关心政治。一些人总是关心政治大事，而另一些人却对此不感兴趣。你关心政治的频率有多高？（前期测试）（0＝从不，1＝非常少，2＝有时，3＝经常，4＝一直）

关注选举。我们处在选举年中，一些人不太关注选举。到目前为止，你对选举的关注度有多高？请在1到7的数字上画圈，“1”表示一点也不关心，“7”表示很关心。（后续测试）

投票意向。我们处在选举年中。根据你目前所知，你期望在选举中投票吗？请表明你有多大可能在选举中投票。“1”表示你肯定不会投票，“7”表示你肯定会投票。（前期测试）

在初选中投票的意向。根据你目前所知，你期望在即将到来的9月的州初选中进行投票吗？请表明你有多大可能在初选中投票。“1”表示你肯定不会投票，“7”表示你肯定会投票。（后续测试）（如同在正文中所示，这是为潜在的投票者所修改而成的虚拟变量，对于那些答 7 的人标注 1，对于其他人标注 0。）

在大选中投票的意向。根据你目前所知，你期望在即将到来的 11 月的大选中进行投票吗？请表明你有多大可能在今年的大选中投票。“1”表示你肯定不会投票，“7”表示你肯定会投票。（后续测试）（如同在正文中所示，这是为潜在的投票者所修改而成的虚拟变量，对于那些答 7 的人标注 1，对于其他人标注 0。）

203 选民注册。你会注册成为马萨诸塞州的选民吗？（0＝不会，1＝会）如果你回答“不会”或“不知道”，你有多大可能为今年的选举注册投票？（后续测试）（0＝肯定不会注册，6＝肯定会注册）

当志愿者的意愿。从现在到 11 月的选举日，你有多大可能成为国家、州和地方政府候选人竞选的志愿者？请圈出一个数字，来表明你有多大可能成为志愿者，“1”表示你肯定不会成为志愿者，“7”表示你肯定会成为志愿者。（后续测试）

外在功效。请表明你是否同意以下论断。“像我这样的人对政府的做法没有意见。”（前期测试/后续测试）（4＝非常不同意，3＝比较不同意，2＝既不同意也不反对，1＝比较同意，0＝非常同意）

接触竞选的渴望。你有多大可能去接触一场竞选，以获取更多的信息？（后续测试）（0＝肯定不会接触，6＝肯定会接触）

内部功效。请表明你同意或不同意以下论断。“有时候政治和政府太复杂，像我这样的人参不透其中的玄机。”（后续测试）（4＝很不同意，3＝比较不同意，2＝不同意也不反对，1＝比较同意，0＝非常同意）

一般社会信任。总的来说，你会认为大部分人是可以信任的，还是认为你得极其小心地与人相处？（后续测试）（0＝得极其小心地与人相处，1＝大部分人是可以信任的）

投票的重要性。请表明你是否同意以下论断。“只要有选举，人们就应该投票。”（后续测试）（0＝很不同意，1＝比较不同意，2＝不同意也不反对，3＝比较同意，4＝非常同意）

对政府的信任。人们对政府持有不同观点，这些观点并不针对民主党人或共和党人，而只是对于一般意义上的政府。你在多长的时间里会相信政府会去做该做的事？（后续测试）（0＝从不，1＝有些时候，2＝大部分时候，3＝差不多总是这样）

对其他社会机构的信任。人们经常觉得他们可以更多地信任一些机构。总体来说，你在多大程度上信任以下机构或人？请在1到7中间圈出一个数字，“1”表示完全不信任，“7”表示完全信任。（媒体，公立学校，法院，警察，当选的官员）（后续测试）

对公务人员的疑忌。请表明你是否同意以下论断。“我认为公务人员不关心我这样的人的想法。”（后续测试）（0＝很不同意，1＝比较不同意，2＝不同意也不反对，3＝比较同意，4＝非常同意） *204*

对政党的疑忌。请表明你是否同意以下论断。“政党只在意人们的投票，而不在意人们的想法。”（后续测试）（0＝很不同意，1＝比较不同意，2＝不同意也不反对，3＝比较同意，4＝非常同意）

对竞选消极性的疑忌。关于竞选，通常有消极的论调。你认为这是因为候选人对于重要事项会进行激烈公平的辩论，还是因为候选人会相互撒谎，并参与到不公平的“人身攻击”中？（后续测试）（0＝候选人会就重要事项进行激烈公平的辩论，1＝候选人会相互撒谎并参与到不公平的人身攻击中）

对政治家动机的疑忌。你认为政治家从根本上来说是“牟取私利”的，还是认为他们的主要考虑是“公共利益”？（后续测试）（0＝牟取私利，1＝公共利益）

新闻回顾。你观看的视频片段包含话题广泛的新闻，在你的印象里，曾经听到过什么样的话题？（后续测试）

对新闻种类的兴趣。最近，电视新闻报道了各种各样的事情，人们观看新闻的理由也各不相同。你是怎样一种情况呢？你认为新闻节目的哪一部分最有意思？请选择以下的程度来表明立场。“1”表示你对于这部分新闻完全不感兴趣，“7”表示你非常感兴趣。（政治，经济/商业，犯罪/法律和卫生新闻）（后续测试）

广告回顾。最后，候选人通常喜欢在电视新闻节目中插播广告。我们向人们展示的一些视频包含了竞选广告。你观看的视频怎么样？你还能想起看过的竞选广告吗？（后续测试）（0＝正确，1＝错误）

广告反应。如果你能想起看过的一则竞选广告，请对该广告回忆片刻。总体来说，你怎么看待这则广告？该广告在多大程度上引发了你（以下列出）的情绪？（后续测试）（充满希望的/放心的/自信的，忧虑的/担心的/害怕的，热情的/激动的/渴望的，愤怒的/生气的/沮丧的）（0＝完全没有，1＝有一点，2＝有一些，3＝有很多，4＝全部都有）

愤怒的目标。如果你感到愤怒，你对什么人、团体、情况感到愤怒？或者你只是没有特定目标的愤怒？

205

关于样本和研究地点的补充信息

这一部分包括了两个实验中的其他细节和主题来源的地域。表A—1比较了组合实验样本中的人口统计学概况，来自美国人口普查和当前人口调查的州人口的类似数据。以下我列出了当时进行调研的地域，我还在这些研究点周围的城市调查了教育和收入的概况（见表A—2）。

调研涉及的区域

调研涉及的区域包括：安多弗（Andover）、阿灵顿（Arlington）、巴里（Barre）、贝尔蒙特（Belmont）、毕莱卡（Billerica）、波士顿（Boston）、布林菲尔德（Brimfield）、布罗克顿（Brockton）、布鲁克莱恩（Brookline）、坎布里奇（Cambridge）、切尔西

(Chelsea)、多佛（Dover)、多而卡特（Dracut)、埃弗雷特（Everett)、法尔茅斯（Falmouth)、弗雷明汉（Framingham)、欣厄姆（Hingham)、海恩尼斯（Hyannis)、劳伦斯（Lawrence)、莱克星顿（Lexington)、洛厄尔（Lowell)、林恩（Lynn)、摩顿（Malden)、马西皮（Mashpee)、马德菲尔德（Medfield)、德福德（Medford)、梅尔罗斯（Melrose)、米尔福德（Milford)、米尔顿（Milton)、纳蒂克（Natick)、尼达姆（Needham)、纽顿（Newton)、北安德沃（North Andover)、诺顿（Norton)、诺伍德（Norwood)、昆西（Quincy)、里维尔（Revere)、塞勒姆（Salem)、斯基尤特（Scituate)、萨默维尔（Somerville)、斯通哈姆（Stoneham)、斯托顿（Stoughton)、桑德兰（Sunderland)、斯瓦姆斯克特（Swampscott)、韦克菲尔德（Wakefield)、沃尔瑟姆（Waltham)、沃特敦（Watertown)、韦尔斯利（Wellesley)、西木（Westwood)、威明顿（Wilmington）和沃本（Woburn)。

马萨诸塞州的调查点

坎布里奇（Cambridge)：杜德雷楼（Dudley House)，雷曼大楼（Lehman Hall)，哈佛大学［Harvard University，哈佛园（Harvard Yard)］。

阿灵顿（Arlington)：罗林斯图书馆（Rollins Library，马萨诸塞大道 700 号)。

沃尔瑟姆（Waltham)：沃尔瑟姆公共图书馆（Waltham Public Library，缅因街 735 号)。

沃特敦（Watertown)：圣约翰联合卫理公会教堂（St. John's United Methodist Church，赭山街 80 号)。

布鲁克莱恩（Brookline)：布鲁克莱恩公共图书馆（Brookline Public Library，华盛顿大街 361 号)。

韦尔斯利（Wellesley)：韦尔斯利免费图书馆（Wellesley Free Library，华盛顿大街 530 号)。

波士顿（Boston）：弗朗索瓦·泽维尔·拜格蓝德大楼（Francois Xavier Bagnoud Building），哈佛大学公共卫生学院［Harvard School of Public Health，长木医学区（Longwood Medical Area）］。

贝尔蒙特（Belmont）：贝尔蒙特公共图书馆（Belmont Public Library，康科德大道 336 号）。

尼达姆（Needham）：李约瑟公共图书馆（Needham Public Library，高地街 1139 号）。

波士顿：老南会议厅（Old South Meeting House），市区交叉口（Downtown Crossing，华盛顿大街 310 号）。

安多弗（Andover）：纪念馆图书馆（Memorial Hall Library），榆树广场（Elm Square）。

洛厄尔（Lowell）：拉德纪念图书馆（Pollard Memorial Library，梅里马克街 401 号）。

坎布里奇：立陶尔中心（Littauer Center），哈佛大学［北哈佛园（North Harvard Yard）］。

206 **表 A—1　　样本及马萨诸塞州人口概况**

	样本概况	马萨诸塞州概况
年龄（成人平均值）	41 岁	43 岁
性别		
男	47%	48%
女	53%	52%
种族		
白人	89%	90%
黑人	4%	5%
其他	7%	5%
西班牙裔	4%	5%
宗教		
天主教	37%	54%
新教	23%	21%

续前表

	样本概况	马萨诸塞州概况
其他基督教	6%	8%
犹太教	12%	4%
其他宗教	7%	2%
无宗教信仰	15%	8%
收入（中等家庭）	33 500 美元	38 500 美元
教育		
高中程度以下	4%	20%
高中程度	16%	30%
大学在读	24%	16%
大学毕业	27%	24%
研究生	29%	11%
党派		
民主党	46%	38%
独立人士/未进行注册	45%	49%
共和党	9%	13%

注：人口数据源自 1990 年美国人口调查（1997 年统计摘要）和马萨诸塞州数据中心。表格中的宗教归属源自 1993 年科斯明（Kosmin）和拉克曼（Lachman）的分类。表格的政党划分根据马萨诸塞州政府秘书长网站的报道，基于 1998 年 8 月选民注册的概况而制定。参与样本调查的人的家庭收入差距在 20 000 美元以内，中产阶级家庭的收入在 20 000 美元到 39 999 美元之间，而这一情况占到了整个被调查群体的三分之二（美元币值也相应做了调整）。

表 A—2　　调查点的社区概况 207

区域	获得大学学位比例（%）	中等阶层家庭收入（美元）
安多弗	59.5	61 100
阿灵顿	48.0	43 300
贝尔蒙特	60.9	53 500
波士顿	20.9	29 200
布鲁克莱恩	68.3	45 600
坎布里奇	57.8	33 100

续前表

区域	获得大学学位比例（%）	中等阶层家庭收入（美元）
洛厄尔	35.1	29 400
尼达姆	61.6	63 400
沃尔瑟姆	32.9	38 500
沃特敦	46.7	43 500
韦尔斯利	73.9	79 100

注：教育和收入数据源自马萨诸塞州数据中心。

附录 B　多变量统计分析：全部结果

本附录包含了书中第四、五章讨论的多变量分析的结果。表 208
B—1 和 B—2 展示了关于动机衡量方面的广告预计效果（例如：实验处理的）和控制性变量，表 4—1 总结了相应的结果。表 B—3 展示了候选人的竞选效果、选民投票方面的广告预计效果和控制性变量，表 5—1 总结了相应的结果。表 B—4 展示了在收看不同类型电视新闻的兴趣方面的广告预计效果和控制性变量，表 5—2 总结了相应的结果。

表 B—1　　对情感动机效果的多变量分析 209

解释性变量	对竞选活动的兴趣	成为竞选志愿者的意愿	在初选中的投票意愿
激情暗示	0.64***	0.60**	1.39**
	(0.21)	(0.25)	(0.53)
恐惧暗示	−0.03	0.45*	0.35
	(0.20)	(0.24)	(0.48)
广告曝光	−0.44*	−0.69**	−1.15*
	(0.22)	(0.25)	(0.56)
竞选后的周数	−0.08**	−0.05	−0.12
	(0.03)	(0.03)	(0.08)
观众的数量	−0.05	0.05	−0.19
	(0.06)	(0.07)	(0.16)
投票的首要动机	0.29***	0.19***	1.02***
	(0.04)	(0.05)	(0.16)
关心政治	0.70***		
	(0.08)		

续前表

解释性变量	对竞选活动的兴趣	成为竞选志愿者的意愿	在初选中的投票意愿
教育	−0.24***	−0.11	0.10
	(0.07)	(0.08)	(0.18)
收入	−0.05	−0.06	0.28*
	(0.05)	(0.06)	(0.13)
性别（女）	0.04	−0.16	0.45
	(0.16)	(0.18)	(0.39)
退休	0.85**	0.61*	3.01***
	(0.26)	(0.26)	(0.83)
宗教（新教）	−0.20	−0.21	−1.51**
	(0.18)	(0.21)	(0.56)
职业（公职人员）	1.00*	1.60***	3.76**
	(0.43)	(0.45)	(1.50)
初始情绪	0.06	0.10	0.27*
	(0.05)	(0.05)	(0.12)
犯罪问题的重要性	0.75**		
	(0.26)		
教育问题的重要性	0.62*		
	(0.31)		
N	286	286	286

注：该表展示的结果是从表 4—1 中归纳出来的衡量值。记录是从 OLS 回归分析（OLS regression）、极大似然估计命令概率值（MLE ordered probit）和极大似然估计罗吉特模式（MLE logit models）中分别得到的系数（以及标准误差）。

*** $p<0.001$　　** $p<0.01$　　* $p<0.05$

210 **表 B—2　对情感动机效果的进一步多变量分析**

解释性变量	大选中的投票意向	赞成选民投票	注册选民并投票的意向
激情暗示	0.87*	0.17	1.12*
	(0.53)	(0.18)	(0.64)
恐惧暗示	−0.12	0.33*	0.07
	(0.48)	(0.17)	(0.59)

续前表

解释性变量	大选中的投票意向	赞成选民投票	注册选民并投票的意向
框架结构（消极/积极）	−0.41	0.11	−0.19
	(0.25)	(0.09)	(0.33)
广告曝光	−0.63	0.00	−0.30
	(0.48)	(0.15)	(0.50)
竞选后的周数	−0.11	−0.02	−0.11
	(0.07)	(0.02)	(0.07)
观众的数量	−0.26	−0.05	
	(0.14)	(0.04)	
投票的首要动机	0.57***	0.20***	0.73***
	(0.09)	(0.03)	(0.11)
关心政治	0.11**	−0.28	
	(0.04)	(0.15)	
教育	0.32*	0.00	
	(0.16)	(0.05)	
收入	0.23*	0.04	
	(0.11)	(0.04)	
性别（女）	0.42	0.18	
	(0.33)	(0.11)	
退休	2.26***	0.45*	
	(0.70)	(0.19)	
宗教（新教）	−1.50***	−0.04	
	(0.44)	(0.13)	
职业（公职人员）	2.52*		
	(1.27)		
初始情绪	0.18	0.04	
	(0.10)	(0.04)	
N	286	286	65

注：该表展示的结果是从表 4—1 中归纳出来的衡量值。记录是从极大似然估计罗吉特（MLE logit）、OLS 回归分析（OLS regression）、OLS 回归分析模式（OLS regression models）中分别得到的系数（以及标准误差）。因为缺乏变量（即因变量的值是恒定的），职业变量来自第二列的估计值。

*** $p<0.001$　　** $p<0.01$　　* $p<0.05$

211 **表 B—3** **对情感说服效果的多变量分析**

解释性变量	对候选人的比较情感	投票选择
激情暗示	0.23	0.19
	(0.22)	(0.22)
恐惧暗示	0.53**	0.54**
	(0.21)	(0.20)
框架结构（消极/积极）	−0.15	0.14
	(0.13)	(0.12)
激情暗示×初始偏好	0.58	0.94**
	(0.39)	(0.34)
恐惧暗示×初始偏好	−0.50	−0.54*
	(0.37)	(0.30)
框架结构×初始偏好	−0.27	−0.12
	(0.20)	(0.17)
初始偏好	1.72***	1.06***
	(0.18)	(0.15)
对赞助商的愤怒	−0.54**	−0.36
	(0.20)	(0.19)
竞选后的周数	0.02	0.05
	(0.03)	(0.03)
观众	−0.05	−0.13*
	(0.06)	(0.06)
意识形态	0.03	0.01
	(0.06)	(0.06)
选举女性的重要性	0.09	−0.12
	(0.07)	(0.07)
毒品问题的重要性	0.03	−0.11**
	(0.04)	(0.04)
住所	0.59**	0.64**
	(0.21)	(0.21)
N	286	286

注：该表展示的结果是从表 5—1 中归纳出来的衡量值。记录是从极大似然估计命令概率值模式（MLE ordered probit models）中得到的系数（以及标准误差）。

*** $p<0.001$　　** $p<0.01$　　* $p<0.05$

表 B—4　　对电视新闻观看兴趣的情感暗示效果的多变量分析 212

解释性变量	政治新闻	经济新闻	犯罪新闻	卫生新闻
恐惧暗示	0.43*	−0.15	0.13	0.02
	(0.24)	(0.26)	(0.31)	(0.30)
激情暗示	0.14	0.30	0.08	0.00
	(0.25)	(0.26)	(0.32)	(0.31)
框架结构（消极/积极）	0.05	−0.19	0.17	0.07
	(0.13)	(0.14)	(0.16)	(0.16)
观看当地电视新闻的频率	0.26***	0.21**	0.38***	0.29***
	(0.08)	(0.08)	(0.09)	(0.09)
教育	0.05	−0.05	−0.08	0.01
	(0.09)	(0.09)	(0.11)	(0.11)
年龄	0.00	0.01	−0.01	0.02*
	(0.01)	(0.01)	(0.01)	(0.01)
性别（女）	0.28	−0.21	0.16	0.32
	(0.18)	(0.19)	(0.23)	(0.23)
收入	−0.02	0.09	−0.09	0.00
	(0.06)	(0.06)	(0.08)	(0.07)
少数民族（非白人）	0.68**	0.85**	0.22	0.71*
	(0.26)	(0.28)	(0.33)	(0.32)
关心政治	0.71***	0.56***	−0.05	−0.19*
	(0.10)	(0.10)	(0.12)	(0.11)
初始情绪	0.15**	0.22***	0.05	0.08
	(0.06)	(0.06)	(0.07)	(0.07)
国家政治事务知识	0.32	***		
	(0.09)			
税收的重要性		0.10*		
		(0.05)		
犯罪问题的重要性			0.31***	
			(0.08)	
医疗的重要性				0.15*
				(0.07)

注：该表展示的结果是从表 5—2 中归纳出来的衡量值。记录是从 OLS 回归分析模式（OLS regression models）中得到的系数（以及标准误差）。$N=234$。

*** $p<0.001$　　** $p<0.01$　　* $p<0.05$

附录C 广告的内容分析：编码规则

213 本附录提供了编码说明信息，以便对第六章描述的竞选广告进行内容分析。此外，还描述了关于竞选、政治和社会语境的补充数据的编码。我从《美国政治年鉴》（*Almanac of American Politics*）、2000年美国人口普查的官方报告、联邦选举委员会、劳工统计局、联邦调查局获得了相关数据。

内容分析和语境变量的编码规则

赞助者。候选人的名字和广告赞助集团。

语调。1=促进的，2=比较的，3=严厉攻击的。

批评的种类。（仅仅对于比较性和攻击性的广告）7个评价维度。1=基于问题的严肃批评，4=在事情、人物/个人攻击中的平衡，7=严厉的人身攻击（即诽谤）。

提到对手的名字。0=否，1=是。

提到赞助者的政党。（不包括有偿的确认）0=否，1=是。

提到对手的政党。（不包括有偿的确认）0=否，1=是。

使用意识形态的标签。0=否，1=是。

关注事件。0=不讨论事件/政策，1=有时候讨论事件/政策，2=很强调事件/政策。

关注集团。（社会经济或利益集团）0=不讨论集团或集团的诉求，1=有时候讨论集团或集团的诉求，2=很强调集团或集团的诉求。

214 关注政党。0=不讨论政党或者基于政党的诉求，1=对于政党或基于政党的诉求有所探讨，2＝对于政党或基于政党的诉求有很多探讨。

关注意识形态。0＝不讨论政府的意识形态，1＝对于政府的意识形态有所探讨，2＝对于政府的意识形态有很多探讨。

关注价值观。（不涉及个人伦理）0＝不讨论共享的/文化观，1＝对于共享的/文化观有所探讨，2＝对于共享的/文化观有很多探讨。

关注个人素质。0＝不讨论候选人的个人素质，1＝对于候选人的个人素质有所探讨，2＝对于候选人的个人素质有很多探讨。

呼吁领导力。0＝在领导力/未激发的领导力方面，广告没有框架；1＝在领导力/激发的领导力方面，广告有框架。

提及候选人的履历。0＝不提及候选人的经历及政绩，1＝提及候选人的经历或政绩。

重要/次要/再次要的问题。（列出了一些宏观和具体的事项分类，仅对文本中的分类进行编码）10＝犯罪，35＝工作/失业。

出现白人/黑人/亚洲人/西班牙人。计算广告中出现的（而不是候选人中的）每个种族的人数。

出现孩子/老人。计算广告中出现的（而不是候选人中的）两个年龄段的人数。

出现男人/女人。计算广告中出现的（而不是候选人中的）两种性别的人数。

出现家庭。计算广告中出现的家庭单位数目（家庭单位被定义为两个或两个以上的相关个体，至少属于两代人）。

提到档案。0＝不提及候选人个人历史/档案，1＝提及候选人个人历史/档案。

出现赞助者。0＝广告中不出现赞助者，1＝广告中出现赞助者。

出现对手。0＝广告中不出现对手，1＝广告中出现对手。

出现军事。0＝广告中不出现军事人员/老兵，1＝广告中出现军事人员/老兵。

出现枪支。0=广告中不出现枪支，1=广告中出现枪支。

出现毒品。0=广告中不出现毒品，1=广告中出现毒品。

215 象征意义的形象。（列出最重要的三点）1=美国国旗，2=白宫，3=美国国会大厦，4=最高法院，5=自由女神雕像，6=军事纪念馆，7=其他纪念物，8=美国宪法或《独立宣言》的类似物，10=州议会大厦或纪念物，11=州旗，12=军事奖励/褒扬/荣誉，13=鹰，30=国外的纪念物或旗帜，50=未被列入的其他著名象征，999=没有特别的象征。①

出现的场景。（列出视野里出现的最显著的三个场景）1=孩子在玩耍，2=家人在一起，3=婚礼，4=毕业典礼，5=父母和刚出生的婴儿，6=漂亮的邻居，7=如画的风景，8=辛勤而快乐的工作者，9=在学校/课堂快乐学习的孩子，10=暴力的犯罪行为，11=非暴力犯罪行为（包括吸毒），12=犯罪现场，13=监狱或拘留所，14=越界的移民/边境检查站，15=空荡荡的教室或学校，16=空旷的操场，17=遗弃或破败的楼房，18=被摧毁的或贫瘠的风景，19=贫困/污物，20=燃烧的十字架，30=战争/战斗，31=美国军用船舶/飞机/坦克/导弹，32=外国军用船舶/飞机/坦克/导弹，33=核爆炸，40=疗养院/对老人的照料，41=医院里的病人，42=生病的/饥饿的/营养不良的孩子，43=无家可归的人，44=灾民，45=努力学习的学生（有学习困难），46=努力还债或购买生活必需品的人，47=下岗或努力寻找工作的工人，48=身残志坚者，50=某个官员的办公室，51=立法大厅内部，999=没有这些视觉场景。

证据的引用来源。（或是陈述，或是屏幕上的文本）0=事实性的声明没有援引出处，1=事实性的声明援引了出处。

音乐。1=广告包含了激昂的/甜美的/伤感的/爱国的音乐和大

---

① 原书未列出第 9 项，疑有误。——译者注

和弦，2＝广告包含了紧张的/忧郁的音乐和小和弦，3＝激昂的紧张音乐的平衡，999＝无音乐。

音效。1＝广告包含了积极的音效（如笑声、欢呼声、掌声），2＝广告包含了消极的音效（如尖叫声、警报声、哭声），3＝积极和消极的音效或中立的音效，999＝无音效。

主色。1＝黑与白，2＝深色或灰色，3＝普通或柔和的颜色，4＝明快的颜色（“五彩缤纷的”），5＝混合的配色方案，没有主色调。

情感诉求。0＝对于观众的情感没有诉求，1＝对于观众的情感有诉求。

逻辑诉求。0＝没有逻辑诉求（例如，逻辑论证/从证据中得出 216
的推理），1＝有逻辑诉求。

主导诉求。0＝情感诉求主导，1＝逻辑诉求主导，2＝其他诉求主导。

娱乐/幽默诉求。0＝没有引发娱乐的尝试（诉诸幽默），1＝一些娱乐/幽默的诉求，2＝对娱乐/幽默的强烈诉求。

恐惧诉求。0＝没有引发恐惧/忧虑的尝试，1＝一些对恐惧/忧虑的诉求，2＝对恐惧/忧虑的强烈诉求。

热情诉求。0＝没有引发热情/希望/欢乐的尝试，1＝一些对热情/希望/欢乐的诉求，2＝对热情/希望/欢乐的强烈诉求。

愤怒诉求。0＝没有引发愤怒/同情/厌恶的尝试，1＝一些对愤怒/同情/厌恶的诉求，2＝对愤怒/同情/厌恶的强烈诉求。

自豪诉求。0＝没有引发自豪的诉求（自豪即对所完成之事及个人身份的满足感），1＝一些对自豪的诉求，2＝对自豪的强烈诉求。

同情诉求。0＝没有引发同情/怜悯的尝试，1＝一些对同情/怜悯的诉求，2＝对同情/怜悯的强烈诉求。

伤心诉求。0＝没有引发伤心/失望/遗憾的尝试，1＝一些引发伤心/失望/遗憾的诉求，2＝对伤心/失望/遗憾的强烈诉求。

叙述者性别。0＝男性的声音，1＝女性的声音，2＝根据声音分辨不出叙述者的性别，5＝男性和女性的声音兼而有之，999＝没有叙述。

视频编辑/排序的步骤。0＝单一连续拍摄，1＝低频率切换景别（即两个切换），2＝适度切换景别（即少量切换），3＝频繁切换景别（即广告中快速切换）。

广告的主导风格/版式。0＝头部特写，1＝路上行人，2＝铺陈事实（即大部分是文本、表格、图画），3＝卡通/动画片，4＝影像和画外音，9＝其他风格或风格组合。

追求的职位。1＝美国总统，2＝美国参议员，3＝州长，4＝美国众议院议员，11＝州议会议员（众议院），12＝州参议院议员，13＝市长，14＝法官，15＝副州长，16＝首席检察官，17＝其他州一级别的职务，18＝其他地方行署职务，20＝没有职位追求（即非鼓吹性广告）。

选举。0＝初选/提名，1＝大选。

开放席位。0＝非公开的席位竞争，1＝公开的席位竞争。

没有对手。0＝激烈竞争，1＝非激烈竞争。

217 赞助商的种类。0＝候选人，1＝政党，2＝利益集团/政治行动委员会（PAC）。

在任者。（仅限非公开的席位竞争和候选人广告）0＝挑战者，1＝在任者。

在任者的政党。（仅限候选人和政党广告）0＝发起挑战的政党，1＝执政党。

政党。（仅限候选人和政党广告）0＝民主党人，1＝共和党人，2＝独立者/少数党。

州。（仅限国会议席和州长的广告）在进行选举时，州的数字编码使用了美国校际社会科学数据共享联盟（Inter-University Consortium for Political and Social Research，ICPSR）的编码系统。

特区。（仅限美国议会议席的竞争）追求国会地区席位的数量。

差额。在两党投票的份额中民主党和共和党绝对价值的差异。

热线。竞争力排行榜。（仅限美国议院的竞争）0=无等级/非竞争性的；1=支持率偏低的地区，但不是反对党的控制目标；2=风险大的赌注；3=潜在的睡眠者；4=最佳机会。

暴力犯罪率。2000年，该州每名居民中发生暴力犯罪的数目。

制造业就业情况。该州的劳动力在制造行业的百分比。

失业率。2000年该州的失业率。

总统的党派。0=阿尔·戈尔在2000年总统大选中赢得了该州的选举，1=小布什在2000年总统大选中赢得了该州的选举（见表C—1）。

控制该州的党派。0=民主党占优，1=共和党占优。基于该州选民注册（可适用）的州议会和国会代表的政党均势（见表C—1）。

218 **表 C—1　　50 个州的党派优势编码**

州名	总统评估	州评估	州名	总统评估	州评估
亚拉巴马州（Alabama）*	R	D	蒙大拿州（Montana）	R	R
阿拉斯加州（Alaska）	R	R	内布拉斯加州（Nebraska）	R	R
亚利桑那州（Arizona）	R	R	内华达州（Nevada）	R	R
阿肯色州（Arkansas）*	R	D	新罕布什尔州（New Hampshire）	R	R
加利福尼亚州（California）	D	D	新泽西州（New Jersey）	D	D
科罗拉多州（Colorado）	R	R	新墨西哥州（New Mexico）	D	D
康涅狄格州（Connecticut）	D	D	纽约州（New York）	D	D
特拉华州（Delaware）	D	D	北卡罗来纳州（North Carolina）*	R	D
佛罗里达州（Florida）	R	R	北达科他州（North Dakota）	R	R
佐治亚州（Georgia）	R	R	俄亥俄州（Ohio）	R	R
夏威夷州（Hawaii）	D	D	俄克拉何马州（Oklahoma）*	R	D
爱达荷州（Idaho）	R	R	俄勒冈州（Oregon）	D	D
伊利诺伊州（Illinois）	D	D	宾夕法尼亚州（Pennsylvania）	D	D
印第安纳州（Indiana）	R	R	罗得岛州（Rhode Island）	D	D
艾奥瓦州（Iowa）*	D	R	南卡罗来纳州（South Carolina）	R	R
堪萨斯州（Kansas）	R	R	南达科他州（South Dakota）	R	R
肯塔基州（Kentucky）*	R	D	田纳西州（Tennessee）*	R	D
路易斯安那州（Louisiana）*	R	D	得克萨斯州（Texas）	R	R
缅因州（Maine）	D	D	犹他州（Utah）	R	R
马里兰州（Maryland）	D	D	佛蒙特州（Vermont）	D	D
马萨诸塞州（Massachusetts）	D	D	弗吉尼亚州（Virginia）	R	R
密歇根州（Michigan）*	D	R	华盛顿州（Washington）	D	D
明尼苏达州（Minnesota）	D	D	西弗吉尼亚州（West Virginia）*	R	D
密西西比州（Mississippi）*	R	D	威斯康星州（Wisconsin）*	D	R
密苏里州（Missouri）	R	R	怀俄明州（Wyoming）	R	R

注：R=共和党占优势，D=民主党占优势。

* 评估表示各州不同的党派优势。

参考文献

Abelson, Robert P., Donald R. Kinder, Mark D. Peters, and Susan T. Fiske. 1982. "Affective and Semantic Components in Political Person Perception." *Journal of Personality and Social Psychology* 42:619–30. 251

Achen, Christopher. 1982. *Interpreting and Using Regression.* Newbury Park, CA: Sage Publications.

———. 2002. "Toward a New Political Methodology: Microfoundations and ART." *Annual Review of Political Science* 5:423–50.

Adolphs, Ralph, and Antonio R. Damasio. 2000. "Neurobiology of Emotion at a Systems Level." In *The Neuropsychology of Emotion,* edited by Joan C. Borod, 194–213. New York: Oxford University Press.

———. 2001. "The Interaction of Affect and Cognition: A Neurobiological Perspective." In *Handbook of Affect and Social Cognition,* edited by Joseph P. Forgas, 27–49. Mahwah, NJ: Lawrence Erlbaum.

Agranoff, Robert, ed. 1972. *The New Style in Election Campaigns.* Boston: Holbrook Press.

Agres, Stuart J., Julie A. Edell, and Tony M. Dubitsky. 1990. *Emotion in Advertising: Theoretical and Practical Explorations.* New York: Quorum Books.

Aldrich, John H. 1993. "Rational Choice and Turnout." *American Journal of Political Science* 37:246–78.

———. 1995. *Why Parties? The Origin and Transformation of Political Parties in America.* Chicago: University of Chicago Press.

Aldrich, John H., John L. Sullivan, and Eugene Borgida. 1989. "Foreign Affairs and Issue Voting: Do Presidential Candidates 'Waltz Before a Blind Audience.'" *American Political Science Review* 83:123–42.

Altshuler, Glenn C., and Stuart M. Blumin. 2001. *Rude Republic: Americans and Their Politics in the Nineteenth Century.* Princeton: Princeton University Press.

Alvarez, R. Michael. 1997. *Information and Elections.* Rev. ed. Ann Arbor: University of Michigan Press.

Ansolabehere, Stephen, and Shanto Iyengar. 1994. "Riding the Wave and Claiming Ownership over Issues." *Political Communication* 11:413–29.

———. 1995. *Going Negative: How Attack Advertising Shrinks and Polarizes the Electorate.* New York: Free Press.

———. 1996. "The Craft of Political Advertising: A Progress Report." In *Political Persuasion and Attitude Change,* edited by Diana Mutz, Paul Sniderman, and Richard Brody, 101–22. Ann Arbor: University of Michigan Press.

Ansolabehere, Stephen, Shanto Iyengar, and Adam Simon. 1999. "Replicating Experiments Using Aggregate and Survey Data: The Case of Negative Advertising and Turnout." *American Political Science Review* 93 (4): 901–9.

Ansolabehere, Stephen, Roy Behr, and Shanto Iyengar. 1993. *The Media Game: American Politics in the Media Age.* New York: Macmillan.

Ansolabehere, Stephen, Shanto Iyengar, Adam Simon, and Nicholas Valentino. 1994. "Does Attack Advertising Demobilize the Electorate?" *American Political Science Review* 88:829–38.

Aristotle. 1991. *Rhetoric.* Edited by George A. Kennedy. Oxford: Oxford University Press.

Arterton, F. Christopher. 1992. "The Persuaive Art in Politics: The Role of Paid Advertising in Presidential Campaigns." In *Under the Watchful Eye: Managing Presidential Campaigns in the Television Era,* edited by Mathew D. McCubbins, 83–126. Washington, DC: CQ Press.

Bachorowski, Jo-Anne, and Michael J. Owren. 2001. "Not All Laughs Are Alike: Voiced but Not Unvoiced Laughter Readily Elicits Positive Affect." *Psychological Science* 12 (3): 252–7.

Bandura, Albert. 1977. "Self-Efficacy: Toward a Unifying Theory of Behavioral Change." *Psychological Review* 84 (2): 191–215.

Bargh, John A., and Tanya L. Chartrand. 1999. "The Unbearable Automaticity of Being." *American Psychologist* 54:462–479.

Barrett, Lisa Feldman, and Peter Salovey, eds. 2002. *The Wisdom of Feeling: Psychological Processes in Emotional Intelligence.* New York: Guilford Press.

Barry, Ann Marie Seward. 1997. *Virtual Intelligence: Perception, Image, and Manipulation in Visual Communication.* Albany: State University of New York Press.

Bartels, Larry M. 1988. *Presidential Primaries and the Dynamics of Public Choice.* Princeton: Princeton University Press.

———. 1993. "Messages Received: The Political Impact of Media Exposure." *American Political Science Review* 87:267–84.

———. 1996. "Uninformed Votes: Information Effects in Presidential Elections." *American Journal of Political Science* 40:194–230.

Bartels, Larry M., and John Zaller. 2001. "Al Gore and George Bush's Not-So-Excellent Adventure." *PS: Political Science and Politics* 34:8–20.

Basil, Michael, Caroline Schooler, and Byron Reeves. 1991. "Positive and Negative Political Advertising: Effectiveness of Ads and Perceptions of Candidates." In *Television and Political Advertising.* Vol. 1, *Psychological Processes,* edited by Frank Biocca. Hillsdale, NJ: Lawrence Erlbaum.

Bauer, Raymond A., and Donald F. Cox. 1963. "Rational versus Emotional Communications: A New Approach." In *Television and Human Behavior,* edited by Leon Arons and Mark A. Way, 140–54. New York: Appleton-Century Crofts.

Beck, Kenneth H., and Arthur Frankel. 1981. "A Conceptualization of Threat Communications and Protective Health Behavior." *Social Psychology Quarterly* 44 (3): 204–17.

Bennett, W. Lance. 1996. *The Governing Crisis: Media, Money, and Marketing in American Elections.* 2d ed. New York: St. Martin's Press.

Berelson, Bernard R., Paul F. Lazarsfeld, and William N. McPhee. 1954. *Voting: A Study of Opinion Formation in a Presidential Campaign.* Chicago: University of Chicago Press.

Biswas, Abhijit, Janeen E. Olsen, and Valerie Carlet. 1992. "A Comparison of Print Advertisements from the United States and France." *Journal of Advertising* 21:73–81.

Bless, Herbert. 2000. "The Interplay of Affect and Cognition: The Mediating Role of General Knowledge Structures." In *Feeling and Thinking,* edited by Joseph P. Forgas, 201–22. New York: Cambridge University Press.

———. 2001. "The Consequences of Mood on the Processing of Social Information." In *Blackwell Handbook of Social Psychology: Intraindividual Processes,* edited by Abraham Tesser and Norbert Schwarz, 391–412. Malden, MA: Blackwell.

Boiney, John, and David L. Paletz. 1991. "In Search of the Model Model: Political Science versus Political Advertising Perspectives on Voter Decision Making." In *Television and Political Advertising.* Vol. 1, *Psychological Processes,* edited by Frank Biocca. Hillsdale, NJ: Lawrence Erlbaum.

Brader, Ted. 2005. "Striking a Responsive Chord: How Political Ads Motivate and Persuade Voters by Appealing to Emotions." *American Journal of Political Science* 49:388–405.

Brader, Ted, Nicholas A. Valentino, and Elizabeth Suhay. 2004. Seeing Threats versus Feeling Threats: Group Cues, Emotions, and Activating Opposition to Immigration. Paper presented at the annual meeting of the American Political Science Association, September 4, in Chicago.

Bradley, Margaret M., Bruce N. Cuthbert, and Peter J. Lang. 1996. "Picture media and emotion: Effects of a sustained affective content." *Psychophysiology* 33:662–70.

Bradley, Margaret M., and Peter J. Lang. 1999. "Fearfulness and Affective Evaluations of Pictures." *Motivation and Emotion* 23:1–13.

———. 2000. "Measuring Emotion: Behavior, Feeling, and Physiology." In *Cognitive Neuroscience of Emotion,* edited by Richard D. Lane and Lynn Nadel, 242–76. New York: Oxford University Press.

Bradley, Margaret M., Maurizio Codispoti, Bruce N. Cuthbert, and Peter J. Lang. 2001. "Emotion and Motivation I: Defensive and Appetitive Reactions in Picture Processing." *Emotion* 1:276–298.

Brody, Richard A., and Benjamin I. Page. 1972. "Comment: The Assessment of Policy Voting." *American Political Science Review* 66:450–8.

Bryce, James. 1889. *The American Commonwealth.* London: Macmillan.

Buck, Ross W. 2000. "The Epistemology of Reason and Affect." In *The Neuropsychology of Emotion,* edited by Joan C. Borod, 31–55. New York: Oxford University Press.

Bucy, Erik P. 2000. "Emotional and Evaluative Consequences of Inappropriate Leader Displays." *Communication Research* 27 (2): 194–226.

Burns, Nancy, and Donald R. Kinder. 2003. Conviction and Its Consequences. Unpublished manuscript, University of Michigan, Ann Arbor.

Burns, Nancy, Kay Lehman Schlozman, and Sidney Verba. 2001. *The Private Roots of Public Action: Gender, Equality, and Political Participation.* Cambridge: Harvard University Press.

Cacioppo, John T., and Gary G. Bernston. 1994. "Relationship between Attitudes and Evaluative Space: A Critical Review, with Emphasis on the Separability of Positive and Negative Substrates." *Psychological Bulletin* 115 (3): 401–23.

Cacioppo, John T., and Wendi L. Gardner. 1999. "Emotion." *Annual Review of Psychology* 40:191–214.

Cacioppo, John T., Wendi L. Gardner, and Gary G. Berntson. 1997. "Beyond Bipolar Conceptualizations and Measures: The Case of Attitudes and Evaluative Space." *Personality and Social Psychology Review* 1 (1): 3–25.

Campbell, Angus, Philip E. Converse, Warren E. Miller, and Donald E. Stokes. 1960. *The American Voter.* New York: Wiley.

Campbell, James E. 2001. "The Referendum That Didn't Happen: The Forecasts of the 2000 Presidential Election." *PS: Political Science and Politics* 34:33–38.

Campbell, James E., and James C. Garland, eds. 2000. *Before the Vote: Forecasting American National Elections.* Thousand Oaks, CA: Sage Publications.

Cappella, Joseph N., and Kathleen Hall Jamieson. 1997. *Spiral of Cynicism: The Press and the Public Good.* New York: Oxford University Press.

Chang, Chingching. 2001. "The Impacts of Emotion Elicited by Print Political Advertising on Candidate Evaluation." *Media Psychology* 3:91–118.

Clark-Carter, David. 2002. *Doing Quantitative Psychological Research; From Design to Report.* Hove, UK: Psychology Press.

Clore, Gerald L. 1994. "Why Emotions Are Felt." In *The Nature of Emotion,* edited by Paul Ekman and Richard J. Davidson, 103–111. New York: Oxford University Press.

Clore, Gerald L., and Linda M. Isbell. 2001. "Emotion as Virtue and Vice." In *Citizens and Politics,* edited by James Kuklinski, 103–123. New York: Cambridge University Press.

Clore, Gerald, and Timothy Ketelaar. 1997. "Minding Our Emotions: On the Role of Automatic, Unconscious Affect." In *The Automaticity of Everyday Life,* edited by Robert S. Wyer Jr., 105–20. Mahwah, NJ: Lawrence Erlbaum.

Clore, Gerald L., and Andrew Ortony. 2000. "Cognition in Emotion: Always, Sometimes, or Never?" In *Cognitive Neuroscience of Emotion,* edited by Richard D. Lane and Lynn Nadel, 24–61. New York: Oxford University Press.

Conover, Pamela J. 1984. "The Influence of Group Identifications on Political Perception and Evaluation." *Journal of Politics* 46:760–85.

Conover, Pamela J., and Stanley Feldman. 1986. "Emotional Reactions to the Economy: I'm Mad as Hell and I'm Not Going to Take It Any More." *American Journal of Political Science* 30:50–78.

Converse, Philip E. 1962. "Information Flow and the Stability of Partisan Attitudes." *Public Opinion Quarterly* 26:578–99.

———. 1964. "The Nature of Belief Systems in Mass Publics." In *Ideology and Discontent,* edited by David Apter, 206–61. New York: Free Press.

———. 1969. "Of Time and Partisan Stability." *Comparative Political Studies* 2:139–71.

———. 1990. "Popular Representation and the Distribution of Information." In *Information and Democratic Processes,* edited by John Ferejohn and James Kuklinski, 367–88. Urbana: University of Illinois Press.

Cornelius, Randolph R. 1996. *The Science of Emotion: Research and Tradition in the Psychology of Emotions.* Upper Saddle River, NJ: Prentice-Hall.

Crigler, Ann N., Marion Just, and W. Russell Neuman. 1994. "Interpreting Visual versus Audio Messages in Television News." *Journal of Communication* 44:132–49.

Dalton, Russell J., and Martin P. Wattenberg. 1993. "The Not So Simple Act of Voting." In *Political Science: State of the Discipline II,* edited by Ada Finifter, 193–218. Washington, DC: American Political Science Association.

Damasio, Antonio R. 1994. *Descartes' Error: Emotion, Reason, and the Human Brain.* New York: G. P. Plenum.

———. 2000. "A Second Chance for Emotion." In *Cognitive Neuroscience of Emotion,* edited by Richard D. Lane and Lynn Nadel, 12–13. New York: Oxford University Press.

Dautrich, Kenneth, and Thomas H. Hartley. 1999. *How the News Media Fail American Voters.* New York: Columbia University Press.

Dawson, Michael. 1994. *Behind the Mule.* Princeton: Princeton University Press.

de Pelsmacker, Patrick, and Maggie Geuens. 1997. "Emotional Appeals annd Information Cues in Belgian Magazine Advertisements." *International Journal of Advertising* 16:123–47.

Delli Carpini, Michael X., and Scott Keeter. 1996. *What Americans Know about Politics and Why It Matters.* New Haven: Yale University Press.

Devlin, L. Patrick. 1987. "Campaign Commercials." In *Political Persuasion in Presidential Campaigns,* edited by L. Patrick Devlin, 205–16. New Brunswick, NJ: Transaction.

———. 1995. "Political Commercials in American Presidential Elections." In *Political Advertising in Western Democracies,* edited by Lynda Lee Kaid and Christina Holtz-Bacha, 186–205. Thousand Oaks, CA: Sage Publications.

Diamond, Edwin, and Stephen Bates. 1992. *The Spot: The Rise of Political Advertising on Television.* 3d ed. Cambridge: MIT Press.

Doppelt, Jack C., and Ellen Shearer. 1999. *Nonvoters: America's No-Shows.* Thousand Oaks, CA: Sage Publications.

Downs, Anthony. 1957. *An Economic Theory of Democracy.* New York: Harper.

Druckman, James. 2001. "On the Limits of Framing Effects: Who Can Frame?" *Journal of Politics* 63 (4): 1041–66.

Eagly, Alice, and Shelly Chaiken. 1993. *The Psychology of Attitudes.* Fort Worth, TX: Harcourt.

Edelman, Murray. 1964. *The Symbolic Uses of Politics.* Urbana: University of Illinois Press.

Egloff, Boris, Stefan C. Schmukle, Lawrence R. Burns, Carl-Walter Kohlmann, and Michael Hock. 2003. "Facets of Dynamic Positive Affect: Differentiating Joy, Interest, and Activation in the Positive and Negative Affect Schedule (PANAS)." *Journal of Personality and Social Psychology* 85 (3): 529–40.

Ekman, Paul. 1992. "An Argument for Basic Emotions." *Cognition and Emotion* 6 (3/4): 169–200.

Ekman, Paul, and Richard J. Davidson, eds. 1994. *The Nature of Emotion: Fundamental Questions.* New York: Oxford University Press.

Ekman, Paul, and Erika K. Rosenberg. 1998. *What the Face Reveals: Basic and Applied Studies of Spontaneous Expression Using the Facial Action Coding System.* New York: Oxford University Press.

Eliasoph, Nina. 1998. *Avoiding Politics: How Americans Produce Apathy in Everyday Life.* New York: Cambridge University Press.

Ellsworth, Phoebe. 1994a. "Levels of Thought and Levels of Emotion." In *The Nature of Emotion,* edited by Paul Ekman and Richard J. Davidson, 192–96. New York: Oxford University Press.

———. 1994b. "Some Reasons to Expect Universal Antecedents of Emotion." In *The Nature of Emotion,* edited by Paul Ekman and Richard J. Davidson, 150–54. New York: Oxford University Press.

Englis, Basil G. 1994. "The Role of Affect in Political Advertising: Voter Emotional Responses to the Nonverbal Behavior of Politicians." In *Attention, Attitude, and Affect in*

Response to Advertising, edited by Eddie Clark, Timothy Brock, and David Stewart, 223–47. Hillsdale, NJ: Lawrence Erlbaum.

Erikson, Robert S., Michael B. MacKuen, and James A. Stimson. 2002. *The Macro Polity.* New York: Cambridge University Press.

Fallows, James. 1997. *Breaking the News: How the Media Undermine American Democracy.* New York: Vintage Books.

Ferejohn, John A., and James H. Kuklinski, ed. 1990. *Information and Democratic Processes.* Urbana: University of Illinois Press.

Ferguson, Eva Dreikurs. 2000. *Motivation: A Biosocial and Cognitive Integration of Motivation and Emotion.* New York: Oxford University Press.

Fiedler, Klaus. 2001. "Affective Influences on Social Information Processing." In *Handbook of Affect and Social Cognition,* edited by Joseph P. Forgas, 163–85. Mahwah, NJ: Lawrence Erlbaum.

Finkel, Steven E., and John G. Geer. 1998. "Spot Check: Casting Doubt on the Demobilizing Effect of Attack Advertising." *American Journal of Political Science* 42:573–95.

Fiorina, Morris P. 1981. *Retrospective Voting in American National Elections.* New Haven: Yale University Press.

———. 1990. "Information and Rationality in Elections." In *Information and Democratic Processes,* edited by John Ferejohn and James Kuklinski, 329–42. Urbana: University of Illinois Press.

———. 1999. "Extreme Voices: A Dark Side of Civic Engagement." In *Civic Engagement in American Democracy,* edited by Theda Skocpol and Morris P. Fiorina, 395–425. Washington, DC: Brookings Institution.

Fiske, Susan T., Donald Kinder, and Michael Larter. 1983. "The Novice and the Expert: Knowledge-Based Strategies in Political Cognition." *Journal of Experimental Social Psychology* 19:381–400.

Fiske, Susan T., and Shelley E. Taylor. 1991. *Social Cognition.* 2d ed. New York: McGraw-Hill.

Forgas, Joseph P., ed. 2000. *Feeling and Thinking: The Role of Affect in Social Cognition.* New York: Cambridge University Press.

Fredrickson, Barbara, and Christine Branigan. 2001. "Positive Emotions." In *Emotions,* edited by Tracy J. Mayne and James Ramsey, 123–51. New York: Guilford Press.

Freedman, Paul, and Ken Goldstein. 1999. "Measuring Media Exposure and the Effects of Negative Campaign Ads." *American Journal of Political Science* 43 (4): 1189–1208.

Frey, Kurt P., and Alice H. Eagly. 1993. "Vividness Can Undermine The Persuasiveness of Messages." *Journal of Personality and Social Psychology* 65 (1): 32–44.

Friedman, Howard S., M. Robin DiMatteo, and Timothy I. Mertz. 1980. "Nonverbal Communication on Television News: The Facial Expressions of Broadcasters during Coverage of a Presidential Election Campaign." *Personality and Social Psychology Bulletin* 6:427–35.

Frijda, Nico H. 1986. *The Emotions.* New York: Cambridge University Press.

———. 1994a. "Emotions Require Cognitions, Even If Simple Ones." In *The Nature of Emotion,* edited by Paul Ekman and Richard J. Davidson, 197–202. New York: Oxford University Press.

———. 1994b. "Universal Antecedents Exist, and Are Interesting." In *The Nature of Emotion,* edited by Paul Ekman and Richard J. Davidson, 155–62. New York: Oxford University Press.

———. 1999. "Emotions and Hedonic Experience" In *Well-Being,* edited by Daniel Kahneman, Ed Diener, and Norbert Schwarz, 190–210. New York: Russell Sage Foundation.

———. 2000. "The Psychologists' Point of View." In *Handbook of Emotions,* 2d ed., edited by Michael Lewis and Jeannette M. Haviland-Jones, 59–74. New York: Guilford Press.

Gardner, Howard. 1985. *The Mind's New Science: A History of the Cognitive Revolution.* New York: Basic Books.

Garramone, Gina M. 1983. "Issue versus Image Orientation and Effects of Political Advertising." *Communication Research* 10 (1): 59–76.

Garramone, Gina M., Charles K. Atkin, Bruce E. Pinkleton, and Richard T. Cole. 1990. "Effects of Negative Political Advertising on the Political Process." *Journal of Broadcasting and Electronic Media* 34:299–311.

Gaut, Berys. 1999. "Identification and Emotion in Narrative Film." In *Passionate Views: Film, Cognition, and Emotion,* edited by Carl Plantinga and Greg M. Smith, 200–16. Baltimore: Johns Hopkins University Press.

Gazzaniga, Michael S. 1992. *Nature's Mind: The Biological Roots of Thinking, Emotions, Sexuality, Language, and Intelligence.* New York: Basic Books.

Geer, John G. 2003. Attacking Democracy: A (Partial) Defense of Negativity in Presidential Campaigns, 1960–2000. Paper presented at the annual meeting of the American Political Science Association, August 28–31, in Philadelphia.

Geiger, Seth F., and Byron Reeves. 1991. "The Effects of Visual Structure and Content Emphasis on the Evaluation and Memory for Political Candidates." In *Television and Political Advertising.* Vol. 1, *Psychological Processes,* edited by Frank Biocca, 125–43. Hillsdale, NJ: Lawrence Erlbaum.

Gelman, Andrew, and Gary King. 1993. "Why Are American Presidential Election Campaign Polls So Variable When Votes Are So Predictable?" *British Journal of Political Science* 23:409–51.

Gerber, Alan S., and Donald P. Green. 2000a. "The Effects of Canvassing, Direct Mail, and Telephone Contact on Voter Turnout: A Field Experiment." *American Political Science Review* 94:653–63.

———. 2000b. "The Effect of a Nonpartisan Get-Out-The-Vote Drive: An Experimental Study of Leafletting." *Journal of Politics* 62 (3): 846–57.

Gilens, Martin. 1999. *Why Americans Hate Welfare: Race, Media, and the Politics of Antipoverty Policy.* Chicago: University of Chicago Press.

Gilliam, Frank, and Shanto Iyengar. 2000. "Prime Suspects: The Influence of Television News on the Viewing Public." American Journal of Political Science 43:560–573.

Glaser, Jack, and Peter Salovey. 1998. "Affect in Electoral Politics." *Personality and Social Psychology Review* 2 (3): 156–72.

Gohm, Carol L., and Gerald L. Clore. 2002. "Affect as Information: An Individual-Differences Approach." In *The Wisdom of Feeling,* edited by Lisa Feldman Barrett and Peter Salovey, 89–113. New York: Guilford Press.

Goldstein, Ken, and Paul Freedman. 2002a. "Campaign Advertising and Voter Turnout: New Evidence for a Stimulation Effect." *Journal of Politics* 64:721–40.

———. 2002b. "Lessons Learned: Campaign Advertising in the 2000 Election." *Political Communication* 19 (1): 5–28.

Gordon, Ann, David M. Shafie, and Ann N. Crigler. 2003. "Is Negative Advertising Effective for Female Candidates? An Experiment in Voters' Uses of Gender Stereotypes." *Harvard International Journal of Press/Politics* 8:35–53.

Graber, Doris A. 1988. *Processing the News: How People Tame the Information Tide.* New York: Longman.

———. 2001. *Processing Politics: Learning from Television in the Internet Age.* Chicago: University of Chicago Press.

Gray, Jeffrey A. 1987. *The Psychology of Fear and Stress.* 2d ed. New York: Cambridge University Press.

———. 1994. "Three Fundamental Emotion Systems." In *The Nature of Emotion,* edited by Paul Ekman and Richard J. Davidson, 243–47. New York: Oxford University Press.

Green, Donald, Bradley Palmquist, and Eric Schickler. 2002. *Partisan Hearts and Minds: Political Parties and the Social Identities of Voters.* New Haven: Yale University Press.

Hamilton, Alexander, James Madison, and John Jay. [1788] 1961. *The Federalist Papers.* Edited by Clinton Rossiter. New York: Mentor.

Hammond, Meryl. 1987. "Measuring Emotion." *Marketing and Media Decisions* 22:54–55.

Hart, Roderick. 1999. *Seducing America: How Television Charms the Modern Voter.* Rev. ed. Thousand Oaks, CA: Sage Publications.

Hartmann, George W. 1936. "Field Experiment on the Comparative Effectiveness of 'Emotional' and 'Rational' Political Leaflets in Determining Election Results." *Abnormal Psychology* 31:99–114.

Hastie, Reid, and Bernadette Park. 1986. "The Relationship between Memory and Judgment Depends on Whether the Judgment Task Is Memory-Based or On-Line." *Psychological Review* 93 (3): 258–68.

Hatfield, Elaine, John T. Cacioppo, and Richard L. Rapson. 1994. *Emotional Contagion.* New York: Cambridge University Press.

Hemphill, Michael. 1996. "A Note on Adults' Color-Emotion Associations." *Journal of Genetic Psychology* 157 (3): 275–80.

Herr, J. Paul. 2002. "The Impact of Campaign Appearances in the 1996 Election." *Journal of Politics* 64:904–13.

Hertel, Guido, Jochen Neuhof, Thomas Theuer, and Norbert L. Kerr. 2000. "Mood Effects on Cooperation in Small Groups: Does Positive Mood Simply Lead to More Cooperation?" *Cognition and Emotion* 14 (4): 441–72.

Hitchon, Jacqueline C., Chingching Chang, and Rhonda Harris. 1997. "Should Women Emote? Perceptual Bias and Opinion Change in Response to Political Ads for Candidates of Different Genders." *Political Communication* 14:49–69.

Hitchon, Jacqueline C., and Esther Thorson. 1995. "Effects of Emotion and Product Involvement on the Experience of Repeated Commercial Viewing." *Journal of Broadcasting and Electionic Media* 39:276–89.

Holbrook, Allyson L., Jon A. Krosnick, Penny S. Visser, Wendi L. Gardner, and John T. Cacioppo. 2001. "Attitudes toward Presidential Candidates and Political Parties: Initial Optimism, Inertial First Impressions, and a Focus on Flaws." *American Journal of Political Science* 45 (4): 930–50.

Holbrook, Morris B., and Rajeev Batra. 1987. "Assessing the Role of Emotions as Mediators of Consumer Responses to Advertising." *Journal of Consumer Research* 14:404–20.

Holbrook, Thomas. 1996. *Do Campaigns Matter?* Thousand Oaks: Sage Publications.

———. 2001. "Forecasting with Mixed Economic Signals: A Cautionary Tale." *PS: Political Science and Politics* 34:39–44.

Holsti, Ole R. 1969. *Content Analysis for the Social Sciences and Humanities.* Reading, MA: Addison-Wesley.

Hovland, Carl I., Irving L. Janis, and Harold H. Kelley. 1953. *Communication and Persuasion: Psychological Studies of Opinion Change.* New Haven: Yale University Press.

Huddy, Leonie, and Anna H. Gunnthorsdottir. 2000. "The Persuasive Effects of Emotive Visual Imagery: Superficial Manipulation or the Product of Passionate Reason?" *Political Psychology* 21 (4): 745–78.

Huang, Ming-Hui. 1998. "Exploring a New Typology of Advertising Appeals: Basic, versus Social, Emotional Advertising in a Global Setting." *International Journal of Advertising* 17:145–68.

Hunt, Morton. 1993. *The Story of Psychology.* New York: Anchor Books.

Isbell, Linda M., and Victor C. Ottati. 2002. "The Emotional Voter: Effects of Episodic Affective Reactions on Candidate Evaluations." In *The Social Psychology of Politics,* edited by Victor C. Ottati et al., 55–74. New York: Kluwer.

Iyengar, Shanto. 1991. *Is Anyone Responsible? How Television Frames Political Issues.* Chicago: University of Chicago Press.

Iyengar, Shanto, and Donald R. Kinder. 1987. *News That Matters: Television and American Opinion.* Chicago: University of Chicago Press.

Iyengar, Shanto, and William J. McGuire. 1993. *Explorations in Political Psychology.* Durham, NC: Duke University Press.

Iyengar, Shanto, and John R. Petrocik. 2001. "'Basic Rule' Voting: Impact of Campaigns on Party- and Approval-Based Voting." In *Crowded Airwaves,* edited by James Thurber, Candice Nelson, and David Dulio, 113–48. Washington, DC: Brookings Institution.

Iyengar, Shanto, and Adam F. Simon. 2000. "New Perspectives and Evidence on Political Communication and Campaign Effects." *Annual Review of Psychology* 51:149–69.

Izard, Carroll E. 1991. *The Psychology of Emotions.* New York: Plenum Press.

———. 1994. "Cognition Is One of Four Types of Emotion Activating Systems." In *The Nature of Emotion,* edited by Paul Ekman and Richard J. Davidson, 203–7. New York: Oxford University Press.

Izard, Carroll E., and Brian P. Ackerman. 2000. "Motivational, Organizational, and Regulatory Functions of Discrete Emotions." In *Handbook of Emotions,* 2d ed., edited by Michael Lewis and Jeannette M. Haviland-Jones, 253–64. New York: Guilford Press.

Jamieson, Kathleen Hall. 1988. *Eloquence in an Electronic Age: The Transformation of Political Speechmaking.* New York: Oxford University Press.

———. 1992. *Dirty Politics: Deception, Distraction, and Democracy.* New York: Oxford University Press.

———. 1996. *Packaging the Presidency: A History and Criticism of Presidential Campaign Advertising.* 3d ed. New York: Oxford University Press.

Jamieson, Kathleen Hall, Paul Waldman, and Susan Sherr. 2000. "Eliminate the Negative? Categories of Analysis for Political Advertisements." In *Crowded Airwaves,* edited by James Thurber, Candice Nelson, and David Dulio, 65–95. Washington, D.C.: Brookings Institution.

Janis, Irving L., and Seymour Feshbach. 1953. "Effects of Fear-Arousing Communications." *Journal of Abnormal and Social Psychology* 48 (1): 78–92.

Johnston, Anne, and Lynda Lee Kaid. 2002. "Image Ads and Issue Ads in U.S. Presidential Advertising: Using Videostyle to Explore Stylistic Differences in Televised Political Ads from 1952 to 2000." *Journal of Communication* 52 (2): 281–300.

Joslyn, Mark. 2001. Review of *Affective Intelligence and Political Judgment,* by George Marcus, W. Russell Neuman, and Michael MacKuen. *American Political Science Review* 95:1003–4.

Joslyn, Richard. 1980. "The Content of Political Spot Ads." *Journalism Quarterly* 57:92–98.

Jowett, Garth S., and Victoria O'Donnell. 1999. *Propaganda and Persuasion.* 3d ed. Thousand Oaks, CA: Sage Publications.

Juslin, Patrik N. 2000. "Cue Utilization in Communication of Emotion in Music Performance: Relating Performance to Perception." *Journal of Experimental Psychology* 26 (6): 1797–1813.

———. 2001. "Communicating Emotion in Music Performance: A Review and a Theoretical Framework." In *Music and Emotion,* edited by Patrik N. Juslin and John A. Sloboda, 309–37. New York: Oxford University Press.

Juslin, Patrik N., and John A. Sloboda, eds. 2001. *Music and Emotion: Theory and Research.* New York: Oxford University Press.

Just, Marion, Ann Crigler, Dean Alger, Timothy Cook, Montague Kern, and Darrell West. 1996. *Crosstalk: Citizens, Candidates, and the Media in a Presidential Campaign.* Chicago: University of Chicago Press.

Kahn, Kim Fridkin. 1996. *The Political Consequences of Being a Woman.* New York: Columbia University Press.

Kahn, Kim Fridkin, and Patrick J. Kenney. 2000. "How Negative Campaigning Enhances Knowledge of Senate Elections." In *Crowded Airwaves,* edited by James Thurber, Candice Nelson and David Dulio, 65–95. Washington, DC: Brookings Institution.

———. 2004. *No Holds Barred: Negativity in U.S. Senate Campaigns.* Upper Saddle River, NJ: Pearson Prentice-Hall.

Kaid, Lynda Lee. 1991. "Ethical Dimensions of Political Advertising." In *Ethical Dimensions of Political Communication,* edited by Robert Denton Jr., 145–99. New York: Praeger.

———. 1997. "Effects of the Television Spots on Images of Dole and Clinton." *American Behavioral Scientist* 40:1085–94.

———. 2001. "TechnoDistortions and Effects of the 2000 Political Advertising." *American Behavioral Scientist* 44 (12): 2370–78.

Kaid, Lynda Lee, and Christina Holtz-Bacha. 1995. "Political Advertising across Cultures: Comparing Content, Styles, and Effects." In *Political Advertising in Western Democracies,* edited by Lynda Lee Kaid and Christina Holtz-Bacha, 206–27. Thousand Oaks, CA: Sage Publications.

Kaid, Lynda Lee, and Anne Johnston. 1991. "Negative versus Positive Television Advertising in Presidential Campaigns, 1960–1988." *Journal of Communication* 41:46–53.

———. 2001. *Videostyle in Presidential Campaigns: Style and Content of Televised Political Advertising.* Westport, CT: Praeger.

Kaid, Lynda Lee, and John C. Tedesco. 1999. "Tracking Voter Reaction to Television Advertising." In *The Electronic Election,* edited by Lynda Lee Kaid and Dianne Bystrom, 233–45. Mahwah, NJ: Lawrence Erlbaum.

Kamber, Victor. 1997. *Poison Politics: Are Negative Campaigns Destroying Democracy?* New York: Insight Books.

Kent, Frank R. 1928. *Political Behavior.* New York: William Morrow.

Kepplinger, Hans Mathias. 1991. "The Impact of Presentation Techniques: Theoretical Aspects and Empirical Findings." In *Television and Political Advertising.* Vol. 1, *Psychological Processes,* edited by Frank Biocca, 173–94. Hillsdale, NJ: Lawrence Erlbaum.

Kern, Montague. 1989. *30-Second Politics: Political Advertising in the Eighties*. New York: Praeger.

Key, V. O., Jr. 1966. *The Responsible Electorate: Rationality in Presidential Voting, 1936–1960*. Cambridge, MA: Harvard University Press, Belknap Press.

Kinder, Donald R. 1986. "Presidential Character Revisited." In *Political Cognition*, edited by Richard Lau and David Sears, 233–55. Hillsdale, NJ: Lawrence Erlbaum.

———. 1994. "Reason and Emotion in American Political Life." In *Beliefs, Reasoning, and Decision Making*, edited by Roger Schank and Ellen Langer, 277–314. Hillsdale, NJ: Lawrence Erlbaum.

———. 1998. "Opinion and Action in the Realm of Politics." In *The Handbook of Social Psychology*, vol. 1, edited by Daniel Gilbert, Susan Fiske, and Gardner Lindzey, 778–67. 4th ed. New York: McGraw-Hill.

———. 2003. "Communication and Politics in the Age of Information." In *Oxford Handbook of Political Psychology*, edited by David Sears, Leonie Huddy, and Robert Jervis, 357–93. New York: Oxford University Press.

Kinder, Donald R., and Lisa D'Ambrosio. 2000. "War, Emotion, and Public Opinion." University of Michigan. Unpublished manuscript.

Kinder, Donald R., and Thomas R. Palfrey, ed. 1993. *Experimental Foundations of Political Science*. Ann Arbor: University of Michigan Press.

Klapper, Joseph. 1960. *The Effects of Mass Communication*. New York: Free Press.

Kosmin, Barry A., and Seymour P. Lachman. 1993. *One Nation under God: Religion in Contemporary American Society*. New York: Harmony Books.

Krosnick, Jon A., Andrew L. Betz, Lee J. Jussim, and Ann R. Lynn. 1992. "Subliminal Conditioning of Attitudes." *Personality and Social Psychology Bulletin* 18:152–62.

Kuklinski, James, and Norman Hurley. 1994. "On Hearing and Interpreting Political Messages: A Cautionary Tale of Citizen Cue-Taking." *Journal of Politics* 56:729–51.

Lane, Richard D., and Lynn Nadel, eds. 2000. *Cognitive Neuroscience of Emotion*. New York: Oxford University Press.

Lang, Kurt, and Gladys Engel Lang. 1968. *Politics and Television*. Chicago: Quadrangle.

Lang, Annie. 1991. "Emotion, Formal Features, and Memory for Televised Political Advertisements." In *Television and Political Advertising*. Vol. 1, *Psychological Processes*, edited by Frank Biocca, 221–43. Hillsdale, NJ: Lawrence Erlbaum.

Lang, Annie, John Newhagen, and Byron Reeves. 1996. "Negative Video as Structure: Emotion, Attention, Capacity, and Memory." *Journal of Broadcasting and Electronic Media* 40:460–77.

Lanzetta, John T., Denis G. Sullivan, Roger D. Masters, and Gregory J. McHugo. 1985. "Emotional and Cognitive Responses to Televised Images of Political Leaders." In *Mass Media and Political Thought*, edited by Sidney Kraus and Richard Perloff, 85–116. Beverly Hills: Sage Publications.

Larsen, Randy, and Barbara L. Fredrickson. 1999. "Measurement Issues in Emotion Research." In *Well-Being*, edited by Daniel Kahneman, Ed Diener, and Norbert Schwarz, 40–60. New York: Russell Sage.

Lau, Richard R., and David P. Redlawsk. 2001. "An Experimental Study of Information Search. Memory, and Decision Making during a Political Campaign." In *Citizens and Politics*, edited by James Kuklinski, 136–59. New York: Cambridge University Press.

Lau, Richard R., and David O. Sears, eds. 1986. *Political Cognition*. Hillsdale, NJ: Lawrence Erlbaum.

Lau, Richard R., Lee Sigelman, Caroline Heldman, and Paul Babbitt. 1999. "The Effects of Negative Political Advertisements: A Meta-Analytic Assessment." *American Political Science Review* 93 (4): 851–76.

Lazarsfeld, Paul F., Bernard Berelson, and Hazel Gaudet. 1944. *The People's Choice: How the Voter Makes Up His Mind in a Presidential Campaign.* New York: Columbia University Press.

Lazarus, Richard S. 1981. "A Cognitivist's Reply to Zajonc on Emotion and Cognition." *American Psychologist* 36:222–23.

———. 1982. "Thoughts on the Relations between Emotion and Cognition." *American Psychologist* 37:1019–24.

———. 1984. "On the Primacy of Cognition." *American Psychologist* 39:124–29.

———. 1991. *Emotion and Adaptation.* New York: Oxford University Press.

———. 1994a. "Appraisal: The Long and Short of It." In *The Nature of Emotion,* edited by Paul Ekman and Richard J. Davidson, 208–15. New York: Oxford University Press.

———. 1994b. "Universal Antecedents of the Emotions." In *The Nature of Emotion,* ed. Paul Ekman and Richard J. Davidson, 163–71. New York: Oxford University Press.

LeDoux, Joseph E. 1989. "Cognitive-Emotional Interactions in the Brain." *Cognition and Emotion* 3 (4): 267–89.

———. 1994a. "Cognitive-Emotional Interactions in the Brain." In *The Nature of Emotion,* edited by Paul Ekman and Richard J. Davidson, 216–23. New York: Oxford University Press.

———. 1994b. "Emotional Processing, but Not Emotions, Can Occur Unconsciously." In *The Nature of Emotion,* edited by Paul Ekman and Richard J. Davidson, 291–92. New York: Oxford University Press.

———. 1995. "In Search of an Emotional System in the Brain: Leaping from Fear to Emotion and Consciousness." In *The Cognitive Neurosciences,* edited by Michael S. Gazzaniga, 1049–61. Cambridge: MIT Press.

———. 1996. *The Emotional Brain: The Mysterious Underpinnings of Emotional Life.* New York: Simon and Schuster.

LeDoux, Joseph E., and Elizabeth A. Phelps. 2000. "Emotional Networks in the Brain." In *Handbook of Emotions,* 2d ed., edited by Michael Lewis and Jeannette M. Haviland-Jones, 157–72. New York: Guilford Press.

Leege, David C., and Lyman A. Kellstedt, eds. 1993. *Rediscovering the Religious Factor in American Politics.* Armonk, NY: M. E. Sharpe.

Lerner, Jennifer S., Roxana M. Gonzalez, Deborah A. Small, and Baruch Fischhoff. 2003. "Effects of Fear and Anger on Perceived Risks of Terrorism: A National Field Experiment." *Psychological Science* 14 (2): 144–50.

Lerner, Jennifer S., and Dacher Keltner. 2000. "Beyond Valence: Toward a Model of Emotion-Specific Influences on Judgement and Choice." *Cognition and Emotion* 14 (4): 473–93.

Leventhal, H., and Klaus Scherer. 1987. "The Relationship of Emotion to Cognition: A Functional Approach to a Semantic Controversy." *Cognition and Emotion* 1:3–28.

Lewis-Beck, Michael S., and Tom W. Rice. 1992. *Forecasting Elections.* Washington, DC: Congressional Quarterly Press.

Lichter, S. Robert, and Richard E. Noyes. 1996. *Good Intentions Make Bad News: Why Americans Hate Campaign Journalism.* Lanham, MD: Rowman and Littlefield.

Lippmann, Walter. 1922. *Public Opinion*. New York: Free Press.
Lodge, Milton, and Kathleen M. McGraw, eds. 1995. *Political Judgment: Structure and Process*. Ann Arbor: University of Michigan Press.
Lodge, Milton, Kathleen M. McGraw, and Patrick Stroh. 1989. "An Impression-Driven Model of Candidate Evaluation." *American Political Science Review* 83:399–419.
Lodge, Milton, and Charles Taber. 2000. "Three Steps toward a Theory of Motivated Political Reasoning." In *Elements of Reason*, edited by Arthur Lupia, Mathew McCubbins, and Samuel Popkin, 183–213. New York: Cambridge University Press.
Lombard, Matthew, Jennifer Snyder-Duch, and Cheryl Campanella Bracken. 2002. "Content Analysis in Mass Communication: Assessment and Reporting of Intercoder Reliability." *Human Communication Research* 28:587–604.
Lupia, Arthur. 2002. "New Ideas in Experimental Political Science." *Political Analysis* 10 (4): 319–24.
Lupia, Arthur, and Mathew McCubbins. 1998. *The Democratic Dilemma*. New York: Cambridge University Press.
Luskin, Robert C. 1987. "Measuring Political Sophistication." *American Journal of Political Science* 31:856–99.
Marcus, George E. 2000. "Emotions in Politics." *Annual Review of Political Science* 3:221–50.
———. 2002. *The Sentimental Citizen: Emotion in Democratic Politics*. University Park, PA: Pennsylvania State University Press.
———. 2003. "The Psychology of Emotion and Politics." In *Oxford Handbook of Political Psychology*, edited by David Sears, Leonie Huddy, and Robert Jervis, 182–221. New York: Oxford University Press.
Marcus, George E., and Michael B. MacKuen. 1993. "Anxiety, Enthusiasm, and the Vote: The Emotional Underpinnings of Learning and Involvement during Presidential Campaigns." *American Political Science Review* 87:672–85.
———. 2001. "Emotions and Politics: The Dynamic Functions of Emotionality." In *Citizens and Politics*, edited by James Kuklinski, 41–67. New York: Cambridge University Press.
Marcus, George E., W. Russell Neuman, and Michael MacKuen. 2000. *Affective Intelligence and Political Judgment*. Chicago: University of Chicago Press.
Marcus, George E., W. Russell Neuman, Michael MacKuen, and John L. Sullivan. 1996. "Dynamic Models of Emotional Response: The Multiple Roles of Affect in Politics." In *Research in Micropolitics*, vol. 5. Greenwich, CT: JAI Press.
Martin, Leonard L., and Gerald L. Clore. 2001. *Theories of Mood and Cognition: A User's Guidebook*. Mahwah, NJ: Lawrence Erlbaum.
Masters, Roger D. 1991. *The Nature of Politics*. New Haven: Yale University Press.
———. 1994. *Beyond Relativism: Science and Human Values*. Hanover, NH: University Press of New England.
———. 2001. "Cognitive Neuroscience, Emotion, and Leadership." In *Citizens and Politics*, edited by James Kuklinski, 68–102. New York: Cambridge University Press.
Masters, Roger D., and Denis G. Sullivan. 1989. "Nonverbal Displays and Political Leadership in France and the United States." *Political Behavior* 11 (2): 123–56.
———. 1993. "Nonverbal Behavior and Leadership: Emotion and Cognition in Political Information Processing." In *Explorations of Political Psychology*, edited by Shanto Iyengar and William J. McGuire, 150–82. Durham: Duke University Press.
Masters, Roger D., and Baldwin Way. 1996. "Experimental Methods and Attitudes to-

ward Leaders: Nonverbal Displays, Emotion, and Cognition." In *Research in Biopolitics,* vol. 4, edited by Steven Peterson and Albert Somit, 61–98. Greenwich, CT: JAI Press.

Masterson, John T., and Thompson Biggers. 1986. "Emotion-Eliciting Qualities of Television Campaign Advertising as a Predictor of Voting Behavior." *Psychology* 23 (1): 13–19.

Mayer, William G. 1996. "In Defense of Negative Campaigning." *Political Science Quarterly* 111 (3): 437–55.

McCubbins, Mathew D., ed. 1992. *Under the Watchful Eye: Managing Presidential Campaigns in the Television Era.* Washington, DC: CQ Press.

McGinnis, Joe. 1969. *The Selling of the President.* New York: Penguin.

McGuire, William J. 1985. "Attitudes and Attitude Change." In *The Handbook of Social Psychology,* vol. 1, edited by Gardner Lindzey and Elliot Aronson, 233–346. New York: Random House.

McHugo, Gregory J., John T. Lanzetta, and Lauren K. Bush. 1991. "The Effect of Attitudes on Emotional Reactions to Expressive Displays of Political Leaders." *Journal of Nonverbal Behavior* 15:19–41.

McHugo, Gregory J., John T. Lanzetta, Denis G. Sullivan, Roger D. Masters, and Basil Englis. 1985. "Emotional Reactions to Expressive Displays of a Political Leader." *Journal of Personality and Social Psychology* 49:1512–29.

Meirick, Patrick. 2002. "Cognitive Responses to Negative and Comparative Political Advertising." *Journal of Advertising* 31 (1): 49–62.

Mendelberg, Tali. 2001. *The Race Card: Campaign Strategy, Implicit Messages, and the Norm of Equality.* Princeton: Princeton University Press.

Milburn, Michael A. 1991. *Persuasion and Politics: The Social Psychology of Public Opinion.* Pacific Grove, CA: Brooks/Cole.

Millar, Murray G., and Karen U. Millar. 1996. "The Effects of Direct and Indirect Experience on Affective and Cognitive Responses and the Attitude-Behavior Relation." *Journal of Experimental Social Psychology* 32:561–79.

Miller, Warren E., and J. Merrill Shanks. 1996. *The New American Voter.* Cambridge: Harvard University Press.

Mogg, Karin, and Brendan P. Bradley. 1998. "Selective Attention and Anxiety: A Cognitive-Motivational Perspective." In *Handbook of Cognition and Emotion,* edited by Tim Dalgleish and Mick Power, 145–70. New York: Wiley. s

Moring, Tom. 1995. "The North European Exception: Political Advertising on TV in Finland." In *Political Advertising in Western Democracies,* edited by Lynda Lee Kaid and Christina Holtz-Bacha, 161–85. Thousand Oaks, CA: Sage Publications.

Mulilis, John-Paul, and Richard Lippa. 1990. "Behavioral Change in Earthquake Preparedness Due to Negative Threat Appeals: A Test of Protection-Motivation Theory." *Journal of Applied Social Psychology* 20 (8): 619–38.

Mullen, Brian, David Futrell, Debbie Stairs, Dianne M. Tice, Roy F. Baumeister, Kathryn E. Dawson, Catherine A. Riordan, Christine E. Radloff, George R. Goethals, John G. Kennedy, and Paul Rosenfeld. 1986. "Newscasters' Facial Expressions and Voting Behavior of Viewers: Can a Smile Elect a President?" *Journal of Personality and Social Psychology* 51:291–95.

Murphy, Sheila T., and Robert B. Zajonc. 1993. "Affect, Cognition, and Awareness: Affective Priming with Optimal and Suboptimal Stimulus Exposures." *Journal of Personality and Social Psychology* 64:723–39.

Nabi, Robin L. 2003. "Exploring the Framing Effects of Emotion: Do Discrete Emotions Differentially Influence Information Accessibility, Information Seeking, and Policy Preference?" *Communication Research* 30 (2): 224–47.

Nadeau, Richard, Richard G. Niemi, and Timothy Amato. 1995. "Emotions, Issue Importance, and Political Learning." *American Journal of Political Science* 39:558–74.

Nelson, John S., and G. R. Boynton. 1997. *Video Rhetorics: Televised Advertising in American Politics*. Urbana: University of Illinois Press.

Nelson, Thomas, Rosalee Clawson, and Zoe Oxley. 1997. "Media Framing of a Civil Liberties Conflict and Its Effect on Tolerance." *American Political Science Review* 91:567–83.

Nelson, Thomas, and Donald Kinder. 1996. "Issue Frames and Group Centrism in American Public Opinion." *Journal of Politics* 58 (4): 1055–78.

Nesbit, Dorothy. 1988. *Videostyle in Senate Campaigns*. Knoxville: University of Tennessee Press.

Neuman, W. Russell, Marion R. Just, and Ann N. Crigler. 1992. *Common Knowledge: News and the Construction of Political Meaning*. Chicago: The University of Chicago Press.

Newhagen, John E., and Byron Reeves. 1991. "Emotion and Memory Responses for Negative Political Advertising: A Study of Television Commercials Used in the 1988 Presidential Election." In *Television and Political Advertising*. Vol. 1, *Psychological Processes,* edited by Frank Biocca, 197–220. Hillsdale, NJ: Lawrence Erlbaum.

Nimmo, Dan. 1970. *The Political Persuaders: The Techniques of Modern Election Campaigns*. Englewood Cliffs, NJ: Prentice-Hall.

Nisbett, Richard E., and Lee Ross. 1980. *Human Inference*. Englewood Cliffs, NJ: Prentice-Hall.

Norpoth, Helmut. 2001. "Primary Colors: A Mixed Blessing for Al Gore." *PS: Political Science and Politics* 34:45–8.

Norris, Pippa. 2000. *A Virtuous Circle: Political Communications in Postindustrial Societies*. NY: Cambridge University Press.

Oatley, Keith. 1992. *Best Laid Schemes: The Psychology of Emotion*. New York: Cambridge University Press.

Oatley, Keith, and Jennifer M. Jenkins. 1996. *Understanding Emotions*. Cambridge, MA: Blackwell Publishers.

Ochsner, Kevin N., and Lisa Feldman Barrett. 2001. "A Multiprocess Perspective on the Neuroscience of Emotion." In *Emotions,* edited by Tracy J. Mayne and James Ramsey, 38–81. New York: Guilford Press.

Öhman, Arne. 2000. "Fear and Anxiety: Evolutionary, Cognitive, and Clinical Perspectives." In *Handbook of Emotions,* 2d ed., edited by Michael Lewis and Jeannette M. Haviland-Jones, 573–93. New York: Guilford Press.

Olney, Thomas J., Morris B. Holbrook, and Rajeev Batra. 1991. "Consumer Responses to Advertising: The Effects of Ad Content, Emotions, and Attitude toward the Ad on Viewing Time." *Journal of Consumer Research* 17:440–53.

Ortony, Andrew, Gerald L. Clore, and Allan Collins. 1988. *The Cognitive Structure of Emotions*. New York: Cambridge University Press.

Osgood, Charles E., George J. Suci, and Percy H. Tannenbaum. 1957. *The Measurement of Meaning*. Urbana: University of Illinois Press.

O'Shaughnessy, John, and Nicholas Jackson O'Shaughnessy. 2003. *The Marketing Power of Emotion*. New York: Oxford University Press.

Ottati, Victor C., and Robert S. Wyer Jr. 1993. "Affect and Political Judgment." In *Explorations of Political Psychology*, edited by Shanto Iyengar and William J. McGuire, 296–315. Durham: Duke University Press.

Page, Benjamin I., and Robert Y. Shapiro. 1992. *The Rational Public*. Chicago: University of Chicago Press.

Page, Benjamin I., Robert Y. Shapiro, and Glenn R. Dempsey. 1987. "What Moves Public Opinion?" *American Political Science Review* 81 (1): 23–43.

Pallak, Suzanne R., Enid Murroni, and Juliann Koch. 1983. "Communicator Attractiveness and Expertise, Emotional versus Rational Appeals, and Persuasion: A Heuristic versus Systematic Processing Interpretation." *Social Cognition* 2 (2): 122–41.

Panksepp, Jaak. 1994a. "Basic Emotions Ramify Widely in the Brain, Yielding Many Concepts That Cannot Be Distinguished . . . Yet." In *The Nature of Emotion*, edited by Paul Ekman and Richard J. Davidson, 86–88. New York: Oxford University Press.

———. 1994b. "The Basics of Basic Emotions." In *The Nature of Emotion*, edited by Paul Ekman and Richard J. Davidson, 20–24. New York: Oxford University Press.

———. 1994c. "A Proper Distinction between Affective and Cognitive Process Is Essential to Neuroscientific Progress." In *The Nature of Emotion*, edited by Paul Ekman and Richard J. Davidson, 224–26. New York: Oxford University Press.

———. 1998. *Affective Neuroscience: The Foundations of Human and Animal Emotions*. New York: Oxford University Press.

———. 2000. "Emotions as Natural Kinds within the Mammalian Brain." In *Handbook of Emotions*, 2d ed., edited by Michael Lewis and Jeannette M. Haviland-Jones, 137–56. New York: Guilford Press.

Parrott, W. Gerrod. 2001. "The Nature of Emotion." In *Blackwell Handbook of Social Psychology: Intraindividual Processes*, edited by Abraham Tesser and Norbert Schwarz, 375–90. Malden, MA: Blackwell.

Patrick, Christopher J., and Stacey A. Lavoro. 1997. "Ratings of Emotional Response to Pictorial Stimuli: Positive and Negative Affect Dimensions." *Motivation and Emotion* 21 (4): 297–321.

Patterson, Thomas. 1993. *Out of Order*. New York: Vintage.

———. 2002. *The Vanishing Voter*. New York: Vintage.

Patterson, Thomas, and Robert McClure. 1973. *Political Advertising: Voter Reactions to Televised Political Commercials*. Princeton, NJ: Citizens' Research Foundation.

———. 1976. *The Unseeing Eye: The Myth of Television Power in National Politics*. New York: G. P. Putnam's Sons.

Perloff, Richard M., and Dennis Kinsey. 1992. "Political Advertising as Seen by Consultants and Journalists." *Journal of Advertising Research* 32 (3): 53–60.

Petty, Richard E., and John T. Cacioppo. 1981. *Attitudes and Persuasion: Classic and Contemporary Approaches*. Boulder: Westview Press.

Pfleiderer, Rolf. 2002. "Using Market Research Techniques to Determine Campaign Effects." In *Public Information Campaigns and Opinion Research*, edited by Hans-Dieter Klingemann and Andrea Römmele, 167–84. Thousand Oaks, CA: Sage Publications.

Plutchik, Robert. 1980. *Emotion: A Psychoevolutionary Synthesis*. New York: Harper and Row.

———. 2003. *Emotions and Life: Perspectives from Psychology, Biology, and Evolution*. Washington: American Psychological Association.

Popkin, Samuel L. 1992. "Campaigns That Matter." In *Under the Watchful Eye: Manag-*

ing Presidential Campaigns in the Television Era, edited by Mathew D. McCubbins, 153–70. Washington, DC: CQ Press.

———. 1994. *The Reasoning Voter: Persuasion and Communication in Presidential Campaigns.* 2d ed. Chicago: University of Chicago Press.

Powell, G. Bingham Jr. 1986. "American Voter Turnout in Comparative Perspective." *American Political Science Review* 80:17–43.

Pratkanis, Anthony, and Elliot Aronson. 1992. *Age of Propaganda: The Everyday Use and Abuse of Persuasison.* New York: W. H. Freeman.

Putnam, Robert. 1995. "Tuning In, Tuning Out: The Strange Disappearance of Social Capital in America." *PS: Political Science and Politics* 28:664–83.

———. 2000. *Bowling Alone.* New York: Simon and Schuster.

Rahn, Wendy M. 2000. "Affect as Information: The Role of Public Mood in Political Reasoning." In *Elements of Reason,* edited by Arthur Lupia, Mathew McCubbins, and Samuel Popkin, 130–50. New York: Cambridge University Press.

Rahn, Wendy M., John H. Aldrich, Eugene Borgida, and John L. Sullivan. 1990. "A Social-Cognitive Model of Candidate Appraisal." In *Information and Democratic Processes,* edited by John A. Ferejohn and James H. Kuklinski, 136–59. Urbana: University of Illinois Press.

Rahn, Wendy M., and Rebecca M. Hirshorn. 1999. "Political Advertising and Public Mood: A Study of Children's Political Orientations." *Political Communication* 16:387–407.

Rahn, Wendy M., Brian Kroeger, and Cynthia M. Kite. 1996. "A Framework for the Study of Public Mood." *Political Psychology* 17 (1): 29–58.

Redlawsk, David P., and Richard R. Lau. 2003. Do Voters Want Candidates They Like or Candidates They Agree With? Affect vs. Cognition in Voter Decision Making. Paper presented at the Shambaugh Conference on Affect and Cognition in Political Action, March 6–9, at University of Iowa, Iowa City, IA.

Richardson, Glenn W. Jr. 2001. "Political Advertising and Popular Culture in the Televisual Age." In *Communication in U.S. Elections,* edited by Roderick Hart and Daron Shaw, 203–20. Lanham, MD: Rowman and Littlefield.

———. 2003. *Pulp Politics: How Political Advertising Tells the Stories of American Politics.* Lanham, MD: Rowman and Littlefield.

Rippetoe, Patricia A., and Ronald W. Rogers. 1987. "Effects of Components of Protection-Motivation Theory on Adaptive and Maladaptive Coping with a Health Threat." *Journal of Personality and Social Psychology* 52 (3): 596–604.

Rogers, Ronald W. 1975. "A Protection Motivation Theory of Fear Appeals and Attitude Change." *Journal of Psychology* 91:93–114.

———. 1983. "Cognitive and Physiological Processes in Fear Appeals and Attitude Change: A Revised Theory of Protection Motivation." In *Social Psychophysiology,* edited by John Cacioppo and Richard Petty, 153–76. New York: Guilford Press.

Rolls, Edmund T. 1999. *The Brain and Emotion.* New York: Oxford University Press.

Roseman, Ira J. 2001. "A Model of Appraisal in the Emotion System: Integrating Theory, Research, and Applications." In *Appraisal Processes in Emotion,* edited by Klaus R. Scherer, Angela Schorr, and Tom Johnstone, 68–91. New York: Oxford University Press.

Roseman, Ira, Robert P. Abelson, and Michael F. Ewing. 1986. "Emotion and Political Cognition: Emotional Appeals in Political Communication." In *Political Cognition,* edited by Richard Lau and David O. Sears, 279–94. Hillsdale, NJ: Lawrence Erlbaum.

Rosenstone, Steven J., and John Mark Hansen. 1993. *Mobilization, Participation, and Democracy in America.* New York: Macmillan.

Rosselli, Francine, John J. Skelly, and Diane M. Mackie. 1995. "Processing Rational and Emotional Messages: The Cognitive and Affective Mediation of Persuasion." *Journal of Experimental Social Psychology* 31 (2): 163–90.

Rudolph, Thomas J., Amy Gangl, and Dan Stevens. 2000. "The Effects of Efficacy and Emotions on Campaign Involvement." *Journal of Politics* 62:1189–97.

Russell, James A. 1980. "A Circumplex Model of Affect." *Journal of Personality and Social Psychology* 39:1161–78.

Sabato, Larry. 1981. *The Rise of Political Consultants: New Ways of Winning Elections.* New York: Basic Books.

———. 1991. *Feeding Frenzy: How Attack Journalism Has Transformed American Politcs.* New York: Free Press.

Schenck-Hamlin, William J., David E. Procter, and Deborah J. Rumsey. 2000. "The Influence of Negative Advertising Frames on Political Cynicism and Politician Accountability." *Human Communication Research* 26 (1): 53–74.

Scher, Richard K. 1997. *The Modern Political Campaign: Mudslinging, Bombast, and the Vitality of American Politics.* Armonk, NY: M. E. Sharpe.

Scherer, Klaus R. 1994a. "Emotion Serves to Decouple Stimulus and Response." In *The Nature of Emotion,* edited by Paul Ekman and Richard J. Davidson, 127–30. New York: Oxford University Press.

———. 1994b. "Evidence for Both Universality and Cultural Specificity of Emotion Elicitation." In *The Nature of Emotion,* edited by Paul Ekman and Richard J. Davidson, 172–75. New York: Oxford University Press.

———. 1994c. "Toward the Concept of 'Modal Emotions.'" In *The Nature of Emotion,* edited by Paul Ekman and Richard J. Davidson, 25–31. New York: Oxford University Press.

———. 2000. "Psychological Models of Emotion." In *The Neuropsychology of Emotion,* edited by Joan C. Borod, 137–62. New York: Oxford University Press.

Scherer, Klaus R., Angela Schorr, and Tom Johnstone. 2001. *Appraisal Processes in Emotion: Theory, Methods, and Research.* New York: Oxford University Press.

Schier, Steven. 1999. *By Invitation Only: The Rise of Exclusive Politics in the United States.* Pittsburgh: University of Pittsburgh Press.

Schudson, Michael. 1998. *The Good Citizen: A History of American Civic Life.* New York: Free Press.

Schwartz, Tony. 1973. *The Responsive Chord.* Garden City, NY: Anchor Books.

Schwarz, Norbert. 2000. "Emotion, Cognition, and Decision-Making." *Cognition and Emotion* 14 (4): 433–40.

———. 2001. "Feelings as Information: Implications for Affective Influences on Information Processing." In *Theories of Mood and Cognition,* edited by Leonard L. Martin and Gerald L. Clore, 159–176. Mahwah, NJ: Lawrence Erlbaum.

Schwarz, Norbert, and Gerd Bohner. 2001. "The Construction of Attitudes." In *Blackwell Handbook of Social Psychology: Intraindividual Processes,* edited by Abraham Tesser and Norbert Schwarz, 436–57. Malden, MA: Blackwell.

Schwarz, Norbert, and Gerald L. Clore. 1983. "Mood, Misattribution, and Judgments of Well-Being: Informative and Directive Functions of Affective States." *Journal of Personality and Social Psychology* 45:513–23.

Scott, Linda M., and Rajeev Batra, eds. 2003. *Persuasive Imagery: A Consumer Response Perspective.* Mahwah, NJ: Lawrence Erlbaum.

Sears, David O. 1993. "Symbolic Politics: A Socio-Psychological Theory." In *Explorations in Political Psychology,* edited by Shanto Iyengar and William J. McGuire, 113–49. Durham, NC: Duke University Press.

Sears, David O., and Rick Kosterman. 1994. "Political Persuasion." In *Persuasion: Psychological Insights and Perspectives,* edited by Sharon Shavitt and Timothy Brock, 251–78. Boston: Allyn and Bacon.

Shaw, Daron R. 1999. "The Effect of TV Ads and Candidate Appearances on Statewide Presidential Votes, 1988–1996." *American Political Science Review* 93 (2): 345–61.

Shaw, Daron R., and Brian E. Roberts. 2000. "Campaign Events, the Media, and Prospects for Victory: The 1992 and 1996 Presidential Elections." *British Journal of Political Science* 30:259–89.

Sherr, Susan A. 1999. "Scenes from the Political Playground: An Analysis of the Symbolic Use of Children in Presidential Campaign Advertising." *Political Communication* 16:45–59.

Shyles, Leonard. 1983. "Defining the Issues of a Presidential Election from Televised Political Spot Advertisements." *Journal of Broadcasting* 28:405–21.

———. 1984. "Defining the 'Images' of Presidential Candidates from Televised Political Spot Advertisements." *Political Behavior* 62 (2): 171–81.

Simon, Adam F. 2002. *The Winning Message: Candidate Behavior, Campaign Discourse, and Democracy.* New York: Cambridge University Press.

Smith, Greg M. 1999. "Local Emotions, Global Moods, and Film Structure." In *Passionate Views: Film, Cognition, and Emotion,* edited by Carl Plantinga and Greg M. Smith, 103–26. Baltimore: Johns Hopkins University Press.

Smith, Jeff. 1999. "Movie Music as Moving Music: Emotion, Cognition, and the Film Score." In *Passionate Views: Film, Cognition, and Emotion,* edited by Carl Plantinga and Greg M. Smith, 146–67. Baltimore: Johns Hopkins University Press.

Sniderman, Paul, Richard A. Brody, and Philip E. Tetlock. 1991. *Reasoning and Choice: Explorations in Political Psychology.* New York: Cambridge University Press.

Strother, Raymond D. 1999. "Preparing Candidates for Television." In *The Manship School Guide to Political Communication,* edited by David D. Perlmutter, 176–85. Baton Rouge: Louisiana State University Press.

Sullivan, Denis G., and Roger D. Masters. 1988. "Happy Warriors: Leaders' Facial Displays, Viewers' Emotions and Political Support." *American Journal of Political Science* 32:345–68.

Sutton, Stephen R. 1982. "Fear-Arousing Communications: A Critical Examination of Theory and Research." In *Social Psychology and Behavioral Medicine,* edited by J. Richard Eiser, 303–37. London: Wiley.

Sutton, Stephen R., and Robert Hallet. 1989. "The Contributon of Fear and Cognitive Factors in Mediating the Effects of Fear-Arousing Communications." *Social Behaviour* 4 (2): 83–98.

Taber, Charles S. "Information Processing and Public Opinion." In *Oxford Handbook of Political Psychology,* edited by David Sears, Leonie Huddy, and Robert Jervis, 433–76. New York: Oxford University Press.

Teixeira, Ruy A. 1992. *The Disappearing American Voter.* Washington, DC: Brookings Institution.

Thorson, Esther, William G. Christ, and Clarke Caywood. 1991. "Effects of Issue-Image Strategies, Attack and Support Appeals, Music, and Visual Content in Political Commercials." *Journal of Broadcasting and Electronic Media* 35:465–86.

Thurber, James, and Candice Nelson, eds. 2000. *Campaign Warriors: The Role of Political Consultants in Elections.* Washington, D.C.: Brookings Institution.

Tomz, Michael, Jason Wittenberg, and Gary King. 2001. CLARIFY: Software for Interpreting and Presenting Statistical Results. Version 2.1. Cambridge: Harvard University. Available at www.gking.harvard.edu

Trent, Judith S., and Robert V. Friedenberg. 1991. *Political Campaign Communication.* 2d ed. New York: Praeger.

———. 2000. *Political Campaign Communication.* 4th ed. Westport, CT: Praeger.

Valdez, Patricia, and Albert Mehrabian. 1994. "Effects of Color on Emotions." *Journal of Experimental Psychology* 123 (4): 394–409.

Valentino, Nicholas A. 1999. "Crime News and the Priming of Racial Attitudes during Evaluations of the President." *Public Opinion Quarterly* 63:293–320.

Valentino, Nicholas A., Vincent L. Hutchings, and Ismail White. 2002. "Cues That Matter: How Political Ads Prime Racial Attitudes during Campaigns." *American Political Science Review* 96 (1): 75–90.

Valentino, Nicholas A., Michael W. Traugott, and Vincent L. Hutchings. 2002. "Group Cues and Ideological Constraint." *Political Communication* 19 (1): 29–48.

Verba, Sidney, and Norman Nie. 1972. *Participation in America.* New York: Harper and Row.

Verba, Sidney, Kay Lehman Schlozman, and Henry E. Brady. 1995. *Voice and Equality: Civic Voluntarism in American Politics.* Cambridge: Harvard University Press.

Watson, David, Lee A. Clark, and Auke Tellegen. 1988. "Development and Validation of Brief Measures of Positive and Negative Affect: The PANAS Scales." *Journal of Personality and Social Psychology* 54 (6): 1063–70.

Wattenberg, Martin P. 1992. *The Rise of Candidate-Centered Politics.* Cambridge: Harvard University Press.

Wattenberg, Martin P., and Craig Leonard Brians. 1999. "Negative Campaign Advertising: Demobilizer or Mobilizer?" *American Political Science Review* 93 (4): 891–99.

Way, Baldwin, and Roger Masters. 1996a. "Emotion and Cognition in Political Information Processing." *Journal of Communication* 46 (3): 48–65.

———. 1996b. "Political Attitudes: Interactions of Cognition and Affect." *Motivation and Emotion* 20:205–36.

West, Darrell M. 1999. "A Brief History of Political Advertising on Television." In *The Manship School Guide to Political Communication,* edited by David D. Perlmutter, 27–32. Baton Rouge: Louisana State University Press.

———. 2001. *Air Wars.* 3d ed. Washington, DC: CQ Press.

Witte, Kim. 1992. "Putting the Fear Back into Fear Appeals: The Extended Parallel Process Model." *Communication Monographs* 59 (4): 329–49.

———. 1998. "Fear as Motivator, Fear as Inhibitor: Using the Extended Parallel Process Model to Explain Fear Successes and Failures." In *Handbook of Communication and Emotion,* edited by Peter A. Andersen and Laura K. Guerrero, 423–50. San Diego: Academic Press.

Witte, Kim, and Mike Allen. 2000. "A Meta-Analysis of Fear Appeals: Implications for Effective Public Health Campaigns." *Health Education and Behavior* 27 (5): 591–615.

Wleizen, Christopher. 2001. "On Forecasting the Presidential Vote." *PS: Political Science and Politics* 34:24–31.
Wolfinger, Raymond E., and Steven J. Rosenstone. 1980. *Who Votes?* New Haven: Yale University Press.
Zajonc, Robert B. 1980. "Feeling and Thinking: Preferences Need No Inferences." *American Psychologist* 35:151–75.
———. 1984. "On the Primacy of Affect." *American Psychologist* 39:117–23.
———. 1994. "Evidence for Nonconscious Emotions." In *The Nature of Emotion,* edited by Paul Ekman and Richard J. Davidson, 293–97. New York: Oxford University Press.
———. 1998. "Emotions." In *The Handbook of Social Psychology,* vol. 1, edited by Daniel T. Gilbert, Susan T. Fiske, and Gardner Lindzey, 591–632. 4th ed. New York: McGraw-Hill.
———. 2000. "Feeling and Thinking: Closing the Debate over the Independence of Affect." In *Feeling and Thinking,* edited by Joseph P. Forgas, 31–58. New York: Cambridge University Press.
Zaller, John R. 1992. *The Nature and Origins of Mass Opinion.* New York: Cambridge University Press.
———. 1996. "The Myth of Massive Media Impact Revived: New Support for a Discredited Idea." In *Political Persuasion and Attitude Change,* edited by Diana Mutz, Paul Sniderman, and Richard Brody, 17–78. Ann Arbor: University of Michigan Press.
———. n.d. "A Theory of Media Politics." Unpublished manuscript, University of California-Los Angeles.

索　引

（所注页码为英文原书页码，即本书边码，页码数字加粗，表示该页有图或表）

译后记

1

美国政治，四年一个轮回。当奥巴马当年的竞选口号"Yes，we can"和"Hope and Change"犹在耳畔的时候，新的一轮竞选又拉开了大幕。2012年5月1日，奥巴马在新制作的竞选广告中公布了新的竞选口号——"前进"(Forward)。

这则七分钟的广告通过对比，展示了他从小布什手中接手"烂摊子"并带领美国"前进"的种种"政绩"，包括从伊拉克撤军、击毙本·拉登、推出多个刺激经济及提高就业率的措施等。这正是本书"情感诉求"(emotional appeals)研究的一个重要方面：在广告中利用"激情"(enthusiasm)，鼓舞选民，宣扬政绩，展示美好未来。

本书情感研究的另一个方面——"恐惧诉求/暗示"(fear cues)，在奥巴马的对手那里也正好有体现。风头正劲的罗姆尼团队针锋相对，发布了题为"后退"(Backward)的竞选广告，对奥巴马的"前进"大加嘲讽。广告中所有的人物和场景都被处理成倒退模式，广告旁白及字幕声称，在奥巴马的领导之下，靠政府发放食品券度日的美国人大增，失业率、消费价格、医疗费用以及油价全都大幅上扬。"奥巴马任内唯一'前进'的一件事，就是我们的国家债务上升了5万亿美元。"罗姆尼质疑，"前进？朝着什么？朝着悬崖前进吗？"广告的旁白说道："奥巴马令美国倒退四年已经足够了"，现在是"阻止美国向悬崖'前进'的最后机会"。

和激情广告激发人们的理解、赞赏、支持心理相反，恐惧广告往往由挑战者制作，激起选民对在任对手的疑虑、抱怨、愤怒、憎恶心理，暗示选择了他就是选择了恐惧和危机，只有取而代之，才能改变未来。

政治说服、竞选广告并不是美国一家独有，全世界所有实行竞争式政治和代议制民主的国家都是如此。不同的时间，不同的范围，从地方到全国，从议会到政府，各种广告，从街头张贴散发，到广播电视播放，乃至互联网虚拟世界传播，配以游行、集会、演讲，或多或少地改变着社会政治，也周期性地成为社会生活的一部分。

这些政治广告具有三个特点：

第一，多元化、竞争性的内容。你可以说自己好，别人也可以批判揭露你；你可以解释回击，别人也可以调整应对。可以有正面的“激情”宣传，也可以有反面的“恐惧”质疑。竞选时不止一种声音，各种广告投放，人物政策公开，信息充分，一切留给选民考虑比较判断，只要他们有足够的时间、精力、兴趣和专业能力。

第二，广告要付费，花费说得清。因为竞选是个人、团队或党派的行为，所有广告的制作、投放、媒体时间购买，都需要个人或党团支付。执政党、在野党、无党派人士都不例外。现任官员和执政党由于在台上，客观上具有媒体曝光和新闻报道较多的优势，但国家并没有财政预算支付他们的竞选费用，所有主动的竞选活动、广告投放只能自筹经费。可以募捐和接受资助，但需符合法律规定，公开备查。顺便提一下，欧美主流媒体一般都是私有或公共的，不归政府和执政党管理使用，也不代表官方。

第三，政治广告要以情动人，触动心灵。在各种广告泛滥的时代，受众普遍厌恶广告。商业广告由于产品功能、消费需要，不得不充斥物化的内容。尽管如此，好的商业广告仍然尽量渗透情理、体现人性。政治一般比较枯燥，离普通人较远，因此要简单易懂，突出形象和口号，体现出人性和情感，使人产生共鸣心理。要让选民感觉他们选择的是真实、亲和、既有人情味又有领导能力的人，而不是机械的职位、空洞的理念、没有感觉说不出好坏的官僚机器。政治广告不管是诉诸“激情”让人喜欢你，还是利用“恐惧”让人讨厌你的对手，都应该体现感情、触及心理，让选民产生支持或反对的共鸣。

2

回到中国的语境，由于国情的不同，我们对政治广告比较陌生。但陌生并不表示它们不存在。广义上的政治广告到处都是，包括街头巷尾的标语口号、报纸电视的宣传纲领。比如在首都随处可见的“爱国、创新、包容、厚德”北京精神，媒体上“和谐社会”、“科学发展观”的字幕画面，乃至对北京奥运会、上海世博会、神舟飞船的政治化宣传等。

狭义上的竞选广告，或更准确地说选举广告、执政广告，也不少见，比如“团结在党中央周围”、“坚持党对军队的绝对领导”、四项基本原则中的“坚持党的领导”、热烈庆祝党的代表大会的胜利召开（或胜利闭幕）、学习贯彻领导的讲话或会议精神，等等。

中国共产党旗帜鲜明地强调自己的执政党地位，并且系统地提出“立党为公、执政为民”、“与时俱进”、“保持先进性”、“科学发展观”等执政理念。我国还有五年一次意义重大的中国共产党全国代表大会，以及人大代表直接或间接的选举和相应的政府换届。从政治学或传播学的角度来看，为了搞好这些工作、确保执政党的地位而在大众媒体进行的宣传，都属于政治广告或政治传播的范畴。

我们不能用前面提到的三个特点，来简单分析中国的政治广告。就第一个特点来说，中国强调的是中国共产党的领导地位，而不是其他国家政治上的多元化、多党制、两党制等。因此，在我国，政治广告有不同的形式，但基本没有不同的导向或暗示（cues）。用本书的分类来看，基本上都是引发“激情”的“积极”（positive）广告，鲜有引起“恐惧”的“消极”（negative）广告。

就第二个特点来说，我国的媒体指导思想，尽管在不同的阶段强调“喉舌论”、“导向论”、“贴近论”，但主流媒体本质上都是党所有、党所管、党所用，因此基本上不存在需要执政党筹资投放广告、购买媒体时间的问题，要么指令性、自觉刊登，要么公共财政转移拨付。至于政治广告经费透明公开的问题，只能随着我国信息公开和经费公示的深入推进来解决。目前这方面的工作在政府层面已经开始。

也许第三个特点对我国更有借鉴意义，那就是尽量让政治广告、政治家、政治语言都明白、亲和、有吸引力、富于人性、打动人心。我们的宣传经常刻板、教条，要么是数字、概念的堆砌，要么是空洞的口号、宏大的叙说。当今时代，我们党不光面对执政考验、制度之争，就连政治宣传也面对着媒体技术和传播方式的严峻挑战。如何在互联网、多媒体、自媒体、娱乐化的传播时代，打好广告，树立形象，争取人心，是一个新的课题。如今，我国开始在国外播放各种国家形象广告片。领导人出访时的讲话、形象也转向亲切、自然。

3

译者研习外语和政治传播多年，在学术和实践方面都有体验，总体上虽能把握原著的内容和语言风格，但在具体的翻译中，仍然要处理三方面的难题：理论、案例、词语。

理论方面：首先，原作者旁征博引，涉及政治学、心理学、传播学、美国历史等诸多学科领域。译者不光要理解原文，还要做出符合该学科规范的翻译表述，此为一大挑战。其次，原书引用分析了许多美国各个时代的竞选广告案例，特别是电视广告。由于没有长期在美国生活的体验，缺乏对美国竞选环境的感性认识，译者可以从字面解读这些广告，但很难从整体语境和播放情景中深入理解。

比如原书的第一句话："It's morning again in America."字面意思非常简单明了，但作者认为"一句平淡无奇的话语，却在一些人的眼前展开了多姿的画卷：灿烂的笑容、勤勉的态度和爱国的民众"。这是1984年里根总统竞选连任，以"美国之晨"为口号的一系列电视广告。作者认为，对于连任来说，这是一句清晰明了的口号，"广告传达的信息很容易理解：与四年前相比，美国正在不断进步，所以你应该支持'有作为的总统'"。然而对于外国人或者不熟悉整体广告的受众来说，并不容易理解它的含义。就像没有看过赵本山的小品，就不会理解"小样的，你穿个马甲我就不认识你了"的笑料，给外国人更是难以解释清楚。

词语的翻译也是难点。除了专有名词、专业术语外，一些常见词的翻译，也需反复斟酌。以原著的书名为例："Campaigning for Hearts and Minds: How Emotional Appeals in Political Ads Work"。"Hearts and Minds"可以翻译成"心智"，指代心理和智力，同原著所分析的情感和理智（或感性和理性）的含义一致，这算是比较简单的转换。一些词意思总体清楚，但在翻译时会有理解和表述上的变化。比如"campaign"，有"战役"、"活动"、"竞选"、"造势"等静态含义，也有"作战"、"参加活动"、"开展竞选"的动态含义，意思都差不多，但需要在不同的场合确定准确适当的翻译表述。再如原著不断出现的"appeal"一词，有作为名词和动词的"诉求、诉诸、呼吁、吁求、上诉、请求、要求、求助、控诉"等众多释义，同样需要在不同的行文中，确定符合原意和中文的表达搭配。最后一个关键词"emotion"，在原著中贯穿始终，还经常和一些意思类似的词交替使用，如"affection"、"passion"、"feeling"、"mood"、"sensation"、"sentiment"，等等。英文中它们有细微的差别，含义和适用的语境有所不同。但翻译成中文，基本上都是"情感"或字面意思相差不大的"感情"、"感觉"等词。为了简洁通顺，译文中不可能添加太多的解释、描述。因此，如何既符合中文的表达习惯，又能体现出原词的微妙差别，是一件颇费脑筋的事。通过词义比较、句式转换，书名可译成《心智之战：政治广告中的情感诉求》（定稿后为进一步简洁有力起见，最终定名为《政治广告》）。见仁见智，还请方家指正。

杨迅、吕冬、田姗姗、贺畅、杨明明等同学，在文字、索引、制表、扫描等方面，给予了很大的帮助。同事尹继武博士从选题到翻译过程一直予以鼓励督促。谢谢他们。还要感谢中国人民大学出版社的编辑、设计、校对。如果把此书比作一个广告作品的话，那么我们只完成了广告的创意、制作部分，没有出版社的媒体购买、市场投放，广告成品就不可能与公众见面。至于翻阅这个广告，会激起什么样的情感，就由读者评判了。

乔　木

2012年11月

图书在版编目（CIP）数据

政治广告/（美）布拉德尔著；乔木译．—北京：中国人民大学出版社，2013.6

（政治心理学前沿译丛）

ISBN 978-7-300-17448-8

Ⅰ．①政… Ⅱ．①布… ②乔… Ⅲ．①政治心理学-研究②政治传播学-研究 Ⅳ．①D0

中国版本图书馆 CIP 数据核字（2013）第 113605 号

政治心理学前沿译丛

尹继武　主编

政治广告

[美] 泰德·布拉德尔（Ted Brader）　著

乔　木　译

Zhengzhi Guanggao

出版发行	中国人民大学出版社		
社　　址	北京中关村大街 31 号	**邮政编码**	100080
电　　话	010－62511242（总编室）		010－62511398（质管部）
	010－82501766（邮购部）		010－62514148（门市部）
	010－62515195（发行公司）		010－62515275（盗版举报）
网　　址	http://www.crup.com.cn		
	http://www.ttrnet.com(人大教研网)		
经　　销	新华书店		
印　　刷	北京宏伟双华印刷有限公司		
规　　格	148 mm×210 mm　32 开本	**版　　次**	2013 年 6 月第 1 版
印　　张	10.875 插页 2	**印　　次**	2013 年 6 月第 1 次印刷
字　　数	283 000	**定　　价**	35.00 元
